大逆轉與新思潮

——五四、啟蒙與現代化探索

陳方正　著

中華書局

□ 責任編輯：黎耀強

□ 封面設計：高　林

□ 排　版：陳美連

□ 印　務：劉漢舉

大逆轉與新思潮
——五四、啟蒙與現代化探索

□
著者
陳方正

□
出版
中華書局（香港）有限公司
香港北角英皇道 499 號北角工業大廈一樓 B
電話：（852）21372338　傳真：（852）27138202
電子郵件：info@chunghwabook.com.hk

□
發行
香港聯合書刊物流有限公司
香港新界大埔汀麗路 36 號
中華商務印刷大廈 3 字樓
電話：（852）21502100　傳真：（852）24073062
電子郵件：info@suplogistics.com.hk

□
印刷
美雅印刷製本有限公司
香港觀塘榮業街 6 號 海濱工業大廈 4 樓 A 室

□
版次
2018 年 1 月初版
© 2018 中華書局（香港）有限公司

□
規格
16 開（230mm×170mm）

□
ISBN：978-988-8489-72-5

目　錄

序

自上世紀八十年代末以來，我對土耳其、俄國、日本等國家在西方衝擊下追求現代化的努力發生興趣，後來視野更擴展到西方本身，前後花了不少時間去梳理有關歷史，探索其成敗興衰轉折之由，為此斷斷續續發表多篇論文，又編成「現代化衝擊下的世界」翻譯叢書在 1996 年出版。這本集子就是將論文和叢書序言中的四篇編輯而成。它們篇幅不多，又散漫不成系統，但多少反映了我的用心所在，那就是通過歷史與文化來觀察各民族、國家追求社會、經濟、政治體制轉型所遭遇的問題和作出的反應。這是一個人文和宏觀的角度，它和注重數據、指標、微觀分析的社會學角度截然不同。後者在八十年代曾經風行一時，但我覺得它表面上客觀嚴謹，但從數字、圖表其實找不到深層原因，說明不了問題，所以就走上了完全不同的探索道路。這可以說是一個直覺的判斷和選擇。事後看來，這樣的選擇似乎也並不錯。例如，土耳其在上世紀三四十年代的成功和今日的困境，兩者顯然都不是可以從社會指標發現，而必須求之於「奧圖曼青年」、「土耳其青年」等新文化運動與傳統伊斯蘭文化兩者之間力量對比的轉移。又例如，中國和蘇聯在上世紀最後十年各自發生翻天覆地變化，其後各自走上完全不同道路，這強烈對比又豈是從它們在五十年代的工業基礎、科技水平、教育程度等指標所能夠預見或者解釋的呢？

當然，這都不過是後見之明而已。因此我們必須面對一個嚴肅問題，那就是為什麼要了解一個國家的現代化進程，文化歷史因素的探究比社會經濟狀況的分析更為重要？我們憑直覺所做出的判斷和選擇即使不錯，但那可能只是巧合或者僥倖而已。我們能夠為它提出可以論證的理由來嗎？這是個天大問題，也是現代化研究最根本的問題。我們未必能夠提出令人滿意的答案，但也不容不作此嘗試。

　　我們認為，要回答這問題必須先回答另一更根本問題，即現代化到底是什麼，它對於一個國家或者民族意味些什麼？後一個問題其實已經有許多人研究過了。在大家熟悉的中國近代史之中，現代化大抵可以分器物、制度、思想等三個逐步深入的層次，分別對應於洋務運動、維新運動與辛亥革命，以及新文化運動等三階段變革。如所周知，這三個變革都失敗了——或者應該說，它們表面上成功，卻都沒有能夠解決中國的基本問題，那就是如何團結內部，以抵禦外侮，以及發動更深入徹底的變革。後來這基本問題是分兩步解決的。首先，是通過國民黨建立黃埔軍校和領導北伐，而達到了中國的部分統一，並且為八年抗戰奠定基礎。然後，就是共產黨革命和新中國的建立。重要的是：這後兩步解決所代表，所反映的，是舊體制、舊文化的逐步消亡，和一個能夠適應現代世界的新體制、新文化之逐步建立。換言之，現代化所意味的，正好用我們討論土耳其變革歷程那兩篇論文的題目來概括：毀滅與新生。因此現代化不是禮數彬彬，揖讓進退，平和有序的交接，而是呼吸俄頃，出生入死，是要經過天崩地裂，鳳凰涅槃，然後迎來浴火重生。

　　為什麼現代化必須酷烈激變，而不能夠循序漸進？其中道理其實是很清楚的，但必須從「現代化」之所以成為必要講起。自蒙古帝國混一歐亞以來，世界上的主要國家互動頻繁，它們能夠立足於世而沒有被征服、吞併，必然是因為已經發展出一套獨特和牢固的社會經濟政治軍事體制，而維繫這體制的，則是一套深入人心的宗教文化信仰與風俗習慣，此即其內在精神。體制與精神兩者互相依存，根深蒂固，形成整體——國之所以為國，就在於此。到十七世紀末，歐洲經過文藝復興的醞釀，遠航探險的大擴張，宗教改革與宗教戰爭的百年混亂，還有翻天覆地的軍事與科學革命，已經是脫胎換骨，以完全不同姿態、意識和實力來面對世界了。最先感到它巨大威脅的，自然就是周邊的俄羅斯和奧圖曼兩個帝國。它們在其後兩個世紀的現代化，說到底，無非就是要改

變體制，以在軍事上能夠與先進的歐洲國家抗衡，以求生存。但在這兩個世紀間，它們不斷發現，單獨改變部分體制（例如軍事）是不可能徹底，因此不會成功的。這樣，就需要推動其他相關體制（例如教育），乃至整個體制（特別是政治）的改變。然而，那依然不可能成功，因為維繫整個體制的精神也同樣需要改變——換言之，現代化所意味的，至終要牽涉到全國人民思想、習俗、好尚乃至倫理關係之根本改變，之全面更新。那不是天崩地裂，浴火重生是什麼？到了十九世紀，西方勢力及於遠東，中國和日本的遭遇和它們的反應，大致也是依循同一模式。王國維自沉昆明湖遺下家書說「經此世變，義無再辱」，陳寅恪的評論是：「今日之赤縣神州，值數千年未有之鉅劫奇變，劫竟變窮，則此文化精神所凝聚之人，安得不與之共命而盡，此觀堂先生所以不得不死」，正好道盡其中消息。葉慈在第一次世界大戰後寫下「萬物崩析，核心凝聚無力，離亂肆虐大地」的名句。[1] 在現代化過程中，傳統摧毀，社會解體，文化意識淪為一片荒原，許多人心理上面臨的混亂無力乃至絕望感，當亦如是吧！

倘若承認現代化不能夠僅僅止於社會經濟政治制度，而必須深入到維繫、鼓舞人心的文化精神層面，因此要牽涉人的存在基礎（ground of being）之轉變，也就是其摧毀和重構，那麼很顯然，它就不是一個國家在這種轉變之前的社會經濟數量指標所能夠完全（或者大部分）決定的，而將取決於維繫人心的文化精神在上述近乎毀滅性打擊之下如何反應，如何自我更新。否則，倘若起點位置就能夠決定最終結果的話，那麼現代化本身不就是徒勞，不就是一場毫無意義的競賽嗎？從東亞眾多國家、地區在二十世紀下半的發展看來，超越西方國家發展步伐和程度

1　"Things fall apart; the center cannot hold / Mere anarchy is loosed upon the world"，in William Yates, "The Second Coming" (1919).

的例子並不罕見，日本和新加坡就是其中最明顯的。所以，改變社會經濟狀況的基本動力是歷史、文化、宗教等不能夠量化的精神因素。現代化成功與否，成功到何種程度，是決定於這個整體動力，而不在於其社會經濟在某個時間點上的狀況──那雖然不無影響，但長遠而言是次要的。我們選擇歷史文化作為研究現代化的主要視角，當初雖然只是出於直覺，但事後反思，理據當在於此。

這本集子所收的論文，有一半是探究歐洲本身的現代化，以及它與中國的比較。這反映了我們另外兩個觀點。首先，歐洲自文藝復興以來的連串劇烈變革，表面上看來好像順理成章，都是出於自發。其實，從根源上看，它們同樣是由外來衝擊，特別是伊斯蘭教徒自八世紀以來從地中海東、西、南三方面的長期進逼所引起。其次，大家所那麼欽羨，那麼爭相稱道，認為是理性有秩序，不需要流血的光榮革命，底子裏其實也同樣是一場酷烈戰爭，是社會秩序和理念的翻天覆地大變革。統而言之，西方文明雖然有其獨特性，但它的變革軌跡與其他文明也不乏共通性，必須細心加以辨析，這是深入了解現代化過程所不能夠忽略的。

在上世紀，對於世界上絕大多數非西方國家而言，現代化亦即如何趕上西方是個共同關心的迫切大問題。但到了二十一世紀，在科技不斷加速丕變的影響下，世界又再次發生了之前所不能夠想像的鉅變。在今天，對於中日俄土乃至印度、巴西等國家而言，問題已非復追求現代化以求立足，而變為如何在全球化的新格局中，與歐美同時也在彼此之間相互競爭，以在未來逐漸融合為一的人類社會中力爭上游，發揮更大影響力。因此它們所面對的問題，和在上世紀所遭遇的那些，也完全不一樣了。所以，我很高興這個集子能夠在此時出版，它正好為我在這方面的工作個總結，是為序。

2018 年 1 月於用盧

第一輯

五四與啟蒙運動的比較

為不算是革命的革命翻案

── 重新探究和評價光榮革命

　　歷史上有一場革命，是大家都頌揚、稱讚，認為只帶來進步、建設與光明，而沒有野蠻、流血和殘酷，更沒有破壞、混亂和倒退的；是大家都承認，它如此平和、美好、圓滿，實在不應該和歷史上其他那些充滿鬥爭、殺戮、猶如天崩地裂的政治大轉變相提並論的。不用說，這獨一無二，簡直不算是革命的革命，所指的就是光榮革命，近代民主政治的開端。在一般人心目中，它的過程很簡單：國王詹姆斯二世（James II, 1685－1689）企圖以高壓手段將羅馬天主教強加於英國社會，信奉新教的民眾和議員群起反抗，將他驅逐，迎奉荷蘭的威廉三世（William III, 1689－1702）登基，又得到他的承諾，君權必須和國會共同行使，由是確立了君主立憲體制。所以，這是一場不流血革命，在短短幾個月內政權就和平地轉移到新君和國會手中，民權、自由、寬容原則自此確立。它是以最小代價，在最短時間，獲得最大進步，是最高效率的政治變革。

一、裏應外合的武裝政變

　　但是，為什麼英國這一次革命就如此完美和乾淨俐落，就和日後其他革命完全不一樣呢？是英國的民眾和政治家特別有理性、智慧、遠見，是英國的社會結構特別完善，它的政治傳統特別優良嗎？還是這個國家在文化或者法律上有什麼秘密？抑或它是由因緣際會造成？這是個

不能不追問的問題，否則在完美光潔的外衣包裹下，它就會從複雜的歷史背景中被剝離出來，成為獨特事件，從而失去在政治史上的意義。不過，要認真面對這問題，就不能夠不探究一些細節，甚至關注英國以外的事情，例如，威廉三世到底是如何被「邀請」入主英國的。

要了解這個過程並不困難，因為伊斯雷爾的《荷蘭共和國史》[1] 對此有詳細論述。翻開這本逾千頁的皇皇鉅著就會知道，威廉三世其實是以傾國之力，調集兩萬大軍、四百艘運輸船隻和五十三艘軍艦，來橫渡英倫海峽的——以船舶計算，那比百年前企圖入侵英國的西班牙無畏艦隊，足足有四倍之多！所以，和一般印象相反，威廉的「入主」絕非輕裝簡從、和氣洋溢的「受邀」，而是自六百多年前諾曼人征服英國以來最大規模的跨海入侵，是荷蘭人以國家命運作為籌碼的豪賭——西班牙君主腓力二世的豪賭慘敗就是名副其實的「覆舟之鑒」。既然如此，下一個問題就來了：荷蘭人為何要孤注一擲，冒此奇險？為何實際出兵又並非在英國「七君子」密函要求援助的 1688 年六七月間，而選定於風高浪急的十一月？這是兩個最自然不過的問題，而答案則是由英、法、荷三國錯綜複雜的外交、軍事關係決定的。

英國是新教國家，基本上親近荷蘭，在十六世紀它們就曾經聯合對付西班牙，荷蘭由是得以獨立；然而，到了十七世紀，英國斯圖亞特（Stuart）王朝歷屆君主傾向羅馬天主教，因此和法國關係日益密切；另一方面，荷蘭在獨立過程中發展成為新興海上貿易強國，勢力、財富於十七世紀中葉達到巔峰，這導致它和英法劇烈衝突，由是發生了 1650－1670 年間的兩趟英荷海戰，以及 1672 年的英法聯合入侵，當時荷蘭瀕臨亡國邊緣，最後是靠打開海閘自淹國土，這才得以退敵救亡。十六年

1　Jonathan Isreal, *The Dutch Republic: Its Rise, Greatness, and Fall 1477-1806* (Oxford: Clarendon Press, 1995).

後即 1688 年，荷蘭處境更加不妙：雄才大略的路易十四此時已經羽翼豐滿，正在逐步實現主宰全歐洲的大計，法荷戰爭一觸即發；英國的詹姆斯公開信奉天主教，建立了強大海軍和常備新式陸軍，而且唯路易馬首是瞻；至於荷蘭各省（它們是高度獨立的，全國議會必須得到省議會授權才能夠採取行動）則意見紛紜，莫衷一是。在此背景下，以上兩個問題就很容易回答了。就荷蘭全國而言，十六年前兵臨城下的慘痛記憶猶新，亡國危機已再度出現，所以趁英國人民情洶湧，一致反對詹姆斯專權和「天主教化」政策的時機，破釜沉舟，先發制人，以圖打個翻身仗，那是果敢決斷而非盲目冒險的行動。就威廉三世個人而言，他和英國王室關係密切：本人是英王詹姆斯的外甥，夫人瑪麗（Mary Stuart）是詹姆斯的女兒，在法理上有資格繼承大統，而以坎特伯雷大主教為首的「七君子」又致密函予他求助，這代表了教會、貴族和士紳的廣泛支持。所以他可以說是碰上了千載難逢，「天與人歸」的好時機。但即使如此，當年六七月間法軍虎視眈眈於旁，本國各省議論紛紜於內，所以他仍然必須耐心等待。而最後決定大局的，則是路易選擇在 1688 年 9 月加劇對荷蘭的貿易戰爭，這最終激起了荷蘭人的同仇敵愾，使威廉得以說服議會將他的大計付諸實施。同樣關鍵的是，路易決意和德國諸邦開戰，於 9月底揮軍進圍萊茵心臟地區，由是為荷蘭解除了後顧之憂，因此短短一個月後威廉就斷然率軍渡海了。所以，他是經過處心積慮部署，然後看準時機，以雷霆一擊而成就大業，他的「黃袍加身」絕非倖致。

二、兩百年來第一翻案文章

這些細節說明了一件事情：光榮革命不僅僅是英國內部的轉變，而且和歐洲國際政治息息相關：沒有決心打「翻身仗」的荷蘭和威廉三世，

沒有失策的路易自動「配合」，都不會有這樣一場革命。不過，國際形勢導致了這場革命的形態和進程，它的基本動力和決定性因素仍然是在國內。威廉有他的動機和實際考慮，那麼他的對手詹姆斯又如何？他執意以高壓手段推行「天主教化」政策，弄得眾叛親離，心中到底有何圖謀、打算，抑或只是糊塗、固執、一意孤行而已？他有眾多謀臣，有法國奧援，更建立了強大軍隊和艦隊，怎麼會兩軍尚未交鋒就倉皇出奔，將王位拱手讓予女兒和外甥？他失敗的真正原因到底何在？1688－1689年這場革命所代表的，僅僅是主教和貴族的「撥亂反正」嗎，還是政治、社會和宗教上的整體和深層衝突？

　　三百年來，這些問題已經有無數學者、史家討論過了。他們大多數是將之作為十七世紀英國政治史的一部分來看待，但以之作為主題來全面和深入研究的也代不乏人，其中十九世紀麥考萊的四卷本《詹姆斯二世登基以來英國史》[2]可謂奠基鉅著，到了二十世紀，他外甥孫特屈維連的《英國革命 1688－1689》[3]以及鍾斯的《英國的 1688 革命》[4]也持相同論調。這幾位大名鼎鼎的英國史家基本上就是「光榮革命非革命」和「撥亂反正」說的創立者和宣揚者。特屈維連說「驅逐詹姆斯是革命行動，但除此之外這個奇特革命的精神正好和革命相反」，[5]斯特拉卡宣稱：「它（光榮革命）不是今日意義中的『革命』，因為它帶來了加強而並非推翻舊秩序的一套法律。光榮革命可說是阻止了真正的革命……所以，它只不過是英國人趕走了一個不適合統治（他們）的人，否定了他的外交和

2　Thomas Babington Macaulay, *The History of England from the Accession of James the Second*, 4 vols. (London: Dent & Sons, 1962).

3　George Macaulay Trevelyan, *English Revolution 1688-1689* (London: Oxford University Press, 1954).

4　J. R. Jones, *The Revolution of 1688 in England* (London: Weidenfeld & Nicolson, 1972).

5　前引 Trevelyan, p. 11.

內政方針，和找到一個更合心意的國王而已。」[6] 那正就是這種論調的典型——光榮革命的平和、完美印象，就是由他們合力塑造的。

　　然而，到了二十一世紀，這一面倒的和諧形象終於被打破了！在過去短短兩年間，就湧現了三本有關光榮革命的專著，包括瓦倫斯的《光榮革命：1688，不列顛為自由而戰》[7]、哈里斯的《革命：不列顛王國的巨大危機 1685－1720》[8]，以及耶魯大學的平克斯在 2009 年出版的《1688：第一場現代革命》[9]。它們基於過去半個世紀的大量檔案研究，各自展現了這個鉅變更複雜和動態的不同面相。其中平克斯的新書更對兩個世紀以來的史家共識樹起了鮮明的反叛大纛。他石破驚天地宣稱：「1688－1689 的革命是第一場現代革命，不僅因為它導致了英國國家與社會的蛻變，而且因為它和所有現代革命一樣，是群眾性的、暴力的、造成分裂的。……1688－1689 的革命並非像輝格建制派（Whig establishment）史學所描述的那樣，是貴族階層間基於共識而沒有血性的事件。」[10] 毫無疑問，這是激進的、毫無妥協的兩百年來第一翻案文章，它至終是否能夠為史學界接受，接受到何等程度，自然尚在未知之數，但它將在史家之間掀起軒然大波，產生激烈爭辯是必然的，它之大有可能徹底改變我們對西方近代史特別是現代革命的觀念，也是毋庸置疑的。那麼，平克斯到底提出了些什麼新觀點，他的反叛又到底是從何取得突破的呢？

6　Gerald M. Straka, ed., *The Revolution of 1688 and the Birth of the English Political Nation* (Lexington, Mass: Heath & Co., 1973), p. ix.

7　Edward Vallance, *Glorious Revolution: 1688－Britain's Fight for Liberty* (New York: Pegasus Books, 2008).

8　Tim Harris, *Revolution: the Great Crisis of the British Monarchy, 1685-1720* (New York: Penguin, 2006).

9　Steve Pincus, *1688: The First Modern Revolution* (New Haven: Yale University Press, 2009).

10　前引 Pincus, p. 474-475.

三、詹姆斯要幹什麼？

　　平克斯所提出的眾多新觀念之中，最核心、最根本的是：詹姆斯是意志堅決的改革家，而絕非愚昧自大的昏君。光榮革命最直接的原因是這位新君以高壓手段改造英國，企圖使它成為中央集權的天主教社會，這是大家都承認，不可「翻案」的事實。但他為什麼要甘冒英國政治與宗教傳統以及民心士氣之大不韙，如此倒行逆施呢？平克斯否定了向來的看法；他認為詹姆斯這樣做絕非出於宗教狂熱，更不是無目的與方針，昧於民心國情。正相反，他是一位有決心、有理想，有堅定意志的改革家，其現代化的典範，就是當時歐洲最強大、最先進、秩序井然的高度中央集權（乃至極權）國家，路易十四治下的法國。也就是說，他要「以法為師」。

　　平克斯為這個「大改革」觀念提出了許多證據。首先，詹姆斯是有整體計劃和實施步驟的，這包括他史無前例地建立常備軍隊、大事擴充艦隊，以及不顧反對，以強力改造英國的中央和地方政府，包括其宗教、大學和司法體制乃至議會，務使它們都直接聽命於國王。其次，他這「一面倒」政策得到了路易十四的全力支持：由於得到法國資助（這其實在他的父王查理二世時期就已經開始），他得以繞過國會掣肘而整軍經武；而且，他的核心「執政團隊」主要就是和法國關係密切的耶穌會士。第三，耶穌會士無論在羅馬抑或在英國天主教徒之間都不受歡迎，而且法國和信奉天主教的西班牙、神聖羅馬皇帝乃至羅馬教廷都積怨甚深，然而詹姆斯卻始終站在法國一邊；更奇怪的是，在光榮革命前後，英國天主教徒整體上並不支持詹姆斯，甚至在革命之後很長時期，英國國內圖謀復辟的所謂「詹姆斯派」（Jacobites）也大多來自英格蘭教徒（Anglicans）中的保守派，而非天主教徒。因此平克斯再三強調以下結論：光榮革命的焦點絕非宗教衝突；詹姆斯的獨裁和天主教情結都只不過是效法路易

十四的方針而已——特別是效法他在 1685 年廢除已經有將近百年歷史的「南特詔令」（Edict of Nantes），不再容忍國內新教徒的獨斷政策。至於由此而引起宗教衝突，那不過是連帶性而非根本問題。他更認為，詹姆斯這個「法國—天主教」現代化模式雖然失敗，雖然被後來發生的革命所否定，但並非不切實際，或者完全沒有成功可能性。

四、不流血革命？

　　平克斯所提出的第二個基本新觀念是：光榮革命絕非如傳統史學所宣稱的那樣，只是「撥亂反正」和「回歸傳統」，是貴族階層憑藉共識、公議而決定的轉變，所以是「非革命性的革命」。他認為，正好相反，它是牽涉流血、衝突的全民性大規模鬥爭，它造成了思想上、政治上、社會上、宗教上、外交上等各方面的斷裂和根本改變，所以是不折不扣的現代革命。可是，就大家所十分熟悉的，1688 年 11 月威廉率軍渡海以迄他翌年登基之間那四個月在英格蘭南部所發生的事件而言，這劇烈衝突的觀念如何能夠成立呢？也就是說，麥考萊和特屈維連的敘事到底在哪裏出錯呢？

　　答案有兩個層次。首先，是平克斯研究的範圍和深度比以前增加了不知道多少倍。用哈佛大學的拜林教授在書評文章中的話來說，平克斯「閱讀了和這革命有關的每張印刷品和每份手稿，包括正面和反面，而且在 128 頁密密麻麻的註釋中把它們全部引用了」。所以，他警告那些有意批評平克斯的人：別輕舉妄動，除非他們也同樣跑遍了他發掘資料的那六十二所檔案館，也通讀了他在註釋中引用過的千百種宣傳冊頁、手

稿和其他原始文獻，否則肯定無法招架他的回應。[11] 其次，也許是更重要的，平克斯把光榮革命的觀念擴充了不知多少倍：在時間上，從 1688 − 1689 年那幾個月擴充到 1685 − 1697 間的十二年；在空間上，從英格蘭擴充到英倫三島以至歐陸，特別是荷蘭和法國；在性質上，則從政治、宗教擴展到行政、經濟、軍事、外交、國際關係。我們在此自然不可能充分說明他這「激進革命」觀念的內涵，但也許舉兩個例子就足夠了。威廉登基後一兩個月內，蘇格蘭和愛爾蘭的「詹姆斯派」（包括大量新教徒）就都起來造反，控制當地，而且起初節節得勝。蘇格蘭不久就平定了，但愛爾蘭則要到翌年六七月間威廉親自率軍在波恩河（River Boyne）之役擊敗詹姆斯，這才算是暫時穩定下來。然而，法國海軍隨即在英國東南岸的比奇角（Beachy Head）擊敗英荷聯合艦隊，此後法國入侵的企圖和傳言不絕如縷，直至 1692 年決定性的拉赫（La Hogue）海戰之後情況才逆轉。[12] 這些戰役的大背景則是威廉在國會支持下，領導英荷向法國宣戰，為慘烈的「九年戰爭」（1689 − 1697）拉開帷幕。直至此戰結束，威廉的王位才得到法國承認而鞏固。所以，「不流血」革命云乎哉？

其次，英國社會當時已經處於向工業和遠洋貿易這新經濟基礎轉化的關鍵時刻，荷蘭為此提供了典範。但詹姆斯仍然認定，土地為財富根源，支持以保守黨（Tories）為代表的地主階層，以及壟斷性的特許海外貿易機構，諸如東印度貿易公司和非洲貿易公司，甚至不惜為此與印度的莫臥兒帝國（Mogul Empire）正式開戰而致遭逢大敗。威廉登基後代表新興工商階層的輝格黨（Whigs）逐漸得勢，其結果就是以商人為中堅的英倫銀行之設立、土地稅法案之通過、國家土地銀行之議被否決、非洲

11　Bernard Bailyn, "How England Became Modern: A Revolutionary View", *The New York Review of Books*, November 19, 2009 issue, pp. 44-46.

12　但不知為何，平克斯完全沒有提及這場海戰。

貿易公司被廢止、東印度貿易公司修訂章程，被迫自負盈虧等連串重大經濟政策的劇烈改變。所以，「憑藉貴族階層共識」的革命云乎哉？

　　然而，對於這些軍事、外交、經濟上的鉅變，麥考萊和特屈維連這兩位大史家即使不甚注意，或者知之不詳，也絕不可能懵然不覺，何以他們和平克斯的觀點如此之南轅北轍，冰炭不容呢？對此原因，平克斯也同樣沒有放過研究！他的解釋是，直至十八世紀初為止，光榮革命之為劇烈的全國性大衝突是英國人所一清二楚，絕對沒有爭議的。對它看法的「保守轉向」開始於沃爾浦爾（Robert Walpole，1721－1742年任首相）和他所開創的「建制派輝格黨」之長期執政。他們在基本政策上作出了巨大逆轉，要遏止有共和傾向的民主進程，並且轉為與法國親善，故而連帶對光榮革命的「革命性」也不斷加以淡化。此後兩個多世紀間，這「保守轉向」更因為三位著名學者對歐陸如狂飆激流般的民眾運動之畏懼、反感而不斷加強。這些學者中名氣、影響最大的，自然是大力抨擊法國大革命的保守政論家布爾克（Edmund Burke），但麥考萊處身歐洲革命年代（1830－1860），特屈維連經歷納粹橫行的黑暗時期，這祖孫兩位「輝格史學家」發揚同樣保守論調也是很自然，很順理成章的。所以，冰凍三尺，非一日之寒，兩百多年來史學界對於光榮革命的成見牢不可破並非無因，而在三百年後的今日要為這場革命正名、翻案，還它一個公道，還得靠遠在大西洋彼岸的美國學者，那恐怕並非偶然了！

五、現代革命的本質

　　那麼，既然歷來公認為最平和、最順利的光榮革命是如此，難道所有現代化轉型都必然是激進、流血、斷裂性的嗎？它們的本質是什麼？為了回答這個最自然不過的問題，平克斯提出了他第三個核心觀念，即

現代革命並非由政府的壓迫而產生，它不是「義民反抗昏君，推翻暴政」的故事，反而是由漸進改革本身所觸發的衝突所造成。在這嶄新的解釋框架中，光榮革命和其後法國、俄國、奧圖曼帝國、中國等等的革命並沒有基本分別，它們都是社會向現代轉型過程中所要經歷的相同階段。

　　為什麼改革反而會導致革命？平克斯認為，主要的原因在於：關乎政治、社會體制的基本改革必須經過醞釀、討論階段，而且必須以當權政府承認現行體制的基本不足為前提，這樣就必然會為社會上各種本來被壓制的勢力提供在群眾之間宣傳、煽動其見解的空間，甚至提供了動員群眾將各種不同理念（包括與政府截然相反者）付諸實際行動的機會。這樣，自然就有可能瓦解原有政治秩序，引發全國性衝突，當政府失去控制的時候就會出現革命。光榮革命基本上就是由詹姆士的「法國現代化模式」與輝格黨和保守黨合流之後出現的「荷蘭現代化模式」兩者間之衝突所產生。同樣，在辛亥革命中有「保皇黨」與「革命黨」或曰立憲與共和兩種不同改革主張的衝突，俄國大革命中有克倫斯基政府、孟什維克和布爾什維克三者之間的鬥爭，法國大革命中有雅各賓派與吉倫特派的競爭，等等。此外，1908 年的土耳其革命、1959 年的古巴革命和 1979 年的伊朗革命，也都可以說是民間所追求的現代化模式戰勝了當權政府的改革模式所造成。

　　不過，另一方面，平克斯也強調，現代化改革並不一定就導致革命，其關鍵在於政府本身的健全程度和控制能力與社會自發性力量的強弱對比如何。他特別指出，像瑞典、丹麥、路易十四治下的法國，或者明治時代的日本都經歷了現代化轉型，但並沒有發生革命。在現代化過程中雖然會有不同模式的衝突、競爭，革命卻並不是必然的。

六、餘論

《1688：第一場現代革命》是一本充滿熱忱、動力和反叛性的，令人興奮莫名的新書。在它五六百頁篇幅中，幾乎到處都予人以破惑發覆，新義層出不窮的印象，然而它的註釋卻又是如此鋪天蓋地，無懈可擊，無怪乎拜林要發牢騷說，此書是「過份撰寫，過份徵引，不斷重複……它的論證重複了那麼多遍，我們不免要因為被催眠而接受它了！」但對於中國讀者來說，在辛亥革命百年祭的前夕來讀這麼一本大書，自然又別有滋味和感慨在心頭。近二十多年來，有感於中國近百年現代化道路之曲折坎坷，從而追本溯源，質疑辛亥革命的中國知識份子可謂不絕如縷。他們雖然未必明言，但有意無意之間，往往流露出心底裏的一種疑問、訴求來：為何中國的革命就不能夠像光榮革命和明治維新那樣的理性、完美、順當？是不是中國人太衝動、激進、缺乏遠見，白白丟掉了循序漸進，立憲改良的機會呢，還是有什麼別的理由？

平克斯這本鉅著不可能完全回答我們的疑問，但最少它可以很有力地說明一點：現代化轉型要改變大多數人的思想、行為、習慣，要改造整個社會的機構、體制，所以它不是請客吃飯，往往不能避免流血、鬥爭、混亂，也就是需要經歷貨真價實的革命──即使那麼成功的光榮革命也不例外。它的平和、順利、憑藉共識只不過是兩百年來政治家和學者所共同塑造的表象而已，現在是面對歷史真相的時候了！思念及此，我們也應該可以對辛亥革命，以及對為此革命前仆後繼的那許多先烈感到釋懷了吧？

當然，我們心目還有一層更重要的疑問，是這本書沒有提供答案的：僅僅就政權的轉變而言，辛亥革命事實上和光榮革命幾乎同樣迅速。然而，光榮革命所產生的臨時國會（Convention Parliament）為什麼竟然能夠在那樣急迫、倉猝、意想不到的情況下，在擁戴威廉登基

之際，未經激烈爭辯、討論，就提出了如「權利宣言」（Declaration of Rights）那樣成熟、合情合理、思慮周詳的條件要求新君接受，而這也就順利地成為了日後憲政穩定發展的基礎呢？反過來看中國，則辛亥革命之後政局仍然是動盪不安，鬥爭不息，直到四十年後才初步穩定下來，而此後還要再經歷了三十年的失敗嘗試和激烈爭論，這才終於走上較為平穩的現代化道路。這比之英國在光榮革命之後的發展實在是迂迴曲折太多了，其差別又從何解釋呢？

　　盡人皆知，這和二十世紀初對中國極為不利的國際形勢有關，而中國人口和幅員之龐大，也使得重新建立有效政府倍加困難。這些都不必在此討論，我們要提出來的，是往往為國人忽略的第三個因素，即英國長遠得多的憲政與革命傳統。從遠的來說，《大憲章》和議會（Parliament）這兩個體制從十三世紀出現，至十七世紀已經有三四百年歷史和發展。從近的來說，第一位斯圖亞特君主詹姆斯一世和議會的對抗是從 1620 年代開始的，它後來發展成長達二十年的清教徒革命（1640−1660），那是個大混亂時期，其間發生了國王與議會的激烈抗爭；雙方兩度內戰；國王受審和被處決；長逾十年的議會當權和「護國君」克倫威爾執政，最後則以查理二世復辟收場。換言之，英國的十七世紀「大革命」實際上是延續了足足半個世紀（1640−1697）以上！因此，應該承認：光榮革命實際上是「大革命」的結束而非開端，它一方面繼承了英國的長遠政治傳統，另一方面也反映了英國人在此前半個世紀的革命歷史中所獲得的慘痛教訓，故此能夠迅速帶來較成熟與合理的結果。倘若用相類似的眼光回頭看中國，那麼我們可能也會同意，從二十世紀初的辛亥革命開始，經過了大約七十年的衝突、鬥爭、探索，中國才能夠吸取諸如「大躍進」和「文革」那樣的慘痛教訓，才終於發現「改革開放」這現代化道路，那雖然令人慨歎，其實亦並非不可思議。

原刊《讀書》（北京）2010 年 7 月號，第 24−34 頁

五四是獨特的嗎？

── 中國與歐洲思想轉型比較

　　五四運動[1]和辛亥革命是中國近代史上兩件大事。辛亥革命的意義和影響比較明確；五四運動卻不一樣：它的性質和評價至今仍頗有爭議，在世界近代思想史上它應該佔怎樣一個地位，似乎也還未有定論。當然，胡適視他所推動的新文化運動為「中國的文藝復興」；北大學生在胡適、陳獨秀支持下辦《新潮》，把它的英文名稱定為 *Renaissance*；而且，遠在辛亥革命之前，章太炎就已經有意識地推行他心目中的文藝復興運動，即批孔和文學復古；日後他的學生、朋友如陳獨秀、蔡元培、錢玄同、魯迅、周作人等，都成了新文化運動的中堅份子。因此，稱五四運動為「中國的文藝復興」不但是一些近代學者的看法，大概也頗為切合當日參加運動者的主觀心態。此外，歐洲進入現代的另一個里程碑 ── 啟蒙運動，也經常被用以比喻「五四」：舒衡哲（Vera Schwarcz）和李澤厚都稱「五四」為「中國的啟蒙」；在「五四」七十周年之際，王元化辦

1　本文的「五四運動」採取周策縱在 *The May Fourth Movement: Intellectual Revolution in China* (Cambridge, Mass.: Harvard University Press, 1960) 一書中的廣義說法。它包括新文化運動、「五四事件」所觸發的愛國運動，以及新知識份子所倡導的家庭、教育與社會改革運動等一系列運動，由於它們相互影響、呼應，而且根本動力都來自《新青年》、《新潮》等雜誌所鼓吹的新思想，所以可以作為一個整體現象來論析。

《新啟蒙》雜誌；後來「啟蒙心態」又被用為五四精神的代名詞。[2]

那麼，文藝復興或者啟蒙運動之於「五四」，到底只是比喻，或者運動參與者心目中的典範，抑或兩者之間還有其他深層內在關係呢？反過來說，西歐也曾經有過類乎「五四」的運動嗎？那是文藝復興抑或啟蒙運動？當然，歐洲的近代演變和中國太不一樣了，也許兩者根本無從比較。無論答案如何，這些問題本身似乎還未曾被認真考慮過，[3] 所以至今「五四」還是被視為中國特有的文化現象，而中國知識份子的觀念、心態之變化，則始終牢牢佔據着「五四」研究的中心甚至整體。「五四」發生至今已經八十周年，這應該是突破我們某些思想習慣，把中國的近代思想變革放到人類文明轉型的大背景中去看，把中西（以及中外）歷史進程的異同作一切實比較的時候了。

當然，這樣的比較充滿了觀念上的爭論與陷阱，作這樣一個嘗試是吃力不討好的。我們在此不敢自謂有什麼新發現或者洞見，只不過希望藉此引起一些注意和討論而已。由於篇幅所限，本文僅着眼於五四運動與西歐現代化蛻變的比較，至於其他相類比較，容另文討論。

2　以上各點見朱維錚：〈失落的文藝復興〉，載劉青峰編：《歷史的反響》（香港：三聯書店，1990）；J. B. Grieder, *Hu Shih and the Chinese Renaissance* (Cambridge, Mass.: Harvard University Press, 1970); Vera Schwarcz, *The Chinese Enlightenment* (Berkeley: University of California Press, 1986)；李澤厚：〈啟蒙與救亡的雙重變奏曲〉，《走向未來》1（成都：四川人民出版社，1986）；杜維明：〈化解啟蒙心態〉，《二十一世紀》（香港），1990 年 12 月號，第 12－13 頁。

3　余英時在〈「五四」——一個未完成的文化運動〉一文中確曾將「五四」和啟蒙運動作一對比，但重點則是在「五四」之意義及其不足，而並非兩者作為文化現象的比較性探討。參見余英時：《文化評論與中國情懷》（台北：允晨文化實業股份有限公司，1993），第 65－72 頁。

一、問題的核心：與傳統決裂

「五四」是一個迅猛、激烈的運動：從 1915 年新文化運動揭幕，新思潮和白話文運動興起，以燎原之勢蔓延整個思想界開始，以迄 1919 年「五四事件」爆發，引起席捲全國學生、學者、市民的罷課、罷市、抵制日貨運動，最後內閣垮台，政府被迫拒簽和約與全面讓步，以至 1921 年它開始轉化，成為長期政治運動為止，前後只不過是短短五六年。當然，如許多研究者指出，「五四」並非空穴來風，中國知識份子思想轉變的醞釀最少可以上溯到 1895 年，亦即甲午戰爭翌年。然而，即使如此，張灝所謂中國近代思想的「轉型期」，前後也只不過二十五年（1895－1920）而已。[4] 對於我們向來視為極之悠久深厚的中國文化來說，從傳統到現代的轉變如是之急速和劇烈，的確令人感到迷惑、目眩。余英時以「巨石走峻坂」來比喻中國現代思想的激進傾向，「五四」可以說是最好的說明。[5]

那麼，在西歐，可以與「五四」比較的，到底是哪一段轉變歷程呢？這委實不是個容易回答的問題。因為西歐在近代所經歷的思想文化蛻變，是自發性而且相當平緩的，歷時達數百年之久；中國所經歷的，則是在強大外來勢力衝擊之下，由於強烈危機感而產生的文化重新取向（reorientation）。這似乎是兩個性質完全不同的轉變：前者需要創新；後者所需，則是觀念與價值的重新校準（realignment）。將兩者相提並論，

4　張灝：〈中國近代思想史的轉型時代〉，《二十一世紀》，1999 年 4 月號，第 29－39 頁；在其 *Chinese Intellectuals in Transition* (Berkeley: University of California Press, 1987) 一書中，他以 1890－1911 年為中國思想的「過渡期」，但那是以從變法到革命這一過程的探討為主。

5　余英時：〈中國近代思想史上的激進與保守〉，《猶記風吹水上鱗：錢穆與現代中國學術》（台北：三民書局，1991），第 199－242 頁。

似乎並不合理。然而，卻也並非完全沒有可以將這二者相比較的原則，因為無論創新也好，觀念的重新取向也好，顯然都同樣要以與傳統文化，特別是傳統思想體系決裂為前提。這裏所謂「決裂」，是指在社會領導群體中，傳統思想體系喪失主宰地位。而所謂「傳統思想體系」，在中國是指儒家倫理，包括孔孟學說以及禮教；在西方自然是指基督教，包括羅馬天主教與新教。[6]

　　因此，我們認為，在西方近代思想史上，可以與五四運動或者1895－1920年的文化轉型相比較者，應當是基督教喪失文化宰制地位乃至被思想界猛烈攻擊、拋棄的過程。歐洲的近代化蛻變大致經歷了五個階段：文藝復興（1300－1550）、宗教革命（1517－1648）、科學革命（1543－1700）、啟蒙運動（1689－1789），以及民族革命運動（1789－1870）。前四個階段都與中古基督教文化的衰落有密切關係；至於自法國大革命以迄普法戰爭的民族革命，雖然也是整個蛻變的重要部分，而且與教會勢力進一步崩塌不無關係，但單從思想的角度而言，則顯然已經不那麼重要。因此，以下的討論主要集中於「五四」與歐洲文化變遷前四個階段的比較，特別是它們如何摧毀傳統思想體系的主宰地位。

6　林毓生在 *The Crisis of Chinese Consciousness: Radical Antitraditionalism in the May Fourth Era* (Madison: University of Wisconsin Press, 1979) 一書中稱這種「決裂」為激進和全盤性（totalistic）的反傳統主義，但這種說法並非沒有爭議。例如，見周策縱：〈以五四超越五四〉，《近代中國史研究通訊》（台北中央研究院），第 12 期（1991 年 9 月），第 36 頁；孫隆基：〈歷史學家的經線：編織中國近代思想史的一些問題〉，《二十一世紀》，1990 年 12 月號，第 47－65 頁。孫的文章對有關五四的幾本近著有詳細評析。

二、東西方思想體系的基本差異

要作上述比較，立刻就要面對一個基本困難：歐洲的四個文化運動總共歷時五百年之久，是中國近代思想轉型所需時間的二十五倍。兩者時間如此懸殊，原因到底何在？不了解這原因，又如何能比較？

我們認為，這歷程上的巨大差異，可以追溯到中國與西方傳統思想體系之間的一個根本差別，即基督教是建基於超越俗世的宗教信念之上，而儒家學說則依存於現世的個人道德倫理以及社會、政治制度之中。這思想根源之不同，以及孕育這兩個傳統的文化、政治環境之相異，造成了其發展形態的絕大差別。最明顯的差別，就是羅馬天主教會具有高度獨立的政治地位與力量，即使在羅馬中央政權解體後的黑暗時期（約 500－1000），也還能夠維持高度連續的「道統」。因此，它與俗世政治力量始終分庭抗禮，而在十一至十三世紀間，甚至凌駕於神聖羅馬皇帝與英、法諸國君主之上，駸駸然成為普世性神權政體的首腦。這和受儒家倫理薰染的中國士大夫甘心在大一統皇朝中接受從屬政治地位，形成了強烈對比。甚至，即使是儒家思想中從未能真正實現的「內聖外王」理想，其實仍然是政統與道統融合的一元體制，而並非政統、道統實際上分離的二元體制。[7]

基督教與「儒教」（為了方便，我們權且採用這一說法）不但政治地位迥異，而且理念系統與內部組織也同樣有巨大差異。起源於希伯來傳統的基督教救贖觀念與末世思想，本來是極為單純、質樸的。然而，經過早期教父運用希臘思辯方式與哲學觀念加以深化和系統化之後，它

7　本節所論，余英時在其《士與中國文化》（上海：上海人民出版社，1987）一書之〈自序〉及第二章〈道統與政統之間〉之中亦有涉及，惟其重心在於中國知識份子在建立道統方面所作之努力及所遭遇之困難，但對於儒教由於缺乏一超越理念以及深厚法律傳統之支撐而受到之限制似乎未嘗措意。

們形成了一套具有邏輯結構的神學與教會信條。這套神學與信條是經過長期激烈爭議（包括政治鬥爭），然後在歷次普世性教會會議（Church Council）中正式確立的，所以具有長期延續性以及無可挑戰的權威性和普世性。[8] 其後，到了十二三世紀，這思想體系更進一步發展成精密、嚴謹的經院哲學。至於儒學，則自先秦以迄明、清兩千餘年間，大體上有兩個形態：或則表現為個別經師、儒者一家一派的著述、學說，即所謂一家之言；或則通過朝廷認可，立於學官，成為皇朝政治和教育、察舉體制的一部分。因此，比之基督教，儒教思想的傳播與發展有一個深刻兩難，即獨立性和普世性二者不可兼得。這和它在政治上沒有獨立地位有相同根源，即缺乏具有組織和固定理念系統的教會。

　　羅馬教會之所以能發展出獨立而嚴密、強固的組織，一方面是由於它的信念超乎俗世之上，另一方面則是由於早期教父將羅馬帝國的行政結構與法律精神引入教會，使本來鬆散、獨立的地方教會，按照帝國形象重新塑造成一個有機體系。也就是說，基督教在教義上吸收了希臘思辯哲學，在組織上吸取了羅馬的法律與行政結構。到十一世紀，格列高里七世（Gregory VII）藉着「授職權之爭」（Investiture Contest）發動了一場教會對俗世政治權威（特別是神聖羅馬皇帝）的激進革命，亦即是充分利用改革意識所賦予的巨大道德形象，以及當時正在重新出現，並在急速發展的羅馬法學，來將教會進一步法制化，以樹立更高、更強的權威。至於儒教，則除了文人學者或政治黨派的短暫自發性結合之外，唯一的固定組織，也許只能尋之於朝廷的祭祀與學官系統，巨宗大族（最顯著莫如孔府）的血緣性組織，或者宋代興起的書院之中了，其或則缺

8　這裏所謂普世性，自然只是以西歐為限，而並不及於俄羅斯、拜占庭、中東等地。然而，羅馬公教和東正教雖然長期處於分裂狀態，「普世教會」的理想（Ecumenism）和運動卻也從未止息。

乏獨立性，或則缺乏權威性、普世性，那是十分明顯的。[9]

　　從以上的簡略比較可見，儒教雖然悠久深厚，但正如黃土高原一樣，它是鬆散積澱的同質體，缺乏分化的強固內在結構。它基本上通過個別儒者來傳播和發展，而作為士大夫的儒者只能依附皇朝存在，並沒結合成具有本身理念與長期傳統的獨立組織。換言之，在客觀世界中，儒家思想只反映於個人，而沒有形成超乎個人之上，具有內在生命的團體。所以，在強大外來力量衝擊下，一旦儒者群體中的精英份子思想發生變化，它就再也沒有其他堅韌的保守力量來支撐，而在很短時間內崩潰。「五四」那麼重大的文化與思想轉折，竟然在短短五六年內發生，緣故即在於此。明乎此，我們對基督教權威的崩潰歷程那麼悠久緩慢，也就同樣不必感到奇怪了。

三、中古基督教文化的漫長衰落

　　然則，龐大、嚴密、有權勢而又曾經渡過多次分裂與災難的羅馬天主教會，怎麼可能喪失在它掌握之中的歐洲心靈呢？這是個曲折、漫長的過程：對基督教發起直接攻擊的啟蒙運動只不過是這過程末了的決定性階段，教會那似乎穩如磐石的根基之開始受到侵蝕和發生動搖，則是在前此長達四個世紀的醞釀期（1300－1700）。甚至，在醞釀期之前也還

9　明代儒者顏鈞和林兆恩都曾有將儒學轉化為有組織的民間宗教之努力，而且相當成功。但他們所遭到的困難與局限（例如林兆恩要混和佛、道以凸顯其出世性格），以及終於未能發揚光大，亦正好說明儒學因缺乏超越理念而受的內在限制。見余英時：〈士商互動與儒學轉向 —— 明清社會與思想史之一面相〉，載郝延平、魏秀梅主編：《近世中國之傳統與蛻變》（台北：中央研究院近代史研究所，1998）。

有一段序曲，即所謂「早期文藝復興」，那也是不能夠忽略的。以下我們先對歐洲思想在這兩個時期的轉變作一簡略回顧。

序曲：古希臘羅馬文化的復甦

「早期文藝復興」出現於十二世紀，它是歐洲脫離基督教修道院文化全面籠罩，重新接續古希臘羅馬文化的一個大轉機。導致這轉機的，是九至十二世紀間一連串複雜的變化。歐洲從黑暗時期復甦，開始於第九世紀初的卡洛林帝國（Carolingian Empire）和第十世紀中葉的奧托帝國（Ottonian Empire），但導致這個復甦的決定性事件，則是十一世紀中葉的「教皇革命」，亦即所謂「授職權之爭」（Investiture Contest），那大大提高了羅馬教會和教皇的地位與權威；而在地位提高之後，羅馬教廷立刻就倡導對長期進迫歐洲的伊斯蘭教徒作出全面軍事反擊，從而引起了一連串意想不到的連鎖反應。

簡言之，這大規模軍事行動導致了歐洲與地中海各地（包括中東、北非、西西里，特別是西班牙）伊斯蘭教徒的長期與頻繁接觸，其中一個重要後果就是，歐洲獲得了在黑暗時期失傳，但仍然保存於伊斯蘭文化之中，已經翻譯成阿拉伯文的大量古代希臘科學與哲學典籍。這轉而在西歐學者間掀起了一股熱潮：由於亞德拉（Adelard of Bath）、羅伯特（Robert of Chester）、吉拉德（Gerard of Cremona）、柏里圖（Plato of Tivoli）等人長期不懈的努力，這批典籍連同許多原創性伊斯蘭科學和哲學著作被翻譯成西歐通用的拉丁文，從而徹底改變了歐洲的文化面貌，這就是所謂「早期文藝復興」。它不但令歐洲學者的目光、意識重新投向希臘、羅馬這兩個燦爛的古代文明，而且促成了多種新生事物，包括歐洲中古科學的萌芽、建基於亞里士多德哲學的經院哲學（scholasticism）和神學之興起，以及雛形大學的出現。這些新學問、新體制在十三世紀的蓬勃發展，將中古基督教文化推向頂峰，同時也為日後的文藝復興與

科學革命埋下伏線。[10]

　　因此，從根源上看，歐洲思想的蛻變也同樣生於「外來」刺激，即是從伊斯蘭文化的影響開始──當然，這裏所謂「外來」，有相當部分可視為「禮失求諸野」，因為它們是古代歐洲本有的，但是就認識上所需要的翻譯與學習過程，以及其所產生的思想衝擊而言，則這個跨越千年的「自我遭遇」和受到真正「外來」事物的衝擊，其實並無二致。

悠揚輝煌的調子：文藝復興

　　文藝復興的主調是推崇人的價值，發揚以人為中心的文化，即所謂人文主義（Humanism）。這調子有兩個主題：一是復古，即恢復古希臘、羅馬的燦爛文明，顯著的例子是佩特拉克（Francesco Petrarch, 1304－1374）所提倡，以古代為典範的拉丁文學，特別是西塞羅的書信和演詞；再則是對俗世事物的重視與發揚，例如薄伽丘（Giovanni Boccaccio）那些尖酸諧謔的故事，和伊拉斯謨（Desiderius Erasmus）極盡嬉笑怒罵的《愚人頌》等等。[11] 這個運動並沒有產生對基督教的任何批評，更不要說質疑；它反而表現出比前更為豐盛、活潑和真切的宗教熱誠。然而，它重俗世而輕來世、重人而輕神的弦外之音，卻也十分明顯。因此，布爾哈德在其劃時代著作《意大利文藝復興的文明》中認為，文藝復興運動對於基督教思想造成了沉重甚至致命打擊。他斷言：「這樣，獲得拯救的需

10　早期文藝復興的標準論述有 Charles H. Haskins, *The Renaissance of the Twelfth Century* (Cambridge, Mass.: Harvard University Press, 1927 & 1993); *Studies in the History of Medieval Science* (Cambridge, Mass.: Harvard University Press, 1924)。至於「教皇革命」與歐洲整體意識形成的關係，則見 Harold J. Berman, *Law and Revolution: The Formation of the Western Legal Tradition* (Cambridge, Mass.: Harvard University Press, 1983)。

11　當然，藝術創作是文藝復興運動極其重要的一部分，但它與思想轉型的關係相當微妙，我們不在此討論。

要在意識中就愈來愈淡薄，同時現世的進取心和思想或則全然排除有關來世的一切思念，或則將之轉變為詩意而非信條的形式。」[12]

　　人文主義到底是什麼？在其初，它僅僅指拉丁文文法的學習與辭章的撰寫，隨後則擴大為拉丁文學的發揚，乃至古羅馬典籍的搜集、考證、詮釋，以及古代哲學和政治思想的研究。這是個十分重要的轉變：它雖然只是「復古」而並不觸及基督教，但底子裏則無異於「反攻倒算」。為什麼呢？因為基督教在羅馬帝國本是外來思想，它要「反客為主」，「操戈入室」，就必須先壓制原有思想，亦即貶抑原來的希臘羅馬俗文學、哲學與其他學術，然後以修道院精神將之從一般人特別是教士心中掃除淨盡。這是個艱巨漫長過程，它起源於埃及和近東的苦修運動（asceticism），隨即散播到法國的修院，然後在中古早期（500－750）迅速發展，成為主流。[13] 因此，古典文明的復興實在等同於教會棄甲曳兵，前功盡棄。當然，也必須強調，人文主義學者本身卻絕對沒有這種大逆不道的想法：他們都仍然是虔誠基督徒，大部分甚至是教會棟樑。

　　具有如此危險傾向的調子為什麼能夠在意大利自由吹奏，而且靡然成風達二百五十年之久，不曾受到高度敏感的羅馬教會干涉呢？這有多方面因素。首先，在十一至十二世紀，神聖羅馬皇帝和羅馬教宗的對抗在北意大利造成政治真空，獨立城邦如威尼斯、米蘭、佛羅倫薩乘勢出現，經濟上它們已經發展出雛形資本主義，由是產生富裕社會，文化得以獨立發展，不再受制於教會或者君主。其次，入侵蠻族摧毀了古代文

12　見 Jacob Burckhardt, *The Civilization of the Renaissance in Italy*, trans. S. G. C. Middlemore (New York: Random House, 1954 [1860]), p. 370，並見末了 "Religion and the Spirit of the Renaissance" 以及 "General Spirit of Doubt" 那兩節。他的觀點曾經引起極大爭論，但始終沒有被全面否定。

13　以下為有關羅馬教會文化轉變的經典著作：Pierre Riché, *Education and Culture in the Barbarian West: Sixth through Eighth Centuries*. John J. Contreni, transl.(Columbus, SC: University of South Carolina Press, 1976)。

化，但古羅馬法律傳統卻在意大利北部延續下來，在上述城邦時期它的公證人（notary）系統高度發達，因此在教育體系中拉丁文備受重視，由是為人文主義提供了土壤。事實上，許多人文主義學者都出身於公證人世家。[14] 再者，羅馬教會在十三世紀權勢達到頂峰，到十四世紀卻一落千丈。這是由於心高氣傲的教皇卜尼法斯八世（Boniface VIII）與法國國王腓力四世（Philip IV）抗爭失敗，故此教廷在 1309 年遷到亞維農（Avignon），自是淪為法國王朝傀儡；其後它又經歷長期分裂，直至百餘年後（1417）方才重新統一，回歸羅馬。因此，興起於十四世紀的意大利文藝復興是在教會長期「缺席」羅馬，並且喪失道義權威的政治真空情況下展開的。[15]

　　早在十三世紀，意大利就已經出現了仿效古代文體的拉丁文作品，但人文主義第一位大師則是佩特拉克。他出身佛羅倫薩公證人世家，研習法律，雖是虔誠教士，但深受古代文學影響，耽於「愛情」和「榮耀」的追求，不屑實務，以寫作為終身志業，體裁仿效古代傳記、史詩、情詩、凱歌、頌辭、懺悔錄等，以是飲譽全歐，為教宗王侯爭相羅致，並受加冕為桂冠詩人。這樣，在西羅馬帝國滅亡後將近千年，拉丁文學終於重放光芒。佩特拉克對同時代人影響很大，其中最重要的當數沙魯達提（Coluccio Salutati）。他是佛羅倫薩名重一時的文人政治家，以獎掖後進，搜購古代書籍、文獻為務，又延聘拜占庭學者克拉蘇羅拉

14　有關授職權之爭以及公證人體系與人文主義的密切關係，見下列專著：Ronald G. Witt, *The Two Latin Cultures and the Foundation of Renaissance Humanism in Medieval Italy* (Cambridge University Press, 2012).

15　有關世俗化的影響見上引 Burckhardt；另有 George Holmes, *Florence, Rome and the Origins of the Renaissance* (Oxford: Oxford University Press, 1986) 一書，它認為在 1305－1316 年間教廷遷離羅馬對但丁和喬托的創作都有決定性影響；Gene A. Brucker 在其 *Renaissance Florence* (Berkeley: University of California Press, 1983) 一書第五章，則對文藝復興時期的佛羅倫薩教會與宗教氣氛有深入討論。

斯（Manuel Chrysoloras）為希臘文教席，以弘揚古代學術。人文主義
由是蔚然成風，產生了諸如翻譯家羅西（Roberto Rossi），藏書家尼可
洛（Nicoclò de'Niccoli），鼓吹佛羅倫薩公民意識和共和體制的政治家
布魯尼（Leonardo Bruni）[16]，搜求和發現大量古代手卷的波吉奧（Poggio
Bracciolini）等一大批佛羅倫薩學者。到了十五世紀，人文主義開始散播
到歐洲各地，此階段最重要的學者是瓦拉（Lorenzo Valla）和伊拉斯謨
（Desiderus Erasmus）。前者推崇伊壁鳩魯哲學，對拉丁文體與修辭有專門
研究，由是得以證明教廷視為至寶的《君士但丁封贈書》為偽造而成大
名；後者是出身貧寒的荷蘭人，憑自學成材。在他之前，人文學者對基
督教絕少置喙，他卻以人文精神闡發基督教，提倡人性與寬容，其最重
要工作是出版考據綦詳、文辭優雅的《新約聖經》希臘─拉丁對照本，
這後來成為新教的重要根據。[17]

淒厲的變奏：宗教改革

　　文藝復興的主調是人，宗教革命的主調又回到了神。人不可能對抗
高高在上的教會，神卻可以。馬丁路德（Martin Luther）就是把基督教的
原始經典《聖經》搬出來，與羅馬天主教會作堅決抗爭──四百四十年
前教皇如何對神聖羅馬皇帝發動思想（政治當然亦隨之而來）革命，他
亦以其道還治教會之身。必須釐清的是，革命導火線雖然是贖罪券，主

16　Hans Baron, *The Crisis of the Early Italian Renaissance* (Princeton University Press, 1966)
　　是討論布魯尼共和思想之萌發的專書；J. G. A. Pocock, *The Machiavellian Moment:
　　Florentine Political Thought and the Atlantic Republican Tradition* (Princeton University
　　Press, 1975) 則將十六世紀佛羅倫薩共和思想、十七世紀英國清教徒革命與十八世
　　紀美國革命三者聯繫起來。
17　關於伊拉斯謨，見 Léon-E. Halkin, *Erasmus: a Critical Biography*. John Tonkin, transl.
　　(Oxford: Blackwell, 1993); 討論人文主義與宗教改革關係有下列論文集：Donald
　　Weinstein, ed. *The Renaissance and the Reformation 1300-1600* (New York: The Free
　　Press, 1965)，其導言有簡括的提要。

要問題卻並不在教會的斂財行徑和腐敗。事實上，自十世紀以來，教會中腐敗與改革的拉鋸戰幾乎從未止息，但也從未曾危及教會的基礎，因為普世性教會是一個超越於俗世的理念，並不受其實踐缺失的影響。

　　那麼，為什麼到了十六世紀，馬丁路德振臂一呼，卻能夠掀起軒然大波，完全改變歐洲基督教的面貌呢？關鍵在於：他不止攻擊教會腐敗，更從基督教基本教義出發，質疑羅馬教會作為一個龐大行政機構的存在理據。具體而言，基督教信仰的最終目標是「得救」，也就是得到「永生」。羅馬教會宣稱，根據歷代傳統，這必須遵循教會訂定與施行的儀式加上通過教會而作的「善行」（good work）才有可能。馬丁路德卻提出：唯獨耶穌才能施拯救，「得救」之途在於信奉基督，遵循其教誨，閱讀《聖經》和禱告，那人人可行，至於教會和神職人員，則只不過具有宣講、解惑的輔助性功能，而絕沒有權力假借它奉為至寶的那套聖事和儀式來控制通往天國之路。至於「善行」則只不過是教徒份內之事，絕非得救保證，因為人人背負原罪，而神意不可測度──這就是所謂「前定說」（predestination）。換言之，路德提倡回復基督教原始形態，以它絕無妥協餘地的出世和末日觀念，來對抗教會，來衝擊它與俗世的妥協、融合。他無異宣稱：羅馬教會擁抱凱撒已久，是時候讓它重歸上帝了！這樣，他就從根本上摧毀了羅馬天主教的天下一統理念以及其龐大繁複世俗組織的正當性。[18]

　　然而，路德孑然一身，他的道理儘管鋒利，何以竟然能夠撼動根深柢固、龐大無匹的羅馬教會，掀起波及全歐洲的宗教改革？這有好幾個不同原因。首先，人文主義廣泛推動了古代言語的研習，為《聖經》的研

18　宗教改革運動的綜述見 Euan Cameron, *The European Reformation* (Oxford: Clarendon Press, 1991) 與 Lewis W Spitzer, *The Protestant Reformation 1517-1559* (New York: Harper and Row, 1985)，兩書均對宗教改革運動的教義、理論與史實有詳盡而深入論述。

究與翻譯奠定基礎。其次，古騰堡印刷術在十五世紀中葉興起，它改變
了知識傳播的方式和效率，這不但令《聖經》廣為流傳（將《聖經》從希
伯來和希臘原文翻譯為德文是路德最主要工作之一），而且使得改革家的
宣傳文字可以大量散發，令其新觀念如水銀瀉地，傳播到每一角落。[19] 第
三，當時歐洲政治版圖分裂：神聖羅馬帝國內部諸邦林立，瑞士各邦有
高度自治傳統，而英、荷、北歐等大陸邊緣國家亦都不受教廷控制，倘
若王侯、領主或城邦民眾的信仰改變，則羅馬教會和神聖羅馬皇帝亦束
手無策，無法迫其就範。最後，馬丁路德雖然脾氣暴躁，但信心堅定，
性格倔強，從不退縮妥協，所以能夠領導群眾，將改革堅持到底，這也
是基本原因之一。[20]

　　路德所倡議的宗教改革是具有強大魅力的新觀念，由於上述有利因
素，它在十數年間就以燎原之勢演變成廣泛的群眾運動，其後果就是法
國的宗教戰爭，以及荷蘭對西班牙的獨立戰爭，兩者都曠持日久，其後
更將全歐捲入酷烈的三十年戰爭（1618 – 1648）。這延綿將近一個世紀之
久的多場戰爭，最後以新舊勢力大致相當的僵局告結束，但羅馬教廷在
理念、組織、政治權威上都已經受到巨創，從此再也無力對新思潮作大
規模干涉和鎮壓了。雖然所謂「宗教改革」只是對羅馬教會，而並非對
基督教本身的抗爭 —— 恰恰相反，它還是一個帶有濃厚原教旨主義色彩
的復古運動。但經此慘烈一役，基督教作為普世性教會這一理念，則正
如從牆頭栽下的 Humpty Dumpty 一樣，已經四分五裂，再也無從拼合，

19　有關印刷術對於宗教改革的重大影響，見 Elizabeth L. Eisenstein, *The Printing Press as an Agent of Change*, 2 vols. (Cambridge University Press, 1979)。

20　有關馬丁路德，見 Richard Marius, *Martin Luther: the Christian between God and Death* (Cambridge: Harvard University Press, 1999); Derek Wilson, *Out of the Storm: the Life and Legacy of Martin Luther* (New York: St. Martin, 2007); Donald K. McKim, ed., *The Cambridge Companion to Martin Luther* (Cambridge University Press, 2003)。

恢復昔日光輝了。它更深遠的後果是，在一般人心中產生了對於教義辯論和教派鬥爭的厭倦與反感，對基督教本身的懷疑和反叛情緒亦由是而滋生和蔓延。

　　文藝復興代表人文精神的重新自我伸張，宗教革命則代表希伯來文明（假如我們可以這樣形容原始基督教）的重新自我伸張 —— 兩者所表現的，都是表面上已經融合的歐洲中古文化，開始呈現分崩離析之勢。

回歸希臘：三股新思潮

　　文藝復興活躍了思想，宗教改革造成了社會、政治、信仰上的大混亂。同時或者接續而來的，則是十六至十七世紀間的三股新思潮，它們都和希臘理性精神的伸張有關。其中最為人熟知的，就是科學思潮。這和十五世紀中葉君士但丁堡陷落，大批希臘學者移居北意大利，由是掀起對古希臘文明（特別是柏拉圖哲學）熱潮有密切關係。它以哥白尼、第谷、開普勒、伽利略、牛頓等為人熟知的大發現為主軸，但此外還有許多其他平行發展，例如代數學、解析學、解析幾何與微積分學的突破；磁學、血液循環說和化學的出現；培根和笛卡兒的新科學觀念，等等。所以科學思潮是個包羅廣泛的運動，它全面改變了西方人對於自然世界的觀念，由是希臘人所崇奉的理性開始壓倒信仰。但必須強調，科學家本身雖然徹底打破了教會奉為至理的亞里士多德宇宙觀，但他們仍然沒有對宗教信仰產生懷疑。從笛卡兒、伽利略以至牛頓，他們無一例外都是虔誠教徒，都認為發現宇宙的永恆自然法則適足以證明上帝的睿智，和增進祂的榮耀。[21] 能夠看到在他們的信仰與他們所發現的那些自然法則之間其實有深刻矛盾，只是部分前衛哲學家如托蘭（John Toland）和下文

21　這種觀點是十三世紀中古科學興起之初就已經確立的，它的始創者是大阿爾拔圖（Albertus Magnus），一位本身也是科學家的德國主教。

提到的斯賓諾莎、貝爾等人。至於敢於公然指斥基督教為愚妄、迷信，則有待於十八世紀的啟蒙思想家了。

其次，是政治哲學思潮。這在十六世紀集中於法國，以博丹（Jean Bodin）為代表。他是王室近臣，深受宗教戰爭中政出多門，國家瀕臨崩潰的亂局刺激，主張強大王權為社會秩序基石，提出「主權」（Sovereignty）為絕對而不可分割的觀念，這在日後成為國家主權觀的嚆矢。[22] 隨後荷蘭的格魯秀斯（Hugo Grotius）崛起，他是國際法專家，擁護宗教寬容，以《論戰爭與和平之法律》成大名。到了十七世紀下半英國的霍布斯（Thomas Hobbes）和洛克（John Locke）出現，他們都曾經在歐陸避難，承接其傳統。霍布斯受《幾何原本》推理方法吸引，又深感清教徒革命所產生大混亂的威脅，所以摒棄宗教和傳統，純粹從理性出發，著為《鯨政論》（Leviathan），從人尋求安全的本能來論證絕對政治權力之必要。它飽受攻擊，卻被認為是現代政治哲學的起點。洛克和霍布斯相反：他在哲學上是經驗主義者，在政治上反對絕對王權，主張宗教寬容，和合理、有限度，以自然律為基礎，以人民需要為依歸的政府 ── 那其實正就是光榮革命之後在英國實際出現的議會政府。他的《論寬容書簡》（Letters Concerning Toleration）和《政府兩論》（Two Treatises of Government）對下一世紀的法國和美國都產生了無比巨大影響。

最後，還有一股疏離和懷疑基督教信仰的哲學思潮，這以蒙田（Michel de Montaigne）為先導。他是法國外省小貴族，受法王亨利四世倚重，設計了以寬容為基調的宗教政策，但拒絕從政，寧願退隱，潛心著述，以三卷《散文集》（Essays）留名。他崇尚個人內心的閒適與自由，

22　有關博丹，見 Julian H. Franklin, *Jean Bodin and the Sixteenth-Century Revolution in the Methodology of Law and History* (New York: Columbia University Press, 1963); *Jean Bodin and the Rise of the Absolutist Theory* (Cambridge University Press, 1973); Julian H. Franklin, ed., *Jean Bodin* (Aldershot, Hampshire: Ashgate, 2006)。

認為必須將之與外在名位、責任、社會關係分隔；對於知識、宗教，他一概採取高度懷疑態度，認為理性不足恃，信仰不可驗證，故此退守「信仰主義」（fideism）。在政治高壓下，他採取淡薄、低調立場來回應新教狂潮，並且從服膺教會權威轉向尋求內心自由的個人主義。[23]

到了十七世紀，這一思潮變為激進。荷蘭的斯賓諾莎（Baruch Spinoza）深受笛卡兒理性主義影響，但不接受其心物二元論，反而通過幾何方法來論證，宇宙間物質為單元，心、物之分只不過是物質的兩種不同表現；由於物質無限，故此它即一般人所謂上帝——因為「造物主」與「被造物」基本上是不可能區分的。所以，他認為，宇宙萬事只有因果而無所謂善惡、目的；至於具有好惡、意志的人格神（也就是基督教的上帝）則是無稽的。這樣，他的泛神論就摧毀了基督教信仰與道德的基礎。故此他被視為洪水猛獸，他的《政治神學論》（*Tractatus Theologico-Politicus*）和《論道德》（*Ethics*）一出版（後者是身後出版）就遭受猛烈攻擊，自然是意料中事。[24] 至於培爾（Pierre Bayle），則是法國南部新教徒，後來輾轉流亡到荷蘭執教鞭。他深受笛卡兒和斯賓諾莎影響，見解深刻鋒利，提出「惡」的存在與上帝全能全愛之說根本矛盾，又論證無神論從來不曾對社會道德或者穩定構成任何威脅；他對後代影響最大的，是獨力編纂了一部巨大的《歷史及批判性辭典》（*Historical and Critical Dictionary*），以大量歷史細節破除宗教偏見與迷信，這也就是日後啟蒙

23　關於蒙田，見 Dikka Berven, ed., *Montaigne's Message and Method* (New York: Garland, 1995); *The Complete Essays of Montaigne*. Donald M. Frame, transl. (Stanford University Press, 1958)。

24　關於斯賓諾莎，見 Richard H. Popkin, *Spinoza* (Oxford: Oneworld, 2004); Steven Nadler, *Spinoza: a Life* (Cambridge University Press, 1999)。

運動中出現的《百科全書》之濫觴。[25]

　　綜觀羅馬教會在 1300－1700 年這四百年間逐步失去思想界主導地位的歷史，它也許可以歸結為希伯來、希臘、羅馬三種文明在中世紀短暫拼合之後，又回復各自本來面目，從而分頭迅猛發展，令本來充滿內部矛盾的中世紀基督教文化分崩離析的這樣一個過程。這一過程的啟動，其始是由於在十一世紀重新接觸古希臘羅馬典籍的刺激所導致；自十四世紀以還，則是在教會各種「缺席」情況下得到充分發展。到十七世紀末期，這些個別運動已經擴張、匯合，成為無可抗拒的大潮了。

四、短暫的正面批判：啟蒙運動

　　在 1687－1690 年短短四年間，牛頓出版了《自然哲學的數學原理》，英國發生了光榮革命，法國西南部一個貴族孟德斯鳩誕生，而洛克則出版了他的《人類理解論》。這四件大事一方面標誌科學革命邁向高潮與啟蒙運動的開始，另一方面也正好顯明啟蒙運動的譜系：它基本上是起源於英國，然後發揚光大於法國的一場運動。[26]

25　關於培爾，見 Elizabeth Labrousse, *Bayle* (Oxford University Press, 1983)。此外，自蒙田以至培爾的懷疑思潮，見 Richard Popkin, *The History of Scepticism from Savonarola to Bayle* (Oxford University Press, 2003)。

26　有關啟蒙運動性質及意義的討論，見 Peter Gay, *The Enlightenment: An Interpretation* (New York: Norton, 1966); 有關其系統論述見以下著作：Ira O. Wade, *The Origin of the French Enlightenment* (Princeton University Press, 1971); Ira O. Wade, *The Structure and Form of the French Enlightenment*, 2 vols. (Princeton University Press, 1977); Jonathan Israel, *Radical Enlightenment: Philosophy and the Making of Modernity 1650-1750* (New York: Oxford University Press, 2001); Jonathan Israel, *Democratic Enlightenment: Philosophy, Revolution and Human Rights 1750-1790* (New York: Oxford University Press, 2011)。

從科學到自然神論

十七世紀被稱為理性的時代，那是科學與數學的時代；十八世紀則被稱為批判的時代，那也就是啟蒙時代。批判什麼？自然是基督教：不斷變化的歐洲思想終於圖窮匕現，要把上帝放到被告席上來了。這個大轉變之出現，有兩重最直接的原因。其一，歐洲科學經過了五個世紀的發展，終於由牛頓發現了一套完整的自然法則，它無論在方法、精確程度或理論結構上都無懈可擊，令人信服。其二，經過清教徒革命、斯圖亞特皇朝復辟和光榮革命之後，英國終於找到了一個自由（雖是頗有限度的自由）而又穩定的政治架構，並且採取了宗教寬容（雖是頗有限度的寬容）政策。這反映於 1693 年在國會通過的「註冊法案」，它保障了言論和出版自由，為各種形式的宗教討論鋪平道路。

在這種情況下，各種偏離正統基督教的言論、教派開始出現，包括「反三位一體論」（Anti-Trinitarianism）；神體一位論（Unitarianism），那頗接近早期被定為異端的亞利烏教派（Arianism）；還有所謂「基督教理性主義」（Christian Rationalism），即相信基督教有需要，但它的信仰和「理性」並無衝突。洛克被目為經驗論者，也是一位「基督教理性主義者」，他的《基督教之合理性》就是其思想的最好論述。再進一步，真正和基督教決裂的，是「自然神論」（Deism），它認為基督教是種種「猶太迷信」（例如三位一體說、耶穌從死裏復活，以及他和先聖所行的種種神蹟）以及道德規範的混合物：前者必須加以破除，後者則是人類運用理性所得的自然結果，是與世界上主要高等宗教共有的。換言之，基督教的核心部分，即由耶穌所帶來的「啟示」（Revelations）是多餘的：單憑理性，即已足以建構具有正面社會功能的那些規則和教義了。

自然神論者的思想並不深刻，而且充滿漏洞。例如，單純從「理性」或者科學到底能否推斷出基督教道德？除了哲人以外，一般人是否也可以不需要宗教的薰陶、教化，而同樣能夠自律？這些其實都是天大問

題，所以這個哲學─神學流派從來沒有在英國興旺。然而，「成事不足，
敗事有餘」：他們攻擊「猶太迷信」的那部分言論卻能獲得輿論讚許，在
社會上造成廣泛懷疑態度，以及反教士情緒。這情緒也沒有在自由的英
國產生多少反響，但這一論調渡海傳到其國王向來以「基督君主」（The
Most Christian King）自命的法國，便掀起軒然大波了。

從啟蒙到革命

在紅衣主教李卻立和路易十四治下，十七世紀法國文治武功盛極一
時，享受了半個世紀黃金時代。但以西班牙王位繼承之戰和路易十四去
世為轉捩點，法國從十八世紀初開始走下坡，因此迎接自然神論的，是
一個已經略為失去自傲與光彩，但文采風流猶尚存的法國。

第一代啟蒙思想家（*Philosophe*）是才華橫溢的孟德斯鳩（Charles-
Louis Secondat de Montesquieu）和伏爾泰（Voltaire），前者出身地方貴
族，後者父親是財政官吏，都屬中上之家，自幼接受優良教育。孟德斯
鳩受巴黎開明教士、學者影響，經過數年醞釀，於 1721 年出版《波斯
書簡》，假借異教徒眼睛，委婉諷刺歐洲宗教、習俗、體制，由是成為
名士，打入巴黎上流社會與學界內圈。此後他遊歷歐陸和英倫數年，然
後以十餘年功夫蒐集資料，潛心研究，多年後完成畢生鉅著《法律的精
神》（1748），那時啟蒙運動已經進入高潮了。[27] 伏爾泰才華橫溢，在弱
冠之年即成為著名詩人和劇作家，但年少氣盛，多次因為得罪權貴而被
短暫投獄，最後更被迫流寓英倫三年。他趁此機會觀摩學習彼邦體制、
學術、文風，領略吸收他們的自由寬容思想，回國後再經數年準備，終

27　有關孟德斯鳩，見 Robert Shackleton, *Montesquieu: A Critical Biography* (London:
　　Oxford University Press, 1961); Rebecca E. Kingston, ed., *Montesquieu and His Legacy*
　　(Albany: SUNY Press, 2009)。

於在 1734 年出版《哲學書簡》。此書表面上是論述英倫各種事物，實際上則是以辛辣、諷刺文筆，旁敲側擊，挪揄挖苦法國種種不合理制度與現象。由於其言論大膽，批判鋒芒無所隱匿，所以甫經面世便轟動全國乃至歐洲，令政府赫然震怒。他自此挾着如日中天名聲，與紅顏知己避居國土邊界上小鎮，潛心研究歷史、政治、經濟、科學，以多種著作問世，從文壇名士蛻變為影響深遠的思想家，啟蒙運動亦由是揭開帷幕。[28]

　　第二代的狄德羅（Denis Diderot）和達朗貝（Jean d'Alembert）思想上並未脫離自然神論範疇，但言論更大膽、激烈。例如，狄德羅已經提出無神論者亦可以是好公民的說法。但他們的最大貢獻，自然還是在文學、哲學以外開闢了一個新的論述領域──百科全書。這在西方文化史上並不新鮮，然而在百科全書中大量介紹最新科技，以及應用它作為宗教批判的工具卻是新生事物，是有強大煽動力的。他們在 1751－1766 年間出版的這套巨著瞬即洛陽紙貴，風行一時，正好說明法國人的心志其時已偏離正統天主教很遠了。

　　當然，從長遠來說，同一代的盧梭（Jean Jacques Rousseau）思想更激烈，影響也更大，這主要是由於他在《民約論》中提出的民主思想；在宗教方面，他的觀點和其他自然神論者並沒有基本差別，只是反對教會的態度更為激烈，對自然宗教本身更為認真而已。至於英國的著名懷疑論者休謨（David Hume）則和法國啟蒙思想家不一樣：他不是通過諷刺、指斥等訴諸感情的文學方法，而是從邏輯和知識論的角度來重擊基督教的要害──例如神蹟的可信性。他之被視為基督教最危險的敵人，不是沒有道理的。

───────

28　有關伏爾泰，見 Ira O. Wade, *The Intellectual Development of Voltaire* (Princeton University Press, 1969); A. Owen Aldridge, *Voltaire and the Century of Light* (Princeton University Press, 1975)。

　　到了十八世紀七十年代，短暫的（相對於前此多個運動而言）啟蒙
運動已經行將完成它的歷史性使命，而它的缺失和極限──將建基於科
學的理性取代宗教價值──也愈來愈明顯了。因此，作為這一運動殿軍
的康德在 1784 年撰文章質問「啟蒙是什麼？」，從而為之定位──也就
是作總結，是十分自然和恰當的。《純粹理性批判》將現象（Phenomenon）
和本體（Noumenon）二界截然劃分，一方面是為實證知識尋求穩固的基
礎，另一方面則是重新安排科學與宗教的關係，以求越過啟蒙理念本身
的極限。[29]

　　在當時，康德認為啟蒙仍然遠遠未曾完成，所有的爭論及風氣改變
都還只是思想家圈子裏的事。沒有人能料到，法國大革命在短短五年後
就爆發，而革命理念以及隨後的政治思潮都深受啟蒙思想家，特別是盧
梭的言論、著作影響。大革命不但推翻帝制，而且解散教會，沒收它龐
大的財產，實現了啟蒙思想中的那些激烈呼召。[30] 雖然這些浪潮此後還有
多次漲落和反覆，而直至今日天主教和各新教教會也還維持重要社會功
能和相當影響力，但無可否認，自十九世紀開始，基督教宰制歐洲思想
的日子已經一去不返了。

五、中國思想轉型的回顧

　　現在，我們可以回到本文最初的問題上來了，即「五四」究竟相當

29　當然啟蒙並非法國的專利，在英、德、美諸國還有許多重要啟蒙思想家，諸如亞
　　當斯密、吉朋、萊辛（Gotthold Lessing）、佛蘭克林等等，是我們不可能在此盡
　　述的。

30　見 Eric Vogelin, *From Enlightenment to Revolution*; John H. Hallowell, ed., *From
　　Enlightenment to Revolution* (Durham, NC: Duke University Press, 1975)。

於歐洲近代史上哪一個思想運動？答案是相當清楚的：「五四」的確就是中國的啟蒙運動。但這二者在歷史上相應，並不是因為它們所宣揚的理念相同——它們在表面上的確有相同之處，但實際上是有根本差別的。例如，民主是「五四」的主調，但《民約論》雖然是在啟蒙運動的高潮中誕生，它的觀念對那些帶有貴族氣質的啟蒙思想家而言，卻是陌生的，甚至格格不入的。盧梭不但由於脾性不合而與狄德羅、伏爾泰激烈爭吵，他的思想也遠遠走在他那個時代之前。

我們認為「五四」與啟蒙兩者相應的主要理由，毋寧是它們都代表一系列傳統思想變革的最後階段：只是到了這最後階段，中國知識份子反對傳統儒家倫理，和西方啟蒙思想家反對基督教和教會，才成為激烈的公開言論，才匯集成影響整個社會的大潮流，才決定性地結束了傳統思想體系在其本身文化中的宰制性地位。[31] 因此，「五四」和啟蒙運動分別成為中國和歐洲在思想上與傳統思想體系決裂的分水嶺。這是兩個文明在文化史上的大事：在其前，只有漢武帝在公元前二世紀末決定獨尊儒術，以及君士坦丁大帝在第四世紀初決定接受基督教為國教差可比擬。[32]

所以，作為一個激烈反對傳統思想體系的民間文化運動，「五四」並不獨特：在其前二百年的啟蒙運動性質是非常之類似，甚至可以說是相同的。假如這一點能夠成立的話，那麼我們免不了還要追問以下三個問題：首先，中國思想體系轉型的醞釀期到底有多長？它和啟蒙運動之前

31　當然，Carl L. Becker, *The Heavenly City of the Eighteenth-Century Philosophers* (New Haven: Yale University Press, 1932) 一書曾經十分辛辣地反覆論證，伏爾泰也好，休謨也好，他們那一輩啟蒙思想家都只不過是以「自然」和自然法則這些符號來替代上帝和宗教而已——也就是說，在底子裏，他們的思想仍然深受西方中古思想的深層結構所影響，但這也不影響啟蒙運動決定性地改變了歐洲的主流思想這一事實，見前引 Peter Gay 以及 Raymond O. Rockwood, ed., *Carl Becker's Heavenly City Revisited* (Archon Books, 1968)。

32　余英時在註 3 所引文章中提出，啟蒙運動在批判基督教之外還有很強的建構性意義，而「五四」在這方面則幾乎闕如；當然，這是兩者相異而非可比擬之處。

那長達四百年的歐洲思想變遷時期是否可以比較？其次，雖然我們已經為「五四」發生得那麼迅速提出一個基本解釋，但其發生的機制如何？那似乎仍有進一步說明的需要。最後，在「五四」和啟蒙運動以外，還有沒有其他類似的運動？這顯然也是要充分了解「五四」所不應忽略的。

中國思想轉型的醞釀期

中國士大夫思想的變革到底從什麼時候開始？這是一個不容易回答的問題。朱維錚所謂「持續百年的晚清『自改革』思潮」是指十九世紀，它以洪亮吉上書要求皇帝兌現「咸與維新」的諾言（1799）為開端，以百日維新失敗（1898）作結束。這一思潮中的重要人物，例如提出自改革觀念的龔自珍，撰《海國圖志》的魏源，撰《校邠廬抗議》的馮桂芬，還有王韜、鄭觀應等都對西洋事物有相當了解，而且言論不無影響力。他甚至還認為，有間接證據顯示，自十六世紀末耶穌會教士來華以還，中國士大夫就已經意識到西方這一文化整體的存在，並且一直密切留意其科技、地理乃至文物制度，甚至往往受其影響，而在文字中有意無意地流露出來。[33]

然而，個別士大夫私下留意西洋動態，或者主張採用西方技術乃至制度、觀念以求變革，和解決實際政治問題，甚至發為議論，彼此呼應，雖然都很值得注意，但那和西方風起雲湧的思想運動譬如宗教改革還是難以比擬。在這個意義上，中國在康、梁之前的第一個新思潮，恐怕只能夠數太平天國這個仍帶着濃厚傳統色彩，而為絕大部分士大夫所摒棄的下層民眾運動。它與中國思想主流的變化，顯然不可混為一談。

33　見朱維錚：〈「君子夢」：晚清的「自改革」思潮〉，《二十一世紀》（香港），1993年8月號，第4-7頁；龍應台、朱維錚編：《未完成的革命：戊戌百年紀》（台北：商務印書館，1998），特別是「導讀」部分及第32、52頁。

不過，中國傳統思想轉型的開始，也許亦應該比張灝和許多其他學者所
提出的 1895 年略為推前幾年。從 1891 年起，康有為以中國的馬丁路德
自居，發表帶有強烈復古味道的《新學偽經考》、《孔子改制考》，同時在
萬木草堂正式開講，四方知名之士紛來就學，以這一年作為中國知識份
子在正統儒家思想體系以外尋求出路的起點，也許是恰當的。換言之，
中國的啟蒙有二十五年的醞釀期（1891–1915）。[34] 至於在此以前的一個
或者三個世紀，也許可以和歐洲的文藝復興相比吧。

　　我們倘若還要在醞釀期之內尋找與西方思想運動相應的階段，那就
很困難，甚至沒有多大意義了。康有為之以路德自命，或者章太炎、胡
適之有意識地推動「中國的文藝復興」，都有借用西方觀念，或者模仿其
某個特殊變革精神的用意。然而，這種借用都很膚淺，不能夠說有什麼
深刻的意義。例如，中國並沒有具高度組織性的儒教，因此康有為之託
古改制，實在只是傳統觀念之運用，而絕不可能發揮如歐洲新教那樣的
積極建構作用。同樣，中國中古與近代文學與先秦兩漢一脈相承，古代
文學的觀念、詞藻、體例具在典籍，從未曾因為經過黑暗時期而失傳，
所以類似於佩特拉克的文學「復古」，也是缺乏真實意義的。至於胡適提
倡白話文自然是一大改革，而且的確和歐洲方言文學的興起相應。但文
藝復興的內涵很豐富，方言文學並非其中主要部分，所以以之與「五四」
相比，也並不恰當。

34　金觀濤、劉青峰在〈新文化運動與常識理性的變遷〉（《二十一世紀》，1999 年 4
　　月號，頁 52）中提出，「五四」（他們仍用「新文化運動」之稱）及其前之醞釀期
　　（以譚嗣同《仁學》為代表）同樣具有激進及全盤地反傳統的形態，而二者的基本
　　差別則在於：早期反傳統者所持的理由是外在的，諸如它阻礙民主等；但「五四」
　　時民主與科學這兩個理念已經進入文化意識深層，成為常識理性的一部分，因此
　　反傳統便表現為「中國文化的再次理性化」。然而，他們指陳中國與西方的理性
　　化有根本差別，我們則認為，這只不過是時間上的，而非本質的差別：在啟蒙
　　時代，科學同樣被自然神論者廣泛認為可以成為「合理的」新宗教、新道德之基
　　礎 ── 也就是說具有超越工具理性的意義。

思想轉型與政治變化的關係

　　歐洲歷次思想運動雖然間接受政治背景影響，但大都循其內在理念與邏輯發展，而並非政治變化之一部分。在中國則不然：雖然在十九世紀之初士大夫就已經開始感到儒家宇宙觀、世界觀以及相關政治、社會體制的嚴重危機，但其思想變化卻始終未曾越出改革、新政、變法，亦即政治變革的範圍。而且，即使是康、梁、譚嗣同、章炳麟這些思想家，其立身行事，也仍然脫離不了政治家或革命家色彩。這對比如此鮮明，其原因何在？

　　如所周知，在傳統中國一體化結構之下，朝廷、社會與儒家思想體系緊密契合，形成一張巨大網羅，而維繫此網羅的定點，則是朝廷。因此，直至戊戌變法前夕，亦即朝廷尚能維持其政治權威的時刻為止，士人注意力的焦點總還是在政治變化；但到了 1900 年八國聯軍入京，亦即清廷威信崩潰，革命之必要已再無疑義的時候，則情勢完全改變：革命思潮以及反孔，反傳統政治、社會體制的新思潮兩者，就同時猝然興起了。如陳萬雄的研究指出，陳獨秀、吳虞、蔡元培、魯迅等日後五四健將，當時正就是這一「早期新思潮」的推動者；陳在 1905 年創辦的《安徽俗話報》已可以視為十一年後《新青年》的雛型。[35] 因此，辛亥革命與五四運動可謂一脈相承，是同一運動的兩面。

　　然而，辛亥之前的新思潮雖然廣泛而蓬勃，卻仍然是地區性運動，作為全國言論之首的北京有「圍城」危機，但既處於天子腳底下，就不可能有公開的反孔反傳統思潮出現。只有在辛亥革命成功，網羅全然衝決之後，像「五四」那樣一場自覺屬於全國的思想革命才有可能發生。辛亥革命發生在「五四」之前，啟蒙運動卻先於法國大革命在巴黎展開，

35　陳萬雄：《五四新文化的源流》（北京：三聯書店，1997），特別是第 5、6 章。

而且為後者播下思想種籽，鋪平道路。所以，政治革命與思想革命二者的次序在中國與西方是截然相反的。這對比並非偶然，其基本分別就在於中國的「儒教」是依附於皇權之上並受其制約，而西方的基督教則是獨立於王權之外。也就是說，中國傳統社會是一元，道統受政統束縛，而歐洲則是二元（就一國之內而言）乃至多元（就全歐洲而言），道統可以自由發展。從這一角度出發，何以在二十世紀初朝廷威信喪失殆盡之後，中國的思想界即日趨激烈，直如脫韁野馬，以「巨石走峻坂」之勢狂奔，較之歐洲宗教革命或啟蒙時期不遑多讓，也就不難理解了。

「五四」是普遍的嗎？

倘若啟蒙運動和「五四」的確有本質上的相同之處，那麼很自然地，我們必須追問，這是否傳統社會向現代蛻變之際的普遍現象？在諸如俄國、奧托曼、日本、印度等國家的現代化蛻變之中，是否還有第三、第四個「五四」或者「啟蒙」型的運動？這個大問題自然不是本文所能夠討論的，但我們初步觀察的結果則似乎顯示，為了各種不同原因（最主要的可能有兩種情況：或則傳統思想體系極為強大，新思潮無法與之抗衡；或則它與政治、社會體制本沒有密切關係，因此沒有引起對抗性運動），類似於「五四」的整體性反傳統思想運動似乎並未曾發生於其他國家。「五四」雖然並不獨特，卻是相當罕見的。

原刊《二十一世紀》（香港）第 53 期（1999 年 6 月）第 33–45 頁，嗣收入《站在美妙新世紀的門檻上》（瀋陽：遼寧教育出版社，2002），第 212–231 頁；此處增入以下文章部分內容：〈現代思潮為何出現於西方？〉，刊《中歐商業評論》（北京）2014 年 7 月號，第 114–120 頁。

從大逆轉到新思潮

──五四與啟蒙運動比較重探

　　十年前筆者曾經為文論證，十八世紀歐洲啟蒙運動與二十世紀中國五四運動是相類似的文化現象，因為它們都是這兩個文明各自在思想轉型中對傳統文化之公開、正面、猛烈攻擊，以求摧毀長期佔據宰制地位的舊思想，即基督教與儒家倫理，以為新思想的建立拓展空間。因此「五四」並不獨特。[1] 該文發表後，得見余英時先生討論相同問題的大文。他指出，胡適本來是以文藝復興為新文化運動的典範，但到了 1930 年代中期，此運動被重新詮釋為中國的啟蒙運動，而那是出於具體政治動機；他又認為，以五四運動「比附」啟蒙運動或者文藝復興雖然有些道理，但都不甚恰當，也沒有必要，因為後兩者是從西方文明本身獲得資源與動力，五四運動卻是受外來壓迫所引致的嚴重政治危機刺激，援引西方理念而產生，而且自有其本身目標與內在複雜性。[2] 以上兩種看法表面上頗為抵牾，但其實出發點大不一樣：敝文着眼於文化現象的比較，而余文則以探討五四運動參與者及借用者的心態為主。所以，就其意向而言，兩者並無實質衝突。

1　見本集上篇〈五四是獨特的嗎？〉
2　余英時：〈文藝復興乎？啟蒙運動乎？──一個史學家對五四運動的反思〉，載余英時等著：《五四新論──既非文藝復興，亦非啟蒙運動：「五四」八十周年紀念論文集》（台北：聯經出版事業公司，1999），第 1－31 頁。

一、基本構思

上述舊文所作的比較只是一個粗淺開端。它所討論的，僅為啟蒙與五四這兩個思想運動的破壞性，即是它們攻擊、摧毀傳統的一面，而未及於其他問題，例如余先生所指出的，它們一出於外來刺激，一出於自發這個主要分別；又例如這兩個運動所宣揚的正面理念，亦即其建設性一面的比較；以及它們與激進革命的關係，等等。這些問題牽涉甚廣，並非我們在此所能夠全盤討論。本文所要探討的，僅限於上面第一點，即這兩個運動的起因究竟是否具有不同性質的問題。從表面上看，五四運動（就其廣義而言，亦即包括新文化運動，下同）起於外來刺激，歐洲的啟蒙運動出於自身內部醞釀，兩者性質迥然不同，不能相提並論，殆無疑義。不過，在我們看來，這觀點頗有商榷餘地。而且它不僅關乎這兩個運動的起因，也還涉及東西兩大文明的某些特徵，是頗為值得注意的。因此不揣譾陋，就此提出一些看法，以冀收拋磚引玉之效。

本文的基本構思可以綜述如下。五四顯然是由「外來」思想刺激所觸發，啟蒙運動則向來被視為西方文明內部醞釀的結果，因此是「自發」思想運動。可是，倘若細究其出現的過程與因由，則會發現事實並不如此。我們不能夠忽視，啟蒙運動在興起之初是個法國現象，是以孟德斯鳩和伏爾泰的著作為開端的，而這兩位啟蒙思想家都曾經在英國居住數年，和彼邦人士廣泛交往，對於牛頓（Isaac Newton）、洛克（John Locke）的學說，以及光榮革命所帶來的寬容、分權政體有深刻了解，極感欽羨。因此，就啟蒙運動這兩位開山人物和它的核心區域即法國而言，其觸發的主要因素是英國的思想與體制，亦即同樣是「外來」刺激。

當然，五四還有「外力」壓迫，亦即列強侵略的因素。法國的啟蒙運動又如何呢？答案似乎是個響亮的「否」，因為十七至十八世紀之交「太陽王」路易十四在位，法國勢力如日中天，而光榮革命之後入主英國

的威廉三世地位尚未穩固，頗有顛覆之虞，此時像是英國而非法國受壓迫。這誠然不錯，但也不盡然，因為十八世紀之初發生了長達十餘年的西班牙王位繼承之戰（War of Spanish Succession），此戰不但結束了路易十四的霸權，也為大英帝國的軍威與崛起奠定基礎。所以，在兩位啟蒙思想家訪問英國的時候即 1720－1730 年代，英法兩國力量的對比已經發生了戲劇性逆轉！誠然，在 1730 年代啟蒙運動興起之初，法國仍然說不上受「侵略」，但敏銳的思想家對英國各方面力量之咄咄逼人，是不可能無動於衷的。

　　因此，從以上兩方面看來，就法國的啟蒙運動而言，它和五四的起源在性質上即使不完全相同，也還是有多重可比性。下文即從以上觀點出發，作進一步討論。

二、時代與文化背景

　　五四運動的大背景是西方列強對中國的進逼，以及在此壓力下中國政治、社會、文化與思想體系的解體，所以「五四」在發生後短短數年間就從思想上的「啟蒙」轉變為具體的政治運動。西方啟蒙運動的大背景則是宗教改革和科學革命，它鋒芒所指，是絕對君權和教權。荷蘭和英國都是新教國家，它們分別通過獨立戰爭和光榮革命改變了政治體制，建立雛型的民主政治，這為仍然處於絕對君權統治下的法國提供了榜樣。所以啟蒙運動從法國開始，至終亦同樣發展為激進革命，而它的

背景則需要從宗教改革說起。[3]

先進的荷蘭共和國

　　馬丁路德（Martin Luther）的宗教改革發生於 1517 年，它發展成席捲歐洲的政教兩方面革命，則是從十六世紀中葉開始。其時所謂「低窪地區」（Netherlands）的多數民眾已經信奉新教，但他們的宗主，即以維持正統為己任的西班牙君主腓力二世（Philip II），則執意強迫他們繼續宗奉羅馬天主教，由是激起長達三十年（1567－1598）的荷蘭獨立戰爭。其至終結果是西方第一個建立在民主原則上的荷蘭共和國（Dutch Republic）之出現。它的成功有許多因素：民眾的空前團結；奧蘭治（Orange）家族的領導；「執政」（Stadtholder）莫理斯親王（Maurits of Nassau, Prince of Orange）的革命性軍事改革 —— 它迅即為整個歐洲所仿效；海上貿易和海軍的迅速發展，以及英國的大力支持等等都是決定性因素。此外，此地區的人文和科學傳統也很重要：在十六世紀之初，荷蘭的伊拉斯謨（Desiderius Erasmus）是歐洲最著名的人文學者，世紀下半出現的斯特文（Simon Stevin）則是著名數學家（微積分學先驅）和工程師，也是莫理斯親王的導師和親信，其軍事改革的構思、設計和推動者。

　　十七世紀是荷蘭的黃金時代：經過了獨立戰爭的洗禮，它躋身歐洲軍事列強，也成為最繁榮、強大的海外貿易與殖民帝國。它的政體以近乎世襲的市議會為基礎，但在危機時刻則往往受民眾壓力而被迫將大權

3　下文有關宗教改革，荷蘭、英國與法國在十六至十七世紀的歷史背景，分別參見 Euan Cameron, *The European Reformation* (New York: Oxford University Press, 1991); Jonathan I. Israel, *The Dutch Republic: Its Rise, Greatness, and Fall, 1477-1806* (Oxford: Clarendon Press, 1995); George M. Trevelyan, *England under the Stuarts* (London: Methuen, 1961); Christopher Hill, *The Century of Revolution, 1603-1714* (Edinburgh: Thomas Nelson, 1961); James M. Thompson, *Lectures on Foreign History, 1494-1789* (Oxford: Blackwell, 1965)。

交予執政。這雛型民主政府雖然不十分穩定，但在當時已經是最先進的了。它的科學和哲學同樣位居前列：望遠鏡和顯微鏡在此發明；笛卡兒（René Descartes）和斯賓諾莎（Benedictus de Spinoza）這兩位最有影響力的哲學家也在此定居工作。笛卡兒的「機械宇宙觀」（mechanical philosophy）提出：世界上所有事物、現象都是由不可見細微粒子的運動與撞擊所產生，這自然動搖了「神」的地位。斯賓諾莎則更進一步，認為心物二者並無分別，因此所謂上帝只能夠是自然的整體，而人不可能有自由意志，所謂善惡都只不過是自然規律運行的結果。這樣，他們的哲學從最根本處動搖了基督教的宇宙觀和道德觀，無怪乎斯賓諾莎在生前就被視為洪水猛獸了。

後來居上的英國

政治上，英國本來是歐洲最早成熟的：它在十三世紀之初就已經有限制君權的「大憲章」（Magna Carta），同一世紀末則已經召開由社會各階層代表組成的「國會」（Parliament），要徵稅就必須得到它合作。但在宗教改革衝擊下，英國政治卻變為長期搖擺不定。在十六世紀，亨利八世（Henry VIII）和伊利莎白一世（Elizabeth I）都維護英國自立的教會，與羅馬教廷決裂，但居間的瑪麗一世（Mary I）卻悍然不顧物議，反其道而行，甚至冒大不韙，與最保守的天主教君主即西班牙的腓力二世締婚，幸而那還只是短暫插曲（1554－1558）。到了十七世紀，斯圖亞特（Stuart）王朝的君主卻是無能、自私而又不了解政治情勢，屢屢企圖行使絕對權力，更漠視民意，偏袒天主教。這在 1640－1660 年間激起了清教徒革命，導致查理一世（Charles I）被處死。但跟着出現的共和政體（Commonwealth）卻又未曾成熟，很快就失去民心，所以不久查理二世（Charles II）就得以在國會支持下復辟。

儘管政治上一波三折，學術上十七世紀英國卻能夠綻放異彩，這當

是其中世紀深厚累積的表現。就哲學而言，培根（Francis Bacon）、霍布斯（Thomas Hobbes）和洛克是無人能繞過的三座高峰。在思想上，他們分別倡導了科學的重大功能；統治權力的基礎在理性而並非神授；以及民權、自由之重要。就科學而言，我們自然會舉出研究磁學的先驅基爾拔（William Gilbert）、發現血液循環的哈維（William Harvey）和發現氣體定律的玻義耳（Robert Boyle）等一長串名字來。不過，直至十七世紀中葉為止，英國的理論科學傳統其實仍然薄弱：沃利斯（John Wallis）的冒起方才扭轉此形勢，而我們必然會想到的牛頓（Isaac Newton）後來雖然成大名，但他在劍橋埋首治學三十多年，卻並無師友切磋，經常獨來獨往。

追求絕對的法國

英國與荷蘭都是海洋國家，民情比較實際，以商業利益為重；法國則處於歐陸中心，君主和大臣所追求的是，在國內令人俯首貼耳，在國外建立霸權，從十六世紀的法蘭西斯一世（Francis I）以至十七世紀的路易十四莫不致力於此。然而，就法國而言，國外新舊教勢力旗鼓相當；國內則新教徒屬起源於本土的加爾文派（Calvinists），即所謂胡格諾教徒（Huguenots），他們人數雖少，但信仰堅定，團結聚居以自保，要剷草除根絕不容易。所以上述兩位霸主戎馬半生，最後希望都不免落空。

宗教改革之初，新教在法國發展得很快，甚至上層社會包括王室也為其滲透，但法蘭西斯一世為了政治考慮而轉向舊教，因此對新教徒的迫害從 1530 年代開始，這後來發展成為席捲全國、延綿三十多年的宗教戰爭（1562－1598），直至寬大仁厚的亨利四世（Henry IV）頒佈《南特詔令》（The Edict of Nantes, 1598），賦予新教徒有限度的宗教自由和公民權利，戰爭才暫時歇止，民眾也得以休養生息。隨後兩位宰相黎塞留（Duc de Richelieu）和馬色林（Jules Mazarin）謹慎理財，整軍經武，為日

後擴張政策奠定基礎。路易十四在馬色林去世之後方才親政，他起用柯爾貝爾（Jean-Baptiste Colbert）推動建設、實業、貿易，使得國庫充盈；又創辦各種學院，獎勵文藝、學術、作家、詩人，造成空前繁榮興旺的景象，使得法國科學位居歐洲前列的巴黎皇家科學院（Royal Academy of Sciences）即是此時所創建。然而，路易十四深信「朕即國家」：宮廷的奢華、繁榮，軍隊、艦隊的強大，都是以民眾的沉重負擔為代價，社會的順從則是以隨意逮捕的權力和出版的嚴厲審查為基礎。在他心目中，不但「君權神授」是理所當然，即使國家的存在也是為了「君主的榮耀」，因此君主意志是絕對、不受限制，也不容質疑的。這樣，在大革命之前一個世紀，法國就已經成為「絕對君權國」的典型了。

三、英法之間形勢的大逆轉

在進一步討論啟蒙運動的起源之前，讓我們重溫一段眾所周知，但可能未曾受到充分注意的近代中國史實。那就是鴉片戰爭的屈辱其實是個大逆轉，而並非順勢發展──它的性質，和科爾特斯（Hernán Cortés）之征服墨西哥或者披薩魯（Pedro Pizarro）之征服秘魯完全不一樣。事實上，在鴉片戰爭之前三個多世紀，當所謂「佛郎機」即葡萄牙人最初到達寧波一帶的時候，他們也曾經幻想可以重複西班牙人在美洲的豐功偉業，但受了幾趟慘痛教訓之後，就認清現實，以立足澳門為滿足了。[4] 此後數個世紀間，中國與西方展開了廣泛接觸與互動，包括通商、貿易、傳教、殖民、文化交流、派遣使節來華等等。直至十八世紀末年，中國

4　方豪：《中西交通史》，下冊（台北：中國文化大學出版部，1983），第 668–683 頁。

無論在政治、文化、社會、經濟等各方面的實力，大體上都還可以視為處於優勢。不但中國當時以此自許——如著名的 1793 年馬戛尼（Lord George Macartney）觀見乾隆事件所顯示，而且，當代研究也同樣證實，整個歐洲的工業生產力量之超越中國，是在 1830 年左右，亦即工業革命起動（約 1750 年）之後將近一個世紀。此後短短十年，就發生了鴉片戰爭。[5] 因此，中華帝國淪為列強侵凌的對象並非歷來積弱所致，而是十八至十九世紀之交國力對比大逆轉的結果。此後它在軍事、政治、社會、經濟，乃至科技、文化等各方面的嚴重不足次第浮現，由是累積的危機意識至終為巴黎和會與山東問題所「引爆」，遂有五四運動之出現。

我們要請讀者注意的是：在啟蒙運動之前大半個世紀，即 1660－1730 年間，相類似的力量對比之逆轉也曾經出現於英法兩國之間。在政治上，這主要是由以下三個相關變化造成：法國廢除《南特詔令》（1685）、英國發生「光榮革命」（1688－1689），以及兩國之間（當然也牽涉其他歐洲國家）爆發「九年戰爭」（亦稱「英國王位繼承之戰」，1688－1697）與「西班牙王位繼承之戰」(1701－1714)。那兩場戰爭的決定性與衝擊力也許不能夠和鴉片戰爭相比，但其歷史性意義則頗為相近。此外，在學術上，英國在同一時期也綻放了逼人光芒：牛頓、洛克、托蘭（John Toland）等的主要著作都在 1685－1695 年短短十年間以爆發姿態出現，將科學、政治學及宗教觀念帶入現代。這些都是翻天覆地的鉅變，以下我們就其梗概作最簡略說明。

查理二世復辟和路易十四親政是上述時期的開端。其後二十五年

5　此關鍵問題的討論，見 Paul M. Kennedy, *The Rise and Fall of the Great Powers: Economic Change and Military Conflict from 1500 to 2000* (New York: Harper, 1989), pp. 147-150。當然，軍事對抗的結果並不完全決定於整體生產力量，科技力量和軍事組織的發展往往重要得多。但馬戛尼出使中國這事件本身就已經顯示，在十八世紀末中國與西方大體上仍然可以抗衡。

（1660－1685）間，法國在絕對君權統治與推動下勵精圖治，向東面和北面擴張，將弗朗什孔泰（Franche Comté）、阿爾薩斯（Alsace）、洛林（Lorraine）、斯特拉斯堡（Strasbourg）等地區收歸版圖，甚至一度將荷蘭逼到亡國邊緣（1672），從而迎來睥睨全歐洲的輝煌時代。然而，作為絕對君主的路易執意一統宗教，因此在 1685 年斷然廢止《南特詔令》，導致大約三十萬新教徒流亡國外，同時激起新教國家的同仇敵愾之心。此舉遂成為法國盛極而衰的轉捩點。

在同一時期，英國的查理二世復辟後仍然未曾接受父王失敗的教訓，屢屢與國會中的輝格黨（Whigs）發生衝突，更在 1682 年通過密約從法國獲得財政支持，建立常備軍，多方尋求專權。他去世後王弟詹姆士二世（James II）登基，他公開信奉天主教，更積極召募軍隊，起用天主教徒，企圖將英國改造為舊教國家。[6] 但這完全錯估了英國上下的情緒與力量。1688 年 4 月他獲得男嗣的消息傳出，遂有七主教聯合邀請荷蘭執政威廉三世（William III）暨夫人瑪麗二世（Mary II，詹姆士二世的長女，信奉新教，並且有合法王位繼承權者）武力干政，導致是年年底威廉率領艦隊與大軍在英國西南部登陸，詹姆士出奔，翌年（1689）初國會宣布詹姆士自動退位，由威廉和瑪麗共同繼承大統，是為光榮革命。

這所謂「革命」其實是一次裏應外合的武裝政變，它之所以成為英國乃至西方政治制度轉捩點，是由於詹姆士出奔後英國政權出現真空，因此臨時國會（Convention Parliament）在奉請威廉與瑪麗登基的國書中，得以將他們的政治要求一併提出並獲得確認，其條款更在 1689 年底由國會以法律形式通過，是為《權利法案》（Bill of Rights）。它的基本精神是三權分立：國會享立法權和賦稅權，君主享行政權，法官（和上議院）

6　有關此問題最近有重大翻案文章，見本集第一篇論文〈為不算是革命的革命翻案〉。

享裁判權。[7] 也就是說，政治權力不再集中，而是分散於國家不同階層，並且互相制衡。這複雜、微妙的結構並非由設計產生，而是國會與君主在整個十七世紀不斷衝突、摸索、思考而醞釀出來。它反映了政治的成熟，但亦有很大因緣際會成分，特別是詹姆士不戰而倉皇出奔法國，以及威廉本來具有民本思想傳統，樂意接受立憲體制。

在新體制下，人民「權利」的觀念開始萌芽，例如出版預審制度在1695年廢除；信仰自由最初只限於對新教「異議派」（Dissenters）和天主教徒的容忍，其後日漸發展，但賦予他們平等權利，是十八至十九世紀間的事情；至於選舉權的擴大、開放，則更是十九至二十世紀的事情了。此外，由下議院多數黨組閣替代君主行使行政權，本來亦只不過是由於實際需要而形成的慣例，後來才發展成為制度。

威廉與瑪麗登位後新政權尚不穩固：詹姆士曾經率軍登陸愛爾蘭，而法國也數度派遣強大艦隊試圖入侵，直至三年後法國在巴富魯（Barfleur）與拉赫（La Hogue）海戰（1692）中潰敗，光榮革命才算是初步告成。然而，英國與荷蘭的緊密結合使得它們和法國的對立愈趨激烈，而許多歐陸其他國家包括瑞典、西班牙、神聖羅馬帝國等也都有意遏制路易十四的野心，這導致了所謂「九年戰爭」。其後大致相同的對壘陣營（但西班牙轉到法方）之間又發生了西班牙王位繼承之戰，最終法國雖然勉強保持領土完整，但已經疲敝不堪，完全喪失動力與國威，又被迫永久放棄與西班牙合併，並且正式承認英國新王室；至於英國，則通過這兩場戰爭，和以高效率的政治體制為基礎，躍居海權與殖民力量之首。

不但如此，在學術方面，英法之間在1680年代也同樣出現了大逆

7　司法獨立的規定，亦即法官任免權從君主轉移到國會，是遲至1701年的《王位繼承法案》（Act of Settlement）才得到法律保障的。

轉。[8] 就科學而言，巴黎大學和牛津大學本來是中古歐洲的科學中心，但經過百年戰爭與黑死病肆虐之後，兩所中古大學都衰落了。在十五至十六世紀間歐洲理論科學再度發展，那是從中歐和意大利開始，然後向西即法國與荷蘭傳播，其發展的高峰就是十七世紀上半梅爾善（Marin Mersenne）在巴黎所建立的活躍數學沙龍、笛卡兒的解析幾何學與「機械宇宙觀」，以及巴黎皇家科學院的惠更斯（Christiaan Huygens）所提出的鐘擺和光學理論。這數理科學之風吹到英國，則已經是十七世紀中葉的事情。例如，作為微積分學濫觴的「分析學」在荷蘭、法國出現是 1590 年左右，而英國在這方面能夠引起歐陸注意的，是沃利斯在 1656 年發表的《無限算法》（*Arithmetica Infinitorum*），落後將近七十年。因此，牛頓在劍橋閉門治學二十六年（1661－1687）之後發表《自然哲學之數學原理》(*Mathematical Principles of Natural Philosophy*, 1687)，其後再發表《光學》(*Opticks*, 1704)，那都是石破天驚，震撼歐洲學界的大事：因為這兩部著作為科學整體開創了新時代，而牛頓並沒有明顯的師承、傳授──他是直接吸收整個西方傳統的。無論如何，1687 年之後，歐洲科學便被迫逐步承認英國的領導地位了。[9]

在哲學上，洛克的《人類理解論》（*An Essay Concerning Human Understanding*, 1690）以經驗為知識的基礎，全面掃蕩沒有根據的（新

8　參見陳方正《繼承與叛逆：現代科學為何出現於西方》（北京：三聯書店，2009），第 11－12 章。

9　其實，這大轉變是個複雜和漫長過程，前後持續最少半個世紀，即直至十八世紀四十年代方才完成，其所以如此遲緩，是因為歐陸特別是法國學者對牛頓的萬有引力理論始終抗拒。詳見以下各專著：Niccolo Guiciardini, *Reading the Principia: the Debate on Newton's Mathematical Methods for Natural Philosophy from 1687 to 1736* (Cambridge University Press, 1999); J.B. Shank, *The Newton Wars and the Beginning of the French Enlightenment* (The University of Chicago Press, 2008); Mary Terrall, *The Man Who Flattened the Earth: Maupertuis and the Sciences in the Enlightenment* (The University of Chicago Press, 2002)。

柏拉圖學派）形而上學建構，從而開啟現代哲學的端倪；他的《論寬容書簡》(*Letters Concerning Toleration*, 1689－1692) 和《政府兩論》(*Two Treatises of Government*, 1689）可以說是為光榮革命在事後尋找根據，但其以民眾的接受與福祉為政治學根基，這和霍布斯《鯨政論》(*Leviathan*, 1651）以理性推斷為根基一樣，都完全拋開君權神授觀念，成為現代政治學的開端。此外，在科學思想與霍布斯影響下，洛克發表《基督教的合理性》(*The Reasonableness of Christianity*, 1695），提出所謂「基督教理性論」；托蘭和丁鐸爾（Matthew Tindal）進一步開創自然神論（Deism），提出基督教的道德訓示是合理的，但它的神話如神降生為人，行各種神蹟，死後復活等等，則是不合理也不必要的，因此宗教可以「理性化」。[10] 他們和牛頓、玻義耳、洛克等雖然思想各異，卻同樣是推動現代思潮的前驅。[11]

四、啟蒙運動的起點

在文化上，五四運動是個宣揚、引進西方思想的運動，它的主將如蔡元培、胡適、陳獨秀，前驅如嚴復、梁啟超都曾經在歐美、日本等國留學、居住、考察，從而對西方文化、學術獲得深刻、真切了解；另一方面，他們在中國傳統社會不但享有很高地位，而且對固有學術文化也

10　Roland N. Stromberg, *An Intellectual History of Modern Europe* (Englewood Cliffs, NJ: Prentice Hall, 1975), pp. 68-131.

11　我們必須強調，玻義耳、牛頓等科學家在宗教上都仍然十分保守，至於他們和他們的新科學對於當時政治思想的影響，以及與法國啟蒙思想的關係，則見 Margaret C. Jacob, *The Newtonians and the English Revolution, 1689-1720* (New York: Gordon & Breach, 1990)；*The Radical Enlightenment: Pantheists, Freemasons and Republicans* (London: Allen & Unwin, 1981), chap. 3。

具有深湛修養，因此能夠出入於兩種不同文化，比較其文物、制度、思想的異同優劣，為新思想登高一呼，便能夠獲得全國響應。[12] 啟蒙運動在興起之初基本上是個法國的思想運動，開端者是孟德斯鳩和伏爾泰。[13] 我們在此要指出，他們兩人和嚴復、梁啟超、胡適、陳獨秀等有非常相似之處：他們同樣是了解本國文化，在國內享有崇高社會地位，然後通過在英國的長時間居留，獲得了對英國文化、人物、體制、學術的深切了解，成為不折不扣的英國通和英國迷（Anglophile），同樣是在回國之後登高一呼，獲得四方響應。現在就讓我們來看一下，這兩位處於「英法大逆轉」時期的關鍵人物，如何蛻變成為啟蒙思想家。

孟德斯鳩：從小貴族到名學者

孟德斯鳩（Charles-Louis Secondat de Montesquieu, 1689－1755）[14] 出身法國西南部波多（Bordeaux）地區的貴族家庭，先祖有戰功，上代有好幾位學者，母家相當富有，而且具有英國王室血統。他在波多大學取得法學資格，其後到巴黎居住數年（1709－1713），結識不少具有自由思想的教士、學者，然後還鄉繼承家族產業，結婚（夫人是胡格諾新教徒）生子，承襲伯父的地區法院（parlement）副院長職位，[15] 社會地位日漸上升，遂當選波多學院院士。但他破繭而出，獲得舉國矚目，則是 1721 年出版《波斯書簡》（*Lettres persanes*）的事情，其時已過而立之年了。此

12　至於馮桂芬、王韜、鄭觀應等更早期的新思想人物，則由於社會地位以及舊學根柢的欠缺，所能夠發揮的影響力就差得遠了。

13　當然，也有認為啟蒙運動是開始於 1680 年代英國的，對此看法的討論見本文最後一節。

14　有關孟德斯鳩，參見 Robert Shackleton, *Montesquieu: A Critical Biography* (London: Oxford University Press, 1961); Rebecca E. Kingston, ed., *Montesquieu and His Legacy* (Albany: SUNY Press, 2009)。

15　即所謂 président à mortier，這是個有市場價格，可以通過買賣轉讓的官職。

書從 1717 年即開始醞釀，是極其用心之作，而且借鑒多種此前同類作品──事實上，它是模仿意大利人馬蘭拿（Giovanni P. Marana）的《土耳其間諜書簡》（1684）之作，後者的法文譯本已經在他留下的藏書中找到了。[16]

《波斯書簡》是書信體小說，它通過兩位在歐洲遊歷的波斯人發回家鄉以及發予出使歐洲友人的書信，從另一個文明的角度，對西方特別是法國的社會習俗、宗教信仰、政治體制，乃至當時的君主、人物和事件等等，作出觀察和帶嘲諷的評論。書中對於東方社會也有生動、準確描述，以作對比。此外，孟德斯鳩更進一步，通過時事和虛擬故事來發揮政治和宗教問題的討論，包括通過異教徒之口直接攻擊教皇和極權君主。這樣，由於跳出了西方本身的觀點，孟德斯鳩得以用對比方式，客觀地批判西方（主要是當時法國）的政教體制──很顯然，在這裏已經有其後來鉅著《法律的精神》的影子了。不過，《波斯書簡》卻也沒有直接衝擊當時的體制。此書在荷蘭阿姆斯特丹以無名作品方式出版，它的批判無論如何深刻，卻仍然是超脫的，假諸虛擬人物之口的；而且，它只是諷評，並沒有指出變革之道。在這兩方面，它都遠遠不及十三年後伏爾泰的《哲學書簡》之對現實產生強大衝擊力，因此只是啟蒙運動的先聲，而尚非起點。

直至發表《波斯書簡》為止，孟德斯鳩只能夠算是小貴族、地方聞人，此書為他打開了巴黎上流社會大門，使他得以出入宮廷和活躍於眾多沙龍，最後在 1727 年當選法蘭西學院（L'Académie française）院士，奠定了名學者地位。不過，從表面上看，他的才氣、衝勁好像已經為

---

16 《波斯書簡》有下列最新英譯本：Charles Montesquieu, *Persian Letters*, trans. Margaret Mauldon (New York: Oxford University Press, 2008)。有關此書與《土耳其間諜書簡》關係的討論，參見前引 Robert Shackleton, *Montesquieu*, pp. 31-32；有關其他作為《波斯書簡》前驅的同類著作之討論，見同書 pp. 28-31。

此書消耗殆盡：在它面世之後十四年間（1721－1734），他在家鄉管理莊園，在巴黎交結權貴，縱情享受社交生活，在 1728－1731 年間遊歷意大利、中歐和英國，成為皇家學會（Royal Society）和共濟會（Free Masons）會員，其間最認真的工作則是在 1734 年出版了一部羅馬史。它是一部以羅馬為題材的歷史哲學作品，但反應不佳，因為其角度是大家所不熟悉的。從時間和性質上看，此書正好是《波斯書簡》與下一部鉅著的過渡作品。事實上，1734 年是個轉捩點，因為當年伏爾泰《哲學書簡》的出版對孟德斯鳩產生了巨大刺激，此後他表面上繼續出入巴黎宮廷和沙龍，其實大部分時間退守家鄉的布勒德莊園（Chateau de La Brède），在那裏集中精力搜集資料，分類排比，精研覃思，撰述畢生鉅著《法律的精神》(De l'esprit des lois)，以迄它在十四年之後完成。

伏爾泰：從詩人到思想家

　　伏爾泰和孟德斯鳩齊名，但兩人性格、稟賦、作風迥異，成為強烈對比：布勒德莊園的主人和光同塵、玄默守拙、蟄伏二十餘載，然後一飛衝天；伏爾泰則風流倜儻，才華橫溢、少年得志、作品泉湧，一生多姿多采。伏爾泰（Voltaire，原名 Françis Marie Arouet, 1694－1778）出身巴黎中上家庭，父親是財政官員，母親有貴族血統。他少年時代在著名的耶穌會學院就讀，獲得優良而嚴格的古典文學訓練，因此立志繼承上世紀莫里哀（Molière）和拉幸（Jean Racine）等的傳統，成為偉大詩人和劇作家。[17] 離開學院未久，憑着才華與努力，他發表了不少詩作和文章，數齣劇作也得以上演，因而名聲鵲起，出入宮廷，與達官貴人、外交使

17　有關伏爾泰，參見 Ira O. Wade, *The Intellectual Development of Voltaire* (Princeton, NJ: Princeton University Press, 1969); A. Owen Aldridge, *Voltaire and the Century of Light* (Princeton University Press, 1975) 及前引 *The Newton Wars*, chaps. 4 and 5。

節往還，成為上層社會一份子。然而，由於他思想敏銳，言談鋒利，更兼年少氣盛，略無畏懼，也曾經多次因為干犯權貴、禁忌而出入巴斯底大獄。此時他很可能已經萌生反對極權體制和教會的思想了。

他生命的轉捩點出現於 1726 年 5 月，當時他因為與貴族羅罕（de Rohan）交惡而再度被短暫投獄，然後流放英國，自此在彼邦度過大約兩年半時光，直到 1729 年初才獲准返回巴黎[18]——不過，也有看法認為他自己本來就有意去英國，與羅罕的衝突只是藉口而已。[19] 無論如何，他充分利用這兩年多的光陰吸收英國文化，不但潛心學習英語，廣泛結交各界人士，旁聽國會辯論，參加共濟會聚會，觀摩莎劇演出，領略密爾頓（John Milton）、蒲柏（Alexander Pope）、德萊頓（John Dryden）詩歌，進窺牛頓、洛克學說，並且勤奮工作，筆耕不輟，完成了一本傳記、一部長篇史詩、兩篇論文，和一本以書信體撰寫的英國雜錄——那就是日後《哲學書簡》（又名《英國通訊》，*Letters Concerning the English Nation*）的張本。令人驚訝的是，他的論文和雜錄居然都是以英文寫就，足見他語言天賦之高，與他交往的英國人也都對此嘖嘖稱奇。因此，這兩年多光陰是他如海綿般吸收英國文化，從而脫胎換骨的時期，更是他沉潛變化、積蓄力量的機會。

回到法國之後五年間（1729－1734），他並沒有急於改變事業軌跡，仍然着力於完成上述傳記和史詩的發表，又以從莎翁所得靈感，發表了多篇評論，以及四齣新劇作，其中如《布魯圖》（*Brutus*）和《凱撒之死》（*La Mort de César*）的莎劇淵源是很顯然的。因此，直至不惑之年為止，他仍然保持詩人、劇作家身份。但是，到了 1734 年，半由意願半由命

18　事實上在這兩年半之間他曾經數度秘密或者獲准回到法國，因此在英國實際逗留時間大約只有兩年兩個月，見前引 Wade, *Intellectual Development*, pp. 149-51。

19　Voltaire, *Letters Concerning the English Nation*, ed. Nicholas Cronk (New York: Oxford University Press, 1994), pp. ix-x.

運，他的生活乃至生命都徹底改變了，起因就在於《哲學書簡》（*Lettres philosophiques*, 1734）的出版。其實伏爾泰在 1733 年已經準備出版此書的法文版，但印刷完成後未能通過審查，一直在談判中拖延，其時未經作者允准的英文原版不但在倫敦出現，而且流傳到法國，出版商不甘損失，遂冒險將已經印就的法文版出售。這違規之舉令當局大為惱火，立即發令拘捕伏爾泰，幸虧他及早躲避到情人夏特萊侯爵夫人（Emilie Marquise du Châtelet）在邊界上斯雷（Cirey）小鎮的別墅，得免再受牢獄之災。然而，自此他也被迫隱居於斯，從恣肆才情變為埋首書齋，從名作家轉為哲學家。就這樣，「啟蒙思想家」誕生了。

當局的劇烈反應使得《哲學書簡》頓然「洛陽紙貴」，不但在巴黎，即使在法國外省和倫敦等地，也都成為熱烈談論焦點。其實，此書形式並不獨特，例如前輩作家方坦奈爾（Bernard Le Bovier de Fontenelle）的《名士書簡》（*Lettres galantes de monsieur le chevalier d'Her****, 1685）、曾到伊斯坦堡的英國女作家蒙特古 (Mary W. Montagu) 的《土耳其書簡》（*Turkish Embassy Letters*, 約 1718），以及孟德斯鳩的《波斯書簡》等，都是以書信形式和特殊角度來討論社會現象的著名前例。甚至，此書的內容也不能夠算獨特：不但英國社會和政治制度在法國早已經有報道，而且像牛頓的發現、微積分的意義等科普性題目，方坦奈爾也都在 1720 年代捷足先登了。

那麼，《哲學書簡》的獨特之處到底何在？我們有何理由將它定為啟蒙運動的起點呢？關鍵在於以下兩點。首先，它筆觸雖然輕淡，語調雖然溫和而略帶嘲諷和疑問，底子裏卻極其辛辣而不迴避、不顧忌要害 —— 政府、教會和基督教本身的要害，那是謹慎的孟德斯鳩、更不用說溫文爾雅的方坦奈爾所小心翼翼不敢觸碰的。像書中為光榮革命和英國新政體辯護的第八函，和通過駁斥巴斯噶（Blaise Pascal）來質疑基督教三位一體教義的第二十五函就是很好的例子。其次，它雖然精

短，卻對英國作出了全面、整體性的刻畫，從宗教到社會、政治，從科學到戲劇、詩歌，罔不包羅，而且字裏行間處處流露欽佩之情。因此韋德（Ira O. Wade）說：「問題不在於伏爾泰是否第一位，而在於他是否最有力地（在法國推動英國文學和哲學）……也不在於他是否將英國文明（civilization）介紹給法國人，而在於他如何推動了英國和法國文明的融合。」[20] ——在此，英法之間的差異已經被視為基本和重要如同不同文明之間的差異了！換言之，伏爾泰是第一位公開和正面（雖然仍然很低調）挑戰法國宗教、政治體制以及其背後思想的人，也是第一位毫不猶豫地宣揚在海峽彼岸所出現的新政體、新思想為優勝於本國者。因此，啟蒙運動在「破舊」和「立新」這兩方面的思想，都已經結合在《哲學書簡》這本小冊子之中。

啟蒙思潮的興起

我們無法在這裏縷述啟蒙思想從《波斯書簡》和《哲學書簡》這兩本小書發展成為壯大潮流的經過，而只能夠指出，在生於十七世紀的孟德斯鳩和伏爾泰開風氣以後，出生於十八世紀的下一代思想家到 1750 年代前後就風起雲湧了。《法律的精神》在 1748 年出版，狄德羅（Denis Diderot）宣揚唯物質主義（materialism）的《論盲書簡》（*Lettres sur les aveugles*）緊跟着在下一年出版，他也因此坐牢。[21] 兩年後，他和著名的力學家達朗貝爾（Jean Le Rond d'Alembert）開始籌劃出版一套新的《百科全書》（*Encyclopédie*）來宣揚科學、理性，並反對宗教與王室權威的思想，以期實現知識能夠改變世界的「啟蒙」理念。這巨大計劃吸引了許多作家、學者參與，它雖然屢屢為當局所壓制、禁止，但經過二十多年

20　前引 *The Intellectual Development of Voltaire*, p. 231.
21　有關狄德羅，見 Arthur M. Wilson, *Diderot* (Oxford University Press, 1972)。

（1751－1772）努力，至終得以完成其二十七大卷的出版。

當然，這時期也出現了許多其他啟蒙著作，例如愛爾維修（Claude-Adrien Helvétius）藉以與孟德斯鳩爭先的鉅著《論心智》（*De l'esprit*, 1758）、伏爾泰的《哲學辭典》（*Dictionnaire philosophique*, 1764）、盧梭（Jean-Jacques Rousseau）的《論人類不平等之根源》（*Discours sur l'origine et les fondements de l'inégalité parmi les hommes*, 1755）和《民約論》（*Du contrat social*, 1762），以及強烈無神論者賀爾巴赫（Baron d'Holbach）的《基督教之揭露》（*Christianisme dévoilé*, 1761）和《大自然體系》（*Système de la nature*, 1770），等等。承受了巨大家財的賀爾巴赫所主持的沙龍，即所謂「賀爾巴赫議論圈」（D'Holbach's coterie），也是在同一時期（1750－1780）活躍，它大體上可以視為「百科全書派」學者的大本營，也是英國啟蒙思想家如休謨（David Hume）、斯密（Adam Smith）、吉朋（Edward Gibbon）等經常到訪、聚會之所。[22] 很顯然，美國獨立革命、美國憲法，還有法國大革命等等的種子，都已經在此時播下，不久就要萌芽了。

五、餘論

我們在上面討論了 1660 至 1715 年這半個世紀間英法的對立，以及其軍事與學術力量對比之戲劇性逆轉，並且試圖顯示，其後半個世紀（1721－1770）在法國首先出現的啟蒙運動，是其敏銳的學者、思想家受到此對立與逆轉的刺激之後，所發起的思想運動。在此意義上，它和中

22　有關賀爾巴赫，見 W. H. Wickwar, *Baron D'Holbach: A Prelude to the French Revolution* (New York: Kelley reprint, 1968); Alan Charles Kors, *D'Holbach's Coterie: An Enlightenment in Paris* (Princeton University Press, 1976)。

國與西方的力量對比在十八至十九世紀之交出現大逆轉，此後中國備受侵略，至二十世紀初中國有遠見的學者遂發起攻擊傳統文化與體制，接受西方民主與科學理念的五四運動，可以說是有相類似模式的。因此，我們有理由說，這兩個運動不但同樣以「反傳統」為特徵，而且在起因與最初的過程上，也頗為類似，而不能截然劃分為「自發」與「外來」兩種型態。以下我們從此觀點出發，對兩個運動的比較再提出幾點看法。

　　首先，對於本文的中心觀點，讀者可能仍然有以下疑問：即使就法國而言，啟蒙有外來根源，但倘若以英國為啟蒙的發源地，那麼它的思想不就仍然是自發的嗎？而倘若更進一步，從歐洲思想的整體看，啟蒙運動之為自發似乎就更沒有疑問了。這表面上不錯，其實也不然。因為英國的思潮何嘗不受歐陸影響？例如，新教思想起源於德國；以議會和民意為根據的政治體制起源於荷蘭；數學和理論科學的復興在十五至十六世紀由意大利開始，牛頓的力學觀念源自意大利的伽利略（Galilei Galileo）和法國的笛卡兒；在自然神論出現之前已經有荷蘭的斯賓諾莎先行，等等。諸如此類的例子是不勝枚舉的。所以，就英國而言，也無所謂「自發」。擴而言之，近代歐洲在政治上是分裂的，在思想、學術上百家爭鳴，互相影響，因此其中無論哪個國家、哪個地區都必然受到外來影響，也同樣沒有單純的「自發」思想可言。那麼，歐洲整體又如何呢？誠然，古代希臘、羅馬文明對於它的近代發展極其重要，但我們不可忘記，它所受到的兩方面外來衝擊也是不能夠忽略的。首先，是伊斯蘭文明的挑戰：這在中古時代的羅哲培根已經感受到了，[23] 而奧圖曼帝國的進逼特別是君士坦丁堡的陷落（1453），與文藝復興以及歐洲近代科學的興起有極為密切關係 —— 其實，歐洲中古文明即所謂「早期（十二世紀）

23　見本書以下論文：〈中華與西方文明的對比〉。

文藝復興」的誕生，根本就是由與伊斯蘭帝國的抗爭而激發；[24] 其次，則是從遠東所輾轉傳入的新技術，亦即培根（Francis Bacon）所謂改變了世界者──火藥、造紙、印刷術、指南針等，它們從十五世紀開始，對歐洲的鉅變如民族國家興起、遠航探險、宗教改革、科學革命，都有極其深遠的影響。[25] 這兩點牽連廣泛，而且論者頗多，無法亦毋庸在此贅述。但可以斷言，歐洲自文藝復興以迄啟蒙運動這整個現代化歷程，其「外來」因素的作用委實不容抹殺。

　　其次，我們可以將五四運動的正面訴求與啟蒙運動作一粗略比較。五四的訴求大體上包括白話文、科學與民主等三項。就白話文運動而言，它與文藝復興時期歐洲各國的國語運動相對應，後者在十八世紀已經成熟，因此沒有必要在此討論。就科學而言，如許多論者指出，五四運動所倡導的，並非科學知識本身，而是「科學主義」，也就是對經典、傳統作為思想權威的反叛，以及對理性、邏輯之頌揚。[26] 這事實上與啟蒙運動中所揭櫫的「理性」（reason）極為相近，只不過後者並非對立於傳統，而主要是對立於基督教，亦即對立於神示真理（revealed truth）和希伯萊的人格神而已。[27] 當然，五四運動中宣揚科學主義的文章一般缺乏實質內容，而孟德斯鳩、伏爾泰等所宣揚的，往往是具體的牛頓學說，亦

24　以上兩點分別參見前引《繼承與叛逆》，第 11 章及第 9 章，以及所引相關文獻。

25　參見前引《繼承與叛逆》，第 611－620 頁，以及所引相關文獻；惟西方學者亦有認為指南針的發現雖然晚於東方，卻並非從東方傳入，而為獨立發現者。

26　最先研究此問題的專著為 Danny W. Y. Kwok, *Scientism in Chinese Thought, 1900-1950* (New Haven: Yale University Press, 1965)，近人的論述見楊國榮：《科學主義 ── 演進與超越：中國近代的科學主義思潮》（台北：洪業文化，2000）；汪暉：《現代中國思想的興起》第二部下卷：《科學話語共同體》（北京：三聯書店，2004）。

27　以「理性」、「自然」替代宗教，但實質則沒有改變，是 Carl Becker, *The Heavenly City of the Eighteenth Century Philosophers* (New Haven: Yale University Press, 1932) 對啟蒙運動整體的辛辣批判。到了 1960 年代，Peter Gay, *The Enlightenment: An Interpretation* (New York: Norton, 1966) 則起而反駁其論調，為啟蒙運動的意義作辯護和正面評述。

即推廣性的科普工作。這和法國的科學發展本來先進，與英國在伯仲之間，而在二十世紀初科學對絕大部分中國人而言，還是聞所未聞的嶄新事物，自然是相關的。就民主的訴求而言，五四運動發生於辛亥革命之後，其時推翻帝制，建立共和的目標已經實現，因此其言論頗為直接與激烈；啟蒙運動則是處於王權控制與壓力之下的運動，所以它的言論在其初相當溫和，主要從側面落墨，只是到後期（1760－1780）方才變為直接與激烈。因此，兩個運動的正面訴求雖然有細節和表述的分別，大體則相同。

　　第三，五四運動到了1920年代發展成為激進的、由另一種外來政治思想，即從剛剛發生革命不久的俄國傳入的共產主義，所主導的群眾運動。這被稱為「救亡壓倒啟蒙」，[28] 其至終結果是奉行社會主義的新中國在1949年誕生。另一方面，啟蒙運動至終帶來了法國大革命，它同樣是由激進的雅各賓主義（Jacobinism）所主導，此後它還要經過八十年的動盪與反覆才達到穩定的政體，即第三共和（The Third Republic）。換言之，五四運動和法國啟蒙運動一樣，都帶來了激進革命，其後也都經過長時間才趨於穩定。而且，法國啟蒙的激進思想也像中國的共產主義一樣，有外來根源：英國的自然神論、荷蘭的斯賓諾莎思想（Spinozism）、起源於英國但在荷蘭蓬勃發展的共濟會等等，都是它形成的重要原因。[29] 從此可見，英國的政治思想不僅有其溫和與保守的一面，也有其激進的一

28　此說見 Vera Schwarcz, *The Chinese Enlightenment: Intellectuals and the Legacy of the May Fourth Movement of 1919* (Berkeley: University of California Press, 1986), pp. 151-152。「救國與提倡新文化兩者之間會產生對立，而且前者會掩蓋後者」這一觀念最先是由舒衡哲在1986年出版的上述著作提出，但明確提出「啟蒙」與「救亡」是五四運動中的兩個主旋律，而後者至終壓倒前者的，則是李澤厚，見其〈啟蒙與救亡的雙重變奏〉，《走向未來》雜誌創刊號（北京，1987）。

29　見 Margaret C. Jacob, *The Radical Enlightenment*，以及 Jonathan I. Israel, *Radical Enlightenment: Philosophy and the Making of Modernity, 1650-1750* (New York: Oxford University Press, 2001)。

面,而至終是後者以及荷蘭的激進運動對法國政治發生了決定性影響。

但是,倘若如此,我們就不能不問:何以這兩個運動竟然會有如此眾多的相似?是巧合,還是別有深層原因?我們的看法是:這並非完全巧合,而原因也很明顯,即十七世紀末出現於英國的科學革命與雛型議會民主,的確是推動其後數百年間世界思想大變革的原動力,它的影響在十八世紀及於最鄰近的法國,由是發生啟蒙運動,在二十世紀及於中國,和中國的貧弱狀況結合,由是發生五四運動。因此五四運動與法國的啟蒙運動,同樣是英國在科學與政治上的劃時代變革所激發的思想運動,其根源相同,因此也就具有相類似的模式與特徵。

當然,由於時代、地域、文化背景的巨大差異,這兩個運動僅僅是相類似而已,它們的細節、具體表現和後續影響仍然大有分別。例如,啟蒙運動的領袖人物以社會上層(貴族、科學家、專業人士,甚至官吏)為主,它通過沙龍聚會和學術著作、通訊等方式進行;而五四運動則以大學教授、學生甚至工人為主體,以雜誌、報紙、傳單、群眾集會、遊行等方式進行。又例如,法國啟蒙運動與歐洲其他國家(包括英國本身)的互動相當強烈,與歐洲前此四百年的思想變遷關係既深且鉅。但顯而易見,五四運動基本上只是中國本身在十九至二十世紀發生的運動,它與十九世紀以前的思想雖然不無若干關係,但是說不上密切,而它在中國以外(例如東亞和東南亞)即使發生過某些影響,大概亦相當微弱。

最後,還有這樣一個無可避免的問題:啟蒙運動發生於三個世紀之前,五四運動的百年祭也為期不遠了。在此時來比較這兩個已經或者即將走入歷史的思想運動,除了作為純粹歷史研究以外,還會有更切實的意義嗎?我們的看法是,歷史總可以引導我們對現實產生反思。譬如說,啟蒙運動產生了像《法律的精神》、《民約論》那樣有長遠價值,可以無愧於古人的作品,而五四運動則恐怕拿不出那樣的成績來。誠然,那兩本鉅著是有識之士的「盛世危言」,他們盡有閒暇、心情和安定環

境來從容構思，學究天人，指出法國歌舞昇平局面背後所隱藏的巨大危
機。至於五四時代面對內憂外患、國仇家恨的中國知識份子，則「救亡」
尚且不暇，無法靜心論學是無可奈何，勢所必然，也是我們應該充分諒
解的事情。這誠然不錯，但倘若如此，我們自不能不想到，今日中國在
世界上的地位已經大變，其知識份子的處境與百年前也迥然不同，那麼
他們也就應該對自己的時代和工作作更多、更深入的反思，和更大承
擔了。

　　原刊《二十一世紀》（香港）第 113 期（2009 年 6 月）第
29－41 頁，嗣收入《迎接美妙新世紀》（北京：三聯書店，
2011），第 192－212 頁。

論啟蒙與傳統的關係

── 日本啟蒙運動的反思

一、引言

社會從傳統蛻變為現代的過程中，「啟蒙」是一個關鍵階段。但「啟蒙」究竟是什麼？從歷史的角度看，答案比較清楚：它就是十八世紀在西歐，特別在英、法兩國興起的「啟蒙運動」（Enlightenment, *Lumière*），其中心思想是攻擊、拋棄被視為迷信的基督教信仰，以及崇揚剛剛在十七世紀出現的現代科學，及其所代表的理性精神。康德為啟蒙所下的簡潔界說「一切價值之重估」所指，正就是以科學理性取代基督教信仰作為衡量價值的標準。

然而，在十八世紀中葉之後，許多其他國家、社會諸如普魯士、奧國、俄羅斯、土耳其，乃至遠東的日本、中國也都發生了類似於「啟蒙」的運動 ── 像五四運動就被認為是「中國的啟蒙」。這些林林總總的「啟蒙」，到底和西歐的原型啟蒙有無共通之處呢？我們是否有可能界定啟蒙的內在意義，以使之適用於不同社會、國家，並理解為現代化過程中一個有明確特徵的階段呢？作為初步嘗試，我們最近提出了下列觀點：廣義的，適用於非西方國家的啟蒙，就是對具有宰制性地位的傳統思想體系之攻擊與摧廓，以為新價值體系之建立鋪平道路。[1] 在這個觀點下，啟

1　見本輯前兩篇論文〈五四是獨特的嗎？〉與〈從大逆轉到新思潮〉。

蒙就是反傳統；或者，說得更準確一點，就是公開反對傳統之中具有宰
制性，能夠扼止新價值體系之出現的那一套舊思想體系。西歐的啟蒙反
基督教但並不反對古希臘、古羅馬的文明遺產；五四運動反儒教及其道
德倫理而並不反對諸子百家或佛教，是基於同一道理。五四之可以稱為
中國的啟蒙，正就是由於儒教在傳統中國，的確與基督教在傳統歐洲一
樣，具有宰制性地位。[2]

　　除了西歐和中國以外，這個理解啟蒙的觀念架構是否也可以應用到
其他社會、國家中去呢？一個富有吸引力的例子無疑是土耳其，亦即歷
史上的奧圖曼帝國，因為像西歐和中國一樣，它也立國於一個具宰制地
位的傳統思想體系之上，即伊斯蘭教。可是，嚴格來說，奧圖曼帝國卻
並沒有出現過任何公開而直接針對伊斯蘭信仰的運動；另一方面，凱末
爾所建立的土耳其共和國，又的確是一個俗世化和具有現代意識的民族
國家。那麼，奧圖曼歷史是否表明，啟蒙並非現代化歷程的必經階段？
只要稍為探討一下奧圖曼帝國蛻變為土耳其的歷史，就會發覺這問題其
實不難解決。我們一般將啟蒙理解為由知識份子發起的思想運動，這包
含了一個假設，即傳統社會內的知識份子具有高度思想自主性，可以接
受、討論和宣揚新思想，以使之產生實際文化與政治後果。在十八世紀
的英國和法國，以及 1915－1920 年的中國，實際政治、社會的情況也的
確可以容許這種思想運動的出現。可是，宰制奧圖曼社會的，是強大、
保守而且與社會、政治體制密切結合的伊斯蘭教，對它的任何正面攻擊
都無異於以卵擊石，絕無成功可能。因此，奧圖曼好幾代改革者，從蘇

2　有意見認為「五四」不能稱為中國的啟蒙，因為它是受西方思潮引發，而並非如
　　歐洲十八世紀的啟蒙運動是自發的。我們認為這觀點未免太狹窄了。例如在英國
　　和法國以外，普魯士、奧國、美國的相類運動也都受外來影響，但大家亦都一概
　　認為是啟蒙。見余英時等著：《五四新論——既非文藝復興，亦非啟蒙運動》（台
　　北：聯經出版事業公司，1999），第 1－31 頁。

丹馬穆二世、「奧圖曼青年」政論家，以至「土耳其青年」革命家和「土耳其之父」凱末爾，都被迫採取寓啟蒙於政治革命的道路：也就是說，一方面宣揚新的思想、理念，另一方面通過政治力量（包括暴力與政變）來改變社會—政治體制，以令新思想、新理念獲得滋長空間，但在整個過程中，卻絕不直接觸動在民眾間仍然具有強大影響力的傳統思想體系，即伊斯蘭教。這可以說是土耳其民族從十八世紀多次改革失敗的痛苦經驗中發展出來的策略。這樣的啟蒙其重點在於實際制度變革與新思想之萌生，而迴避新舊思想之間衝突的問題。它與西歐或中國那種牽涉極其尖銳思想對抗的啟蒙運動表面上迥然不同，底子裏則是相通的。[3]

二、明治維新與啟蒙

中國知識份子對土耳其關心的人不多，對日本明治維新的成功卻深有感觸，而且，多數認為其成功關鍵在於沒有摧毀傳統，保留了天皇體制。因此，明治維新是否包含了啟蒙的階段，倘若有的話，又是否仍舊能夠以上述架構來理解，是頗為值得注意的。

從表面看來，日本的思想轉型似乎的確十分暢順，並沒有經歷一個激烈思想論爭的階段。如所周知，從十八世紀開始，以解剖、醫學、天文、地理、炮術、堡壘守禦等為核心的所謂「蘭學」（*Rangaku*），便已在日本學者間悄悄發展，並且產生相當影響。迄佩里（Commodore Perry）

3　以上論述見本書以下三篇：〈毀滅與新生〉I、II；〈從胡適和居卡爾看中國和土耳其的新文化運動〉；以及作者之〈論啟蒙與「反傳統」——五四運動與凱末爾革命的比較〉，《慶祝王元化教授八十歲論文集》（上海：華東師範大學出版社，2001），第 278－286 頁；嗣收入《站在美妙新世紀的門檻上》（瀋陽：遼寧教育出版社，2002），第 299－319 頁。

率領軍艦闖入相模灣，脅迫日本開國，幕府以及有實力的藩國幾乎立即就開始了各種實業與軍備的積極建設。其後，經過十餘年外交方針（開國、鎖國、尊王攘夷）以及政體改革（公武合體、大政奉還、倒幕等等）上的激烈爭辯與鬥爭，日本終於在 1868 年初迎來了明治維新——那其實是薩摩與長州兩個藩國的中下級武士與朝廷公卿結合成的「倒幕派」所主導的一場宮廷政變。在隨後的鳥羽、伏見之役，薩、長兩軍對幕府軍獲得決定性勝利，從而鞏固了政變成果。

其後短短一年間，新政府平定內亂，統一全國，然後在四、五年間，徹底摧毀原有政治與社會體制，包括將大將軍與各藩主的領地完全收歸中央管轄，以及廢除各級貴族、武士與平民的身份等級制度，由是完成了將「幕藩制」封建國家改造為中央集權的現代民族國家。在這連串急劇變化之中，最堪注意的是，幾乎從明治維新第一日甚至之前開始，維新政府內和輿論界的領袖人物，就都已經有了「文明開化」，亦即全面接受歐西文明的共識。這可以從蘭學者加藤弘之（Kato Hiroyuki）在七十年代初的《真政大意》和《國體新論》，以及訓示岩倉具視（Iwakura Tomomi）所率領的赴歐美龐大使節團的「事由書」得到清楚印證；至於福澤諭吉（Fukuzawa Yukichi）、森有禮（Mori Arinori）、加藤弘之、西周（Nishi Amane）等思想家在 1873 年所組織的「明六社」和所辦的《明六雜誌》在啟蒙過程中所起作用之大，就更不用說了。[4]

這「日本的啟蒙」所代表的是整一套新思想，即以歐西文明為模範的觀念與決心，之為舉國接受。它之所以特別值得注意，是因為和西歐、中國、奧圖曼的啟蒙完全不一樣：它是在相當順利、自然的狀況下出現

4　以上歷史背景，見 W.G. Beasley, *Meiji Restoration* (Stanford University Press, 1972) 以及信夫清三郎著，周啟乾等譯：《日本近代政治史》，四卷本（台北：桂冠圖書股份有限公司，1990）。

的，似乎並不涉及大規模的知識份子動員，也不需要以摧廓舊有思想體系為前提。然而，自十七世紀初德川家康建立幕府政權以來，日本卻自有其主導思想體系，即是以朱子學為正統的儒學。那麼，作為幕府意識形態的儒學，在明治維新前後到底起了些什麼作用呢？

三、儒學在日本的興起與影響

要回答上述問題，不能不先稍為提及儒學興起和獲得幕府尊奉的過程。[5]佛教在第六世紀與中國文化一同傳入日本，此後千餘年間蓬勃發展，不但成為國教，而且影響文學、藝術、建築、習俗、政治，滲透整個社會，其地位和重要性，與基督教之在西歐可說不相上下。然而，佛教並沒有很強的排它性，因此本土的自然宗教並未被消滅、取代，反而由於攝取了文化養分而同時得到充實與發展，成為植根於本土的神道教。這樣，一直到十六世紀下半，亦即是日本「戰國時代」末期，佛教才由於大莊園的末落以及市民文化的興起而開始走下坡

從十七世紀德川家康在全國建立統一政權開始，儒學逐漸崛起，成為顯學。這開始於有名的禪僧藤原惺窩（Fujiwara Seika, 1561–1619）以高姿態排佛歸儒，廣收生徒，大力倡導朱子學。他的弟子林羅山（Hayashi Razan, 1583–1657）繼起，在京都設塾授徒，後來更出任幕府記室（1607），起朝儀、定律令，歷仕四代將軍。由於他憑藉其政治地位而發生的廣泛影響，儒風就逐漸在江戶早期的日本興盛起來，與他

5　對儒學的興起，以及它與佛教、神道教、國學、古學等思想體系的複雜互動關係，以下最新著作有詳細論述：呂玉新：《政體、文明、族群之辯：德川日本思想史》（香港：中文大學出版社，2017）。此書對水戶學特別注重，並着意探究此等學術體系與日本民族主義與軍國主義之間的千絲萬縷關係。

同時或稍後出現的，還有中江藤樹（Nakae Toju, 1608－1648）、山崎闇齋（Kitaro Nishida, 1618－1682）、熊澤藩山（Kumazawa Banzan, 1619－1691）、山鹿素行（Yamaga Soko, 1622－1685）、伊藤仁齋（Ito Togai, 1627－1705）、貝原益軒（Kaibara Ekken, 1630－1714）等一大批名儒，他們以及門人弟子紛紛在京城及各藩國開講授徒，開設學校，浸浸然取代寺院學校，成為全國的基本教育力量。到了明治年間，日本的識字率估計達到五成左右，這不能不說是儒學努力的絕大成果。[6]

不過，在十七世紀乃至十八世紀初期，儒學還是處於流派眾多，諸家競進的局面。朱子學，特別是林家的朱子學之成為獨佔性的「官學」，其實是個漫長歷程。林羅山本人始終是幕官，而非「儒官」。他死後孫子林鳳岡（Hayashi Hoko, 1644－1732）於 1690 年被第五代將軍綱吉任命為「昌平坂學問所」即幕府直轄官學的「大學頭」，自是林家世襲此職，方才以「儒官」身份間接控制各藩國的地方教育。到了 1790 年幕府在松平定信的主持下加強文化統制，一方面禁止新書籍出版，另一方面則明文規定林家的朱子學為「正學」，並禁止其門人學習異學；翌年更擴建「聖堂」，加強其編制，以之為每年測試幕臣子弟的場所。這樣，直到十八至十九世紀之交，朱子學派才獲得「幕定」的獨尊地位。[7]

另一方面，從山鹿素行的《武教全書》開始，儒學被援引到十六世紀「戰國時代」發展出來的兵學、武學之中，將之提升為「武士道」，

6　見王家驊：《儒家思想與日本文化》（杭州：浙江人民出版社，1990），特別是第四章有關儒學如何通過藤原惺窩和林羅山兩人的努力而得以與江戶幕府密切結合的經過；永田廣志著，陳應年等譯：《日本哲學思想史》（北京：商務印書館，1992）；王中田：《江戶時代日本儒學研究》（北京：中國社會科學出版社，1994）；三宅正彥著，陳化北譯：《日本儒學思想史》（濟南：山東大學出版社，1997）；Tetsuo Najita and Irwin Scheiner, ed., *Japanese Thought in the Tokugawa Period* (The University of Chicago Press, 1978); Peter Nosco, *Confucianism and Tokugawa Culture* (Princeton University Press, 1984)。

7　前引三宅正彥，第 153－159 頁。

從而為大批再也不能發揮其戰鬥本能的武士提供自律、修身、立德的階梯，灌輸忠君、愛國、克盡人倫等大道理。德川幕府能夠在建立政權後二百六十餘年間維持一個大體上相當和平、穩定，以嚴格名分、等差為基礎的封建社會，顯然在許多方面都和儒學的興起有莫大關係。[8]

四、儒學在西潮衝擊下的反應

然則，「文明開化」大潮來臨的時候，儒學到底有什麼反應，有沒有產生預期的抗阻呢？這可以分好幾個不同層次來回答。首先，抗阻並非沒有，而且十分激烈，只是它往往通過直接政治行動而非以言論形式表達，因此其儒學根源往往被忽略了。例如，就在鴉片戰爭之後，幕府已深感震動而急謀對策，因而有所謂「天保改革」，即通過引進西方炮術以及集中財權來增加防禦力量的企圖。這一改革之失敗，一個重要原因便是幕府內部代表保守勢力的鳥居耀藏（Torii Yozo）與代表改革派的高島秋帆（Takashima Shuhan, 1798－1866）之間的傾軋。而鳥居耀藏正是「大學頭」林述齋（Hayashi Jussai, 1768－1841）的次子，亦是深深敵視「蘭學」的儒士。在 1839－1840 年間他製造了所謂「蠻社之獄」，強力鎮壓發表開國言論的蘭學者高野長英（Takano Choei, 1804－1850）和渡邊華山（Watanabe Kazan, 1793－1841）。所以，在洋學和開國思想萌芽的早期，儒教是對新思潮產生過決定性抑制作用的。

其後，在培里要求開港，開國—鎖國的大辯論興起之際，早期最有勢力的，便是「尊王攘夷」派，他們激烈反對幕府較現實、開明的政策，

8　劉梅琴：《山鹿素行》（台北：東大圖書公司，1990）。

主張動員全國力量與「外夷」開戰，以貫徹鎖國政策。「尊攘派」領導人物大多是儒學者，他們所普遍反映的，正就是儒學培養出來的皇朝中心主義與道德優先心態。此派祖師爺也許該數佐藤一齋（Sato Issai, 1772－1859），他 1805 年出掌林氏家塾，1841 年出任幕府儒官。他的弟子大橋訥庵（Ohashi Totsuan, 1816－1862）便是激烈的尊攘派，不但著有《闢邪小言》，成為排斥洋學的代表作，一時洛陽紙貴，而且在 1862 年還策劃暗殺開明的幕府首腦安藤信正，卒以身殉。佐藤另一位弟子佐久間象山（Sakuma Shozan, 1811－1864）以及拜在佐久門下的吉田松蔭（Yoshida Shoin, 1830－1859）都是當時負盛名的中青年學者，最初也都秉持強烈的鎖國、尊王、攘夷觀點。此外，受山崎闇齋一派學說影響的土佐藩士武市瑞山（Takechi Zuizan, 1829－1865）則是所謂「天誅組」的幕後策動者，專以暗殺來達到「尊攘」之目標。甚至，到了明治初年，「文明開化」已成為沛莫能禦的大潮之際，依然還有名重一時的大儒企圖力挽狂瀾，最後在故居創辦書院，以正宗朱子學講課授徒：大橋訥庵的兩位弟子，號稱「西海二程子」的楠本端山（Kusumoto Tanzan, 1828－1883）和楠本碩水（Kusumoto Sekisui, 1832－1916）兄弟即是。當然，他們的影響力已屆強弩之末了。[9]

　　另一方面，卻又必須強調，相當一部分日本儒學者對外來影響表現出非常開明的態度。可以說，他們很早就感到，要達到「尊攘」這一至終目標的前題，就是了解世界大勢，學習堅船利炮之術，乃至推行徹底體制改革。他們因而往往搖擺於鎖國—開國這兩個截然相反的政策之間，陷入兩難。他們最著名的前驅是新井白石（Arai Hakuseki, 1657－1725）。他是以朱子學得到幕府重用，授以高官，而且與大學頭林鳳岡

9　山口宗之著，馬安東譯：《吉田松蔭》（台北：東大圖書公司，1990）；岡田武彥著，馬安東譯：《楠本端山》（台北：東大圖書公司，1991）。

可以分庭抗禮的儒者;然而,他也是「蘭學」的始祖。[10] 其次,應該提到
會澤正志齋(Aizawa Seishisai, 1782－1863)。他是儒學最昌盛的水戶藩
的武士兼歷史學者,遠在鴉片戰爭之前,就已經深深感到外國艦隻頻頻
出現於日本海域所帶來的威脅,因而以手稿形式發表了尊王攘夷思想的
經典之作《新論》(1825),其中包含了徹底變法以求富國強兵的開明見
解,但基本出發點則離不開嚴守「和夷之辨」的鎖國目標與皇朝中心主
義。[11] 最後,到了 1850－1870 年間,許多具有強烈儒學背景的藩士都紛紛
轉變思想,成為推動明治維新的重要人物,這包括上文已提及的炮學家
佐久間象山和吉田松蔭,此外還有吉田的弟子久坂玄瑞(Kusaka Genzui,
1840－1864)和高杉晉作(Takasugi Shinsaku, 1839－1867),以及幕府中
有極大影響力的開明謀士橫井小楠(Yokoi Shonan, 1809－1869)。

　　因此,總括來說,表面上日本儒學雖然似乎與具有宰制性的思想體
系無異,實際上它主要還是一個學術體系而非信仰體系。它雖然不乏衷
心尊奉者,但對大部分學者而言,它的地位還是要由其實際效能與表現
而決定。它對西潮的抗阻並不那麼激烈,原因或許即在於此。

五、日本的傳統思想體系

　　會澤、大橋、佐久間、吉田、久坂、橫井這一批思想家兼革命家無
疑和康、梁、章太炎、陳獨秀有若干相似:他們同樣可以說是處於過渡
時期,思想在急劇轉變中的儒家。然而,在時代上,他們卻相差將近半

10　一般書籍都以新井白石為蘭學奠基者,而較少提到他的儒學背景。見前引王中
　　田,第 102－103 頁。

11　Bob Tadashi Wakabayashi, *Anti-Foreignism and Western Learning in Early-Modern Japan,
　　The New Theses of 1825* (Cambridge: Harvard University Press, 1986).

個世紀之久。會澤、佐久間、高杉、橫井諸人（年代約 1780－1870）的
同輩並非康梁，而是魏源（1794－1857）、馮桂芬（1809－1874）、王韜
（1828－1897）、鄭觀應（1842－1921）等。但除了馮桂芬以外，這幾位
新思想前驅在中國士大夫之間都只可以算是略有名氣的邊緣人物，在當
時能夠發揮的影響力頗為有限。至於像新井白石那樣以儒官而開創蘭學
的早期人物，在中國是不可能找到的。那麼，在日本儒學和中國儒學者
之間，為什麼會有這麼顯著的差異呢？

　　其中一個基本原因是，儒學在日本是「遲來者」，在它之前的神道教
和佛教已經有千年以上的根基，深入人心了。況且，儒學經典中隱含華
夏中心思想，由是對日本學者的民族情緒產生刺激，令儒教與神道教之
間的關係變得十分敏感。例如山崎闇齋就曾自己設問：假如孔孟二聖率
軍攻打日本，那麼日本儒者應當如何自處？他晚年提倡「垂加神道」，成
為調和神儒二教的學者，那可以說是一個具有象徵性的轉變。[12] 山鹿素行
的思想更是經過多次劇變，自朱子學而轉向兩漢經師，再進一步轉向孔
孟原典乃至文武周公孔子，最後則提出所謂「日本聖學」思想，要以日本
為中朝，以神道教為至尊。[13] 這種背反的華夏中心主義或曰「本土主義」，
在十八世紀經過荻生徂徠（Ogyu Sorai, 1666－1728）、荷田春滿（Kadano
Azumamaro, 1669－1736）、賀茂真淵（Kamono Mabuchi, 1697－1769）
等大家的闡述，更由本居宣長（Motoori Norinaga, 1730－1801）進一步
發揮到極致，成為「國學」的中心思想。除此之外，十八世紀的安藤昌
益（Ando Shoeki, 1703－1762）及富永仲基（Tominaga Nakamoto, 1715－
1746）更曾對儒學作出直接而激烈的批判。[14] 由此可見，在日本學者的意

12　岡田武彥：《山崎闇齋》（台北：東大圖書公司，1987），第 96、83－90、145－
　　152 頁。
13　見前引劉梅琴，第 84－108 頁以及第三章。
14　見前引三宅正彥，第 134－138 頁。

識裏，儒教始終未曾成為完全地、心悅誠服地被接受的普世性宗教，這和基督教在歐洲或伊斯蘭教在中東、北非、小亞細亞是有巨大差別的。換言之，儒教從來未能獨佔日本人的思想領域，而只不過是在德川時代地位大大上升，比神、佛二教具有更正統的官方地位和更廣泛的影響力而已。[15]

其次，可能最重要的，則是在德川家族所建立的幕藩體制內，儒教雖然受到幕府尊崇，實際上卻並無遍及全日本的建制性地位，因為在各藩國內，教育與學術政策還是有相當大自主性。況且，在「幕藩制」中，大名與武士的地位都經由世襲，而並不通過公開考試決定。那也就是說，儒學對於日本士人僅有一種教育、琢磨的功能，卻絕非事業上必經的進身之階，更談不到是立國垂教的大經大法。[16] 這其中關鍵與幕藩制本身有極為密切關係。首先，數百藩國並立造成了政治和學術上的錯綜複雜局面，令「定於一尊」的思想無法貫徹。更重要的是，就幕府本身而言，作為其首腦的大將軍基本上只是權臣，或所謂僭主。他可以利用儒教來收拾人心，穩定天下，但絕不能把君臣名分、上下尊卑那一套看得太認真，弄得太制度化，否則自身地位就變得十分尷尬了。這種潛存的衝突在十八世紀中葉就曾經表面化。在皇族德大寺家任職的竹內式部（Takenouchi Shikibu, 1712－1767）由於過分強調君臣名分之說而遭流放，而激烈的天皇中心主義者山縣大貳（Yamagata Daini, 1725－1767）則因為其「尊王斥霸論」而以謀反罪被捕、投獄和處死，那正是幕府對儒學深

---

15 當然，在中國儒家也從來不曾單獨佔領一般人的心靈，所以也不能夠說是「普世性宗教」，但自漢唐以來，它已經成為社會、政治制度及道德倫理的基礎，在這個層面，釋道二教是無法和它競爭的。

16 關於林羅山在幕府中的功能以及儒學的地位，Herman Ooms 有詳細論述，見前引 Nosco, pp. 27-61。

懷內忌的最好說明。[17]

　　因此，無論從歷史淵源、文化傳統抑或現實政治來看，儒教都沒有可能在日本成為真正具有宰制性地位的思想體系，而實際上也從未獲得那樣的地位。德川幕府的獎掖以至尊奉，只不過令它在日本的多元思想體系中佔到重要位置，可以與神、佛二教並列，甚至頗為佔先，如此而已。因此，日本的啟蒙之所以不必以摧廓原有思想體系為前提，其基本原因在於：它本來就沒有一套具有宰制性和獨佔性的單元思想體系，故此新思想之出現，並不意味「以此代彼」那種翻天覆地之變化，而只不過是在原有體系之內再容納一個新單元，然後就實際需要而調整各部分之比重而已。中江兆民（Nakae Chomin, 1847－1901）曾經留學法國，是著名的教育家、啟蒙家、激烈的民主政治鼓吹者，也是幸德秋水（Kotoku Shusui, 1871－1911）、片山潛（Katayama Sen, 1859－1933）等社會主義者先驅。但他在思想深處卻仍然堅持儒教的道德原則，以及其作為立身、立國之基的重要性，那也許正好說明這種調整如何可以協諧地在同一日本心靈中完成。[18]

六、對啟蒙的反思

　　我們將啟蒙視為傳統思想體系之摧廓，與現代的新思想之出現。舊體系是什麼，那是十分清楚明確的 —— 基督教、儒教、伊斯蘭教等等；但所謂「現代新思想」又是什麼呢？那就很難回答了。十八世紀的第一代

17　見前引三宅正彥，第 130－134 頁。
18　見前引 Bosco, pp. 251-66；李今山：〈中江兆民〉，載鈴木正、卞崇道等：《日本近代十大哲學家》（上海：上海人民出版社，1989）。

啟蒙思想家以為自然科學可以提供完整答案，現在我們知道這是不可能的 —— 不但有關社會、政治、道德的問題它無法回答，即就有關自然界本身的問題它也仍然在探索之中。換言之，「現代新思想」只能是一個開放的、多元的思想體系。說得粗淺一些，即是一個大雜燴，包含各種不同成分，而且其比例需要不斷調整。從這個觀點看，「一切價值之重估」不可能有簡單答案，而必須是一個長期探索過程。倘若如此，那末日本的啟蒙之出乎意料之外的順利，或許正可以歸因於其本有思想體系之缺乏固定形態，而表現為可調整的多元組合。從這一觀點看，今後中國文化之發展，到底應當以自由主義抑或某種新的集體主義形式為依歸，或許也並不是那麼需要迫切解決，那麼「非此即彼」的事了吧。

原刊《開放時代》（廣州），1999 年 10 月號，第 5－11 頁，嗣收入《站在美妙新世紀的門檻上》（瀋陽：遼寧教育出版社，2002），第 320－334 頁。

論胡適對科學的認識與態度

　　胡適與科學的關係是頗為奇特的。作為思想界領袖，他大力推崇科學，宣揚科學，尊之為中國所必須學習的西方文明核心；在他筆下，科學的重要性可說無以復加。但實際上，在他浩如煙海的文字、日記、書信中，我們卻找不到多少科學家的名字，或者科學發明、科學理論的具體介紹和討論。無怪在許多人心目中，胡適是白話文運動先鋒，自由主義健將，抗戰中為中國爭得美國朝野支持的功臣，但在引進、推動科學方面，則無甚貢獻。[1] 但這種印象是否準確？這樣的評價又是否有「厚誣賢者」之嫌？胡適一生講究證據，講求實事求是，我們倘若對於他崇揚科學的那些言論認真看待（而我們的確有理由對之認真看待），那麼將他的科學觀念、科學認識加以梳理，以了解上述現象，和它之所以形成的原因，當是有需要的。

1　當然，這未必為所有學者認同。例如曹伯言在〈甘為「魔鬼的辯護士」〉一文開頭說，「他（指胡適）對中國近現代自然科學所做出的貢獻，是值得人們重視和研究的」；季維龍在〈胡適與自然科學〉一文詳細羅列胡適有關自然科學的言行，雖然沒有加以總結或者評論，從語氣看來也認為他是有相當貢獻的。分別見沈寂主編：《胡適研究》，第二輯（合肥：安徽教育出版社，2000–2001），第 19–34 頁，與第三輯，第 205–222 頁。這兩篇文章都提到胡適多次宣揚科學，為科學的重要性辯護，也提到他運用在「中華教育文化基金董事會」的影響力，為「中國科學社」從美國所退回庚款中申請到補助金。這些都是事實，但與胡適在科學理念與具體認識上之空疏沒有矛盾。

一、相關研究與批評

其實，將近十年前，周質平先生已經對此現象闡述和分析得很透徹了。在〈評胡適的提倡科學與整理國故〉一文中，[2] 他指出了以下幾點。首先，胡適「貶低清儒考據成績，而誇大二十年代整理國故所能夠引起的社會作用」。其次，他自己雖然是「整理國故的首功」，但其實際效果不見得是弘揚科學方法，反而是「增長了他們（按：指國粹派）的氣焰」。第三，他竭力為科學在中國傳統學術之內「尋根」，其結果是一味在「意識形態」（即科學態度、科學方法）上下功夫，反而全然忽略自然科學與工業的具體內涵。周文的結論是：「胡適所提倡的國故整理，對中國自然科學的發展，可以說並沒有發生任何積極推動的作用」，但他提倡懷疑和獨立思考，則為知識份子「注進了不少『消毒抗暴』的力量」，這雖然只是「副產品」，卻是他「著作精義之所在」。

周文是圍繞胡適「提倡科學」與「整理國故」兩者之間關係而展開，以下我們就從此文所提出的核心論點開始。周質平指出：胡適反對陳獨秀把科學人格化，視之為新權威、新宗教，從而過分強調其「萬能」；他要把科學視為「一個方法，一個態度，一種精神」，這方法並非西洋獨有，「乃是人類的常識加上了嚴格的制裁和訓練」；至於「聲、光、電、化」則「不是科學本身」，只是其產品而已。從這基本觀念出發，胡適就得出了中國本來也有科學方法、科學精神，以及通過文史考據也可以培養科學精神的觀念。周文的分析很精確，但所注重的只是胡適對科學的表面態度，以及此態度所造成的問題。至於他之所以會發展出如此態度的背後原因，以及此態度的根本問題，則尚未觸及，而這是本文重心所在。

2　此文收入周質平：《胡適與中國現代思潮》（南京：南京大學出版社，2002），第 206–228 頁。

二、胡適心目中的科學

　　首先，我們要指出，胡適對「科學是什麼？」這一根本問題，其實並沒有很清晰、前後連貫一致的觀念。例如，在新文化運動興起之初以至五四運動前後，即 1917－1919 年間，他強調科學的實驗性和變革性，說「科學律令」只不過是科學家的假設，用來解釋事變的，所以可以常常改變。[3] 然而到了與「玄學鬼」短兵相接之際，也就是在 1923 年為「科玄論戰」作總結的時候，他所提出來的「科學的人生觀」就不再強調科學律令的假設性，轉而強調「在那個自然主義的宇宙裏，天行是有常度的，物變是有自然法則的，因果的大法支配着他 —— 人的一切生活」了。他為所「信仰的新人生觀」勾畫了一個有十條綱目的「輪廓」，包括天地之大，時間之長，生物及社會的演進等等，說它們都是根據天文學、物理學、生物學、地質學、人類學、心理學、社會學等等的知識而得來。這時他仍然不忘將這「二三百年的科學常識」標籤為「一個大假設」，但很顯然，作為一種共同信仰的基礎，它們已經是不可能因為受到質疑而「常常改變」了。[4] 然而，再過五年，他更進一步坦白承認，「單學得一個方法是不夠的；最要緊的關頭是你用什麼材料」，因此勸少年人「及早回頭，多學一點自然科學的知識與技術」，因為那才是「活路」。[5] 這樣，他終於

3　見其〈實驗主義〉，原載 1919 年 4 月 15 日《新青年》，嗣收入季羨林主編 44 卷本《胡適全集》，第 1 卷（鄭大華整理）（合肥：安徽教育出版社，2003），第 277－323 頁。此文原是在北大的演講稿，基本上是一篇皮爾斯、詹姆斯和杜威思想的介紹。

4　見其〈科學與人生觀序〉，載《胡適文存》，第二集（台北：遠東圖書公司，1953），第 120－139 頁。此文原為科玄論戰的結集《科學與人生觀》（上海：亞東圖書館，1925）的兩篇序文之一，另一篇為陳獨秀所作。

5　見〈治學的方法與材料〉，原載 1928 年 11 月 10 日《新月》第 1 卷第 9 號，又載 1929 年 1 月《小說月報》，嗣收入前引《胡適全集》，第 3 卷（鄭大華整理），第 131－143 頁。

意識到「自然科學」與其他學術是有根本區別的了，那是 1928 年的事。
但這亦僅止於蜻蜓點水，驚鴻一瞥而已。終其一生，胡適從來沒有正視
過，更不要說深入討論過這區別及其意義。

三、與科學的疏離

　　為什麼聰明敏銳如胡適，竟然忽略了這個其實是很明顯，也很重要
的區別呢？這樣的忽略對於他的科學觀念又有什麼影響呢？這需要從他
所受的教育說起。如所周知，胡適為學的根底是在家鄉私塾就已經奠定
的：由於母親的堅持和不惜付出優厚學金，也由於天分，他從三歲到
十二歲間（相當於今日的幼稚園和小學階段）接受了極其扎實的傳統教
育，遍讀四書五經和大量通俗小說，文筆也在此時開始暢通。[6] 對於像胡
適這麼一個天資聰穎的兒童來說，如此長期、認真和強度的人文訓練，
無疑對他一生志趣有決定性影響。[7] 此後他在上海度過動盪不安的六年
（1904－1910），「換了四個學校」，其中梅溪學堂和澄衷學堂共兩年，中
國公學兩年（其中還告假回鄉養病），新中國公學一年，最後一年輟學和
自修。此時學校內風潮不斷，學制仍然在調整中，更兼教員缺乏，需要
聘請日本教員，由同學翻譯，甚或由年長同學授課。此時影響學校最屬
害的，是嚴復、梁啟超的新學說，以及如火如荼的革命思想。在這情況
下，胡適恐怕連最基礎、最根本的物理、化學、生物學也沒有接觸過多

6　李燕珍編：《胡適自敘》（北京：團結出版社，1996），第 47－59 頁。
7　但這影響的作用也不應該過分誇大。一個很明顯的相反例子是：任鴻雋少年時代
　　所受的古典教育與胡適非常相似，而且他還考上府學生，成為末代秀才。然而後
　　來他除了繼續吟詠以外，卻完全拋棄國故，以化學、教育與普及科學為志業。

少。[8] 他雖然在澄衷學堂學到一些代數，也許還有一點幾何，「常常在宿舍熄燈之後，起來演習算學問題」，但這剛剛萌芽的興趣不旋踵就被在《競業旬報》上寫小說、詩歌、文章和做編輯這些吸引力強大得多的文字愛好所淹沒。他對這個轉變的總結是很坦白的：「我從此走上了文學史學的路，後來幾次想矯正回來，想走到自然科學的路上去，但興趣已深，習慣已成，終無法挽回了。」[9] 這是他疏離自然科學的第一步。

胡適赴美進康奈爾大學後第一年攻讀農科，修過化學、植物學、生物學、氣象學、地質學，做過化學實驗和生物學實驗，得到全面和扎實地接觸到自然科學的機會。但從 1911 年《留學日記》看來，這些似乎都沒有在他心中激起任何迴響，日記中只有考試成績是否滿意，野外實習走了多遠，或者花朵如何豔麗，其開放的記錄影片如何神奇之類的簡略記載，引發強烈興趣和詳細評論的，反而是選修的英國文學課。短短一年半之後，他選修「果樹學」，在實驗中被要求分辨三四十個蘋果品種，感到這種枯燥細緻的工作與性情格格不入，就毅然決定轉讀文科，投向哲學、政治、經濟、文學。[10] 這成為他和自然科學分道揚鑣的第二步，也可以說是轉振點。因此可知，在胡適的氣質和知識底蘊（或曰功底）裏面，自然科學的成分是極其薄弱的。

8　他在澄衷學堂推辭了做「理化研究會」的發起人，也不敢參加老師發起的「化學遊藝會」（即化學實驗示範），只擔任招待員，但參加了「算術研究會」，見 1906 年《澄衷日記》；其後於 1910 年因大醉被關巡捕房，幡然悔悟之後經常複習代數，見 1910 年《藏暉室日記》。這兩部日記俱收入曹伯言整理的十卷本《胡適日記全集》，第一卷（台北：聯經出版事業公司，2004）。

9　此段資料取自前引《胡適自敘》第三、四兩章，引文見第 95 頁。

10　這選蘋果的故事他曾經多次提及，例如見前引《胡適自敘》，第 133－136 頁。在這幾頁自敘中他還一再提到哲學與文學對於他的強大吸引力，可見造成其轉變的，除了「蘋果學」的「排拒因素」以外，還有文史的「牽拉因素」，亦即稟賦、氣質其實是決定性因素。

四、在哲學與科學之間

　　然而，轉修文科，並不就等於和自然科學絕緣。在此之後，胡適仍然有許多接觸自然科學的大好機會，因為他在康奈爾最親近的幾個好朋友都在科學領域：任鴻雋學化學，趙元任學物理，胡明復學數學，他們朝夕過從，砥礪切磋，學問上自然有許多互相激發補充之處。而從後來的發展例如「中國科學社」之成立看來，他周圍這班才高八斗的好朋友無疑有一個共識：自然科學是西方文明的核心秘密，也是更新中國文化的必經之途，中國未來的關鍵。所以，以胡適的聰明才智，他絕不可能沒有意識到自然科學的絕頂重要性。不過，直接修讀科學既已經感到乏味和難以出人頭地（果樹學的挫折只是最後轉變的導火線而已），那麼另闢蹊徑，發揮自己之所長就是理所當然的了。因此，如何保持與科學的關係，必然是他在此期間反覆思量之事。

　　但非常奇怪，在他留學七年（1910－1917）所留下的日記中，和這三位好友交往的記載雖然比比皆是（其中有關任鴻雋的特別繁多而親切，顯出他們不同尋常的交情），所記載的絕大部分卻都是詩歌唱和、縱論時局、爭議文學革命，或者來往交遊的紀實和感想，涉及自然科學的直可謂鳳毛麟角，其中值得一提的，只有以下寥寥數項：中國科學社的成立（從其他資料可知，他是第一批參股社員，但並非發起人）；[11] 送梅光

11　以下五種材料都說，在〈科學月刊緣起〉上簽名的胡達（即胡明復）、趙元任、周仁、秉志、章元善、過探先、金邦正、楊銓（杏佛）、任鴻雋等九人即為科學社的發起人，其中並無胡適。見：（1）任鴻雋的〈中國科學社社史簡述〉（見下引《任鴻雋文存》，第 723 頁）；（2）胡適 1914 年 6 月 29 日的日記（《胡適日記全集》第一冊，第 341 頁），以上兩種均為一手資料；（3）范鐵漢：《體制與觀念的現代轉型：中國科學社與中國的科學文化》（北京：人民出版社，2005），第 24 頁；（4）張劍：《科學社團在近代中國的命運──以中國科學社為中心》（濟南：山東教育出版社，2005），第 12－14 頁；（5）冒榮：《科學的播火者：中國科學社述評》（南京：南京大學出版社，2002），第 10 頁；此書第 8 頁引章元善的說法，稱包括胡適在內的十幾人「參加發起」，但並沒有說他是正式發起人。唯一稱胡適為發起人的，只有註 1 所引季維龍的文章，但未注明出處，不知何所據而云。至於胡適是參股社員一節，見上引張劍書第 49－50 頁的兩個表，以及《科學》第 2 卷第 1 期第 138 頁的〈中國科學社社友錄〉。

迪赴哈佛的長詩，其中提到牛頓、培根、凱爾文等科學家名字，這又轉引出任鴻雋的諧謔贈詩；與趙元任數度討論音韻問題，以及趙元任和胡明復同時當選 Phi Beta Kappa 與 Sigma Xi 學會會員這一殊榮。[12] 與此成為強烈對比的是，任鴻雋在《科學》雜誌創刊後的兩年半間（1915 年 1 月至 1917 年 6 月），在這刊物上發表了足足二十三篇文章，其中既有非常具體的自然科學、科學家與科學機構之介紹，例如「化學元素命名說」、「世界構造論」、「近世化學家列傳」、「外國科學社及本社之歷史」等等，也有對科學功能、科學發展、世界科學近況的闡述。[13]

在此期間的最初大半年，胡適仍然在康乃爾，到 1915 年秋季他轉往哥倫比亞大學，但此後也還一直與任鴻雋保持密切聯繫。那麼，在胡適的日記、文章中，他對於這大量活動與文章有何反應，受到這些新思想衝擊，留下了些什麼痕跡呢？僅有的似乎只是上述科學社成立的記載，以及他在《科學》雜誌上所發表，分別討論新式標點符號之應用與〈先秦諸子的進化論〉的兩篇文章。[14] 前者與自然科學並無直接關係，後者卻是他以自然科學觀念來審視古代哲學的第一個嘗試，也是他日後在整理國故與科學這兩個不同領域之間開闢通道的先聲。除此之外，日記中以下這條也很值得注意：「……南下至華盛頓小住，與經農（按：指朱經農）相見甚歡。一夜經農曰：『我們預備要中國人十年後有什麼思想？』此一問題最為重要，非一人所能解決也，然吾輩人人心中當刻刻存此思

12　對於這檢索工作來說，前引十卷本《胡適日記全集》資料最齊全，應用也最方便，因為它編了一個很全面的索引，列為第十卷。

13　任鴻雋著，樊洪業、張久春選編：《科學救國之夢：任鴻雋文存》（上海：上海科學技術出版社，2002）。

14　分別為〈論句讀及文字符號〉，《科學》，第 2 卷第 1 期（1916）；與〈先秦諸子進化論〉，《科學》，第 3 卷第 1 期（1917），此篇收入《胡適全集》，第 7 卷，第 8－30 頁。

想耳。」[15] 他心目中的「中國人未來之思想」，當不可能缺少科學這一塊，但對此他可以有何貢獻呢？關鍵也許就在於，他認為問題「非一人所能解決」，也就是各人盡可以「殊途同歸」。統而言之，他對於這幾個好朋友如火如荼的科學活動無疑知道得很清楚，表面上雖然好像志不在此，缺乏共鳴，實際上則應當是在尋找、醞釀他自己的獨特途徑。

五、在哲學轉向的背後

經過專修文科那兩三年（1912－1914 年）的醞釀，胡適終於在文學、政治學、心理學等眾多可能性之中選擇了哲學為深造領域，並且在康奈爾大學研究院修讀短短一年之後，又決定南下哥倫比亞大學師從杜威（John Deway）。這可能出於多個不同原因，《自敘》中就提及了以下幾個理由：由於過多的校外活動（特別是四處演講）而被剝奪獎學金；康奈爾哲學系的新古典主義與他脾胃不合；由於系中的批判而開始認識「實驗主義」（Pragmatism）並閱讀杜威，從而對哥倫比亞大學與杜威的巨大威望獲得深刻印象。[16] 但除此之外，也許還有這麼一層重要考慮：以杜威及其前驅皮爾斯（Charles S. Peirce）為代表的「實驗主義」學派，其核心觀念一言以蔽之，正就是以科學方法作為哲學的根據。對此，他在《自敘》中有一句畫龍點睛的話：「……我對杜威的多談科學少談宗教的更接近『機具主義』（instrumentalism）的思想方式比較有興趣。這裏我只能舉出幾個杜威思想如何影響我自己的思想的實例來說說」；跟着，他詳舉

15　《留學日記》1917 年第 29 則「中國十年後要有什麼思想」，見前引《胡適日記全集》，第 2 冊，第 469 頁。

16　分別見前引《胡適自敘》，第 139－140、166、160 各頁。

杜威所著〈邏輯思考的諸階段〉一文所論述的「人類和個人思想的過程」所必經的四個階段，而其最後亦即最高階段，「當然便是現代的歸納實證和實驗邏輯的科學了」。[17]

　　換言之，通過杜威的實驗主義哲學，他可以獲得一把開啟自然科學核心要義的鑰匙，不必汲汲研習物理、化學、數學那無數令人迷惑的具體公式、定律、現象，就可以直接掌握科學的基本精神與根本方法。明乎此，也就可以了解，為何胡適後來居然會有那麼大的信心，在對於物理、化學、生物或者任何一種自然科學的定律、結構、操作方法都未有確切認識之前，就敢於堅持，科學方法已經包含在「大膽的假設，小心的求證」這簡單的十字真言之中。這可以說是「明修棧道（哲學），暗度陳倉（科學）」的絕妙策略。而且，它還有另外一重極為重要的功能，即是可以很自然地將他極為熟悉而且心領神會的考據學也同樣裝入「科學」這個大口袋之中──事實上，將十字真言應用於典籍、小說的考據上，無疑要比加之於自然科學容易取信（convincing）得多。這樣，在胡適的學術世界中，哲學、科學、考據學這三個好像各不相干的領域就都得以融會貫通，就都安排停當了。在此中，他的學說不但有虛實相生之妙，也可以從容出入雅俗之間，同時面對學者與大眾。

　　胡適於 1917 年 6 月浩然賦歸，回到闊別七年的中國。在此前後他的主要精力與著作都放在風起雲湧的白話文革命上面。但歸國一年半之後，就在五四運動前夕，他出版了第一部學術著作《中國哲學史大綱》上冊，同時又在《科學》上發表了他第一篇有關科學與考據學的論文〈清

17　前引《胡適自敘》，第 167－168 頁。

代漢學家的科學方法〉[18]，這裏面開頭有一段話很能夠表現出他的雄心和志向，值得詳細徵引：「歐洲科學發達了二三百年，直到於今方才有比較的圓滿的科學方法論。這都是因為高談方法的哲學家和發明方法的科學家向來不很接近，所以高談方法的人至多不過能得到一點科學的精神和科學的趨勢；所以創造科學方法和實用科學方法的人，也只顧他自己研究試驗的應用，不能用哲學綜合的眼光把科學的各方面詳細表示出來，使人了解。」[19] 跟着下去，便是朱熹一派宋儒的「格物致知」何以不能夠導致科學的討論，以及考據學亦即樸學如何帶有科學精神之論述。此文可以說是他實現貫通哲學、科學、考據學三者的構想之宣言，他此後宣揚科學、討論國故的多篇文章儘管有側重點的不同和例證的增益，但基本上可以說都是從此發展出來。[20]

　　青年胡適在醞釀、探索他未來學術發展途徑的時候，是否的確曾經有我們上述的深遠、微妙考慮？必須承認，以上說法只是一種猜測，我們所引各段自述為此說提供了支持，但難以稱之為證明。事實上，他確有這種考慮是難以證明的，更何況，它很可能只是屬於下意識的感覺，而非經過仔細盤算的策略。比較能夠確定的是，對於胡適而言，這種對

18　見前引《胡適全集》，第 1 卷，第 363－390 頁。此文最初連載發表於《科學》1919 年 2、3 月兩期，其後經增補陸續發表於《北京大學月刊》1919 年 11 月、1920 年 9 月與 1921 年 4 月等三期，題目亦改為〈清代學者的治學方法〉。《全集》所載是增補後收入《胡適文存》的版本。

19　見前引《胡適全集》，第 1 卷，第 364 頁。這段話很可與杜威的學生胡克（Sidney Hook）對他老師的以下看法相印證：「事實上他（按：指杜威）對於想方設法促進哲學家與科學家合作以解決問題，比對吸引門徒或者追隨者更有興趣。」見 Sidney Hook, *John Dewey, an Intellectual Portrait* (Amherst, New York: Prometheus Books, 1995 [1939]), p. 9, 作者譯文。

20　我們不能不指出，上面所引那一大段話是很令人吃驚的，因為它顯示，胡適似乎從來沒有聽過培根和笛卡兒，或者他們在科學方法論上的對立，這就文科學生而言自然不稀奇，但對一位畢業於哥倫比亞大學而又對科學方法論深感興趣的哲學博士來說，就不免讓人感到迷惑了。

科學的態度與觀念的確可以產生上述互補效應，也就是說，他會覺得這種對科學（包括自然科學與人文學科）的解釋是順理成章，完全可以成立的。在歸國以後多年的成功經驗無疑更增強了他在這方面的信心，而這觀念一直到五六十年代再也沒有改變。他在 1959 年第三屆「東西方哲學家會議」上的演講「中國哲學裏的科學精神與方法」，[21] 比前自然是細密和成熟得多，但基本理念其實與四十年前那篇宣言無大差異。

問題是，他對科學這樣的理解正確嗎？他的說法真能夠成立嗎？在將近一個世紀之後再來討論此問題顯然已屬明日黃花，但作為一種文化現象的檢討，當仍有其意義。

六、胡適的科學觀念代表什麼？

胡適與科學之間關係至終將牽涉到「科學是什麼？」亦即科學本質這個大問題，那相當複雜，不容易說得清楚。但我們可以從兩個較簡單的問題開始，即胡適心目中的「科學」與「自然科學」到底有何區別，以及胡適對「自然科學」有多少了解。

自然科學的本質大有爭議，但以舉隅方式說明卻很容易。沒有人會懷疑，牛頓的力學和光學是現代自然科學的原型，其後十八至十九世紀的天文學、電磁學、熱力學、化學、生物學都循同樣途徑發展，也都獲得相同或者相近的成功。它們基本上有以下四個共通點。（1）化約主義（reductionism）：以一套根本理論（它可能表現為數學理論，也可能是少

21　原文為 "The Right to Doubt in Ancient Chinese Thought"，收入第三屆東西哲學家會議的論文集《東西哲學與文化》（*Philosophy and Culture East and West*，夏威夷大學，1962 年版），徐高阮的中文譯文見前引《胡適全集》，第 8 集，第 483－513 頁。

數以言語表達的自然規律）來解釋其領域中的大量自然現象。（2）可驗證性（verifiability）與普遍性（universalism）：這理論是建立在可以重新驗證的觀測事實或者實驗數據之上，而且基本沒有例外。（3）「自然的數學化」（mathematization of nature）：根本理論的發展總是力求精確，亦即以數學化為鵠的。（4）科學原理的層級結構（hierachical structure）與內在統一：這是化約主義的延伸，亦即是說，自然科學是個統一的，相通的整體。它表現為電磁學可以解釋光學，分子運動可以解釋熱力學，微觀物理學可以解釋宏觀現象，物理學可以解釋化學，化學可以解釋生物學，而且這「解釋」可以導致更進一步的發展，等等。不過。這統一結構只是一個理想，它在胡適的時代（主要為 1910－1930 年間）正在逐步呈現，至今雖然已經發展到很廣泛和深入的程度，但仍然未曾完成。[22]

　　自然科學的巨大成功使得許多學者試圖將它的方法、原理應用到社會與人文領域中去，這在十八、十九世紀曾經風行一時，對於經濟學、社會學、人類學，乃至歷史學、考古學、古生物學（包括古人類學）等等都產生極大衝擊和影響。而且，在某些個別方面（例如數學之應用於經濟學、人口學，各種年代測定方法之應用於考古學，比較解剖學之應用於古生物學，等等）也的確獲得了非常驚人的進步，甚至刷新了整個領

22　西方的科學哲學家往往企圖將自然科學簡化為他們所「發現」或者「提煉」的某種原理，其學說也往往大行其道，例如波普（Karl Popper）的「證偽說」（criterion of falsifiability）、庫恩（Thomas Kuhn）的「典範說」（paradigm shift）皆屬此類。但事實上這種簡化理論與自然科學的實際內涵與運作方式相去甚遠。這問題十分複雜，無法在此討論，詳見作者的〈在正統與異端以外 —— 科學哲學往何處去？〉，收入《在自由與平等之外》（北京：北京大學出版社，2005），第 111－157 頁；以及〈科學進步的歷史有規律嗎？ —— 波普與庫恩學說評析〉，載《科學》（上海），66 卷 6 期（2014 年 11 月），第 5－12 頁。非常值得注意的是，胡適在前引 1919 年 4 月〈實驗主義〉那篇文章中就已經秉承皮爾斯，強調「科學律令」只是人造的假設，是可以「時時變更」的，這與波普的證偽說相近，但比後者的出版（即 Karl Popper, *The Logic of Scientific Discovery*, London: Hutchison, 1934）還要早十五年。波普與美國實驗主義是否有關係，這點至今似乎尚未有人論及。

域的觀念和思維。然而，雖然自然科學的部分理念與技術可以借用或者移植於人文社會領域，它最根本的原則，即是化約主義和數學化，卻不可能如此移植，因為在人文社會現象之中根本不存在簡明、精確、普遍有效的基本理論或者規律 —— 兩百年來所有建立這種理論或規律的努力都失敗了。經濟學雖然可以被量化，也發展出不少規律和數學理論，然而它們總是不確定，隨時代和地域而改動的，因此普遍性和精確性始終遙不可及。那就是自然科學與人文社會科學之間的鴻溝之最佳說明。這鴻溝之所以存在，基本上是由於社會和人都是高度複雜的系統，它們與自然科學相對簡單的對象 —— 分子、原子、電子、光波、恒星、基因、細胞等等是不一樣的。[23]

　　從上述的簡略背景出發，我們也許可以這樣來為胡適提倡了一輩子的「科學方法」，也就是他的「十字真言」來定性：它是一個歷史考證學家的理念與自然科學方法這兩者之間的最大公約因子（highest common factor, hcf）。換言之，倘若我們將一切學術都放到「科學」這個大口袋裏面去，那麼這個說法自然也不能夠說是不對。然而，自然科學和考證學無論在理念上（特別是普遍、精確的根本自然規律之追求與發現）或者方法上（特別是實驗方法與數學的運用）的差別是如此之巨大，這所謂最大公因子亦即「十字真言」實際上意義不大 —— 它只不過是考證學家自己的理念與方法之概述而已。它告訴我們考證學應當怎麼樣做 —— 這也就是胡適一生身體力行，不斷示範的考證學之實際做法，[24] 卻完全沒有，

23　即使在自然科學之中，某些領域所研究的現象也是高度複雜而沒有簡明、普遍規律，更不要說數學化理論的，例如植物學、地質學、古生物學皆屬此類。因此自然科學與人文社會科學之間的分野並非絕對，其間仍然有灰色地帶：分隔兩者的「鴻溝」更毋寧是「峽谷」。

24　其實，即使這點也不無疑問，因為對於考證學家而言，對資料整體的熟悉，很可能還要比這「方法」即「十字真言」重要得多，見前引周質平：《胡適與中國現代思潮》，第 213－214 頁。

也不可能告訴我們物理、化學、生物學、天文學應該怎樣做，甚至也沒有為我們對這些自然科學領域的內涵，提供一個切實的的圖景。他在〈科學與人生觀序〉中為科學世界觀所描繪的輪廓，亦即那十點綱目，顯示他對於 1923 年自然科學狀況的了解是多麼零碎、膚淺、偏頗，和帶有嚴重誤導成分。這其中最明顯的，就是他不斷提到各個自然科學和社會科學領域的「知識」，好像它們都只不過是平鋪直敘的一大堆事實，卻完全忽略了前者是有嚴謹結構的，是建立在新發現的理論和規律之上的，因此與社會科學的「知識」是有根本區別。

　　當然，我們不能夠期望二十世紀初期，當時尚不足三十歲的胡適，能夠對於自然科學有深入認識，但他斷言「科學的真意義只是一個態度，一個方法」，所以科學「不是聲、光、電、化」，就未免太魯莽，甚至顯示出哲學流派的自傲，認為不必細究自然科學的內涵，就可以提煉出它的本質即「真意義」來了。周質平說，「其實晚清人把『格致』或『科學』界定為聲、光、化、電的科技，基本上並沒有大錯」，[25] 是平實得多的看法 —— 倘若無法為自然科學找到無爭議的「內秉」（intensive）定義，則以「外延」（extensive）方式來描述它，最少是更穩妥的辦法。但對於拳拳服膺杜威哲學及其「實驗主義」的胡適而言，他對於自己為科學所提出的「內秉」定義，顯然從未感到絲毫疑惑。

七、結語

　　無論如何，以胡適當時如日中天的聲望而如此義無反顧地大力宣

25　見前引周質平：《胡適與中國現代思潮》，第 208－209、224 頁。

揚、鼓吹科學的重要性，這對自然科學的發展是否也仍然有正面推動作用？抑或如周質平所說，其作用主要在於「反而增長了他們（按：指國粹派）的氣焰」，「甚至於還把一批年青人引上了乾嘉考據的老路」？這一點平心而論，倒是很不容易判斷。但胡適的宣揚比之任鴻雋、胡明復等在《科學》雜誌和其他方面長期腳踏實地、默默耕耘的成效，自然是不可同日而語。也許，對於一位三十來歲，學術背景全然在文史哲方面，然後一朝「暴得大名」的年青人來說，我們不應該過分苛刻。他雖然在自然科學方面背景薄弱，但看到了未來潮流，所以仍然願意披掛上陣，以另一種方式為科學打氣，無論其效果如何，這還不足夠，還不值得我們衷心讚賞嗎？

誠然如此。但我們也不應該忘記，胡適當年在中國思想界引領風騷，望重士林，曾經被日後成為「中國學」宗師的費正清（John Fairbank）目為「當代伏爾泰」。[26] 而這一位啓蒙前輩和胡適的背景、經歷其實也的確頗為相似。伏爾泰同樣是文人出身，以詩歌、戲劇知名，然後在而立之年（1726）去英國遊歷三年，發奮修讀英文，與彼邦彥碩交往，深究其政治、宗教、文學、戲劇——但也還有牛頓的科學發現。回國後再經八年醞釀，他寫出譏諷法國體制、文化的《哲學書簡》（1734），頓然洛陽紙貴，成就大名。令人驚奇的是，此書居然有足足三章是討論牛頓學說的，它間接成為牛頓學說在歐洲大陸被接受（大約是 1738－1740 年間的事）的媒介。與胡適大不相同，也令人拜服的是，此後他並沒有為盛名所累，而是隱居在法國東部邊界石雷（Cirey）小鎮的別墅，專心讀書、寫作，從出入宮廷的名士蛻變為引領歐洲思想變革的啓蒙思

26　原文為 "the modern Voltaire"，見 John Fairbank, *China Bound, a Fifty-Year Memoir*（New York: Harper & Row, 1982）, p. 46。

想家，四年後更出版《牛頓哲學原理》[27]，自然科學之成為啟蒙運動的動力與內核，可以說就是以此書為開端。對比這東西方一先一後兩位思想界大師，我們恐怕不免要為天分如此之高，名聲如此之大，影響如此之深遠的胡適，之從未興起過超越杜威的念頭，和始終不曾踏出國故考據的藩籬，而發一長歎吧。

　　當然，跨文化比較是困難的。倘若我們記得，歐洲的國語運動及宗教改革運動，早在十六至十七世紀就已經萌芽、開花、結果，那麼也就不能不承認，十八世紀啟蒙運動的負擔，是要比新文化運動和五四運動輕得多。在這個意義上，胡適與伏爾泰雖然有相似之處，但將他們對科學的認識與態度加以比較，也許不那麼公平。比之伏爾泰，胡適所背負的傳統閘門要沉重得多，而毫無疑問，他是為我們扛起了這道閘門的一位重要人物。

　　原刊耿雲志、宋廣波主編：《紀念胡適先生誕辰120周年國際學術研討會專輯》（北京：社會科學文獻出版社，2012），第52-64頁；及《中國文化》（北京），2011年秋季號，第99-106頁。

27　原書為 Voltaire, *Elements de la philosophie de Newton* (1738); 最初英譯本為 John Hanna 所翻譯的 *The Elements of Sir Isaac Newton's Philosophy*，同年出版。如今流傳的英譯本即為此本的複製本，出版者及年份為 London: Frank Cass, 1967。全書共25章：第1-14章討論光學，包括視覺作用、光學儀器、彩虹成因等等；第15-25章討論萬有引力及天體運行。書中有不少圖解和數據，但是沒有數學公式，它基本上是解釋牛頓主要發現的科普著作。

第二輯

土耳其、俄國與西歐的現代化

毀滅與新生 I：奧圖曼帝國的改革

在土耳其主義興起之前，我們的國家有兩種對立的文化——（代表伊斯蘭的）宗教文化和（代表革新的）西化文化，兩者之間的鬥爭分裂了土耳其知識份子的靈魂。

齊雅・居卡爾[1]

1826 年 6 月 14 日傍晚，伊斯坦堡的「近衞軍團」（Janissary Corps）又開始騷動了。像以往數百年慣常的那樣，他們先推翻了營房裏的大湯鍋，然後浩浩蕩蕩地帶領亂民搶掠大市集，搗毀「政務院」，闖進托卡比皇宮（Topkapi Palace）外院，對國君蘇丹（Sultan）提出傲慢的要求。然而這趟回答他們的，不是溫言好語，卻是宮牆上猛烈的炮火。早有準備的馬穆二世（Mahmut II, 1808－1839）[2] 召集了王公大臣和忠心衞隊，親手展開先知穆罕默德的大纛，宣佈對叛徒發動聖戰。叛軍被逼步步後退，返回營房固守，然而馬穆毫不容情，逕直召來大炮發動轟擊，短短一小時後就令四千餘叛亂份子灰飛煙滅了。他跟着以迅雷不及掩耳的行動宣佈取銷軍團組織，清除各地軍團分部，解散它的精神支柱伯塔示民間教派（Bektaşi dervishes）。這樣，在一個月內，曾經威儡歐洲凡四個半世紀

1　Ziya Gökalp, *Turkish Nationalism and Western Civilisation: Selected Essays by Ziya Gökalp*, trans. and ed. Niyazi Berkes (Connecticut: Greenwood Press, 1981), p. 285。在原文中，「文化」一詞都用方括號標出，此處略去；引語括號中的詞語為作者所加。

2　括號中年份指蘇丹或首相在位年份，下同。

之久的近衞軍團，竟被奧圖曼人自己收拾得乾乾淨淨了。

這場著名的「吉祥事變」（Auspicious Event）是奧圖曼歷史的轉捩點：隨着凝聚帝國傳統精神的一個核心體制的消滅，延綿五個半世紀之久的舊時代宣告結束，已經醞釀了一個世紀的大改革終於得以展開。然而，滿懷希望和雄心勃勃的馬穆不可能想到，他種種努力的意義並不在於振興帝國，卻在於啟動帝國的毀滅和蛻變──這不但是由外力造成的領土分崩，政權瓦解，更是從內部發生，自行選擇的帝國精神、文化、制度之消解。這和一百年前馬穆的叔祖，帝國第一位改革蘇丹馬穆一世（Mahmut I, 1730－1754）起用法國軍官訓練新式炮兵的時候，不可能預見他所推行的改革最後竟導致近衞軍團的消滅，是一樣的。

奧圖曼帝國、俄國和中國這三個西方所猛烈撼動的龐大帝國在二十世紀初同時發生鉅變：奧圖曼帝國蛻變為接受西方思想和制度的共和國，然後逐步和「現代」取得協調；至於俄國和中國，則有不同的選擇：它們接受了對西方採取激烈批判態度的社會主義，在意識形態和民族主義兩者的刺激下，急速發展成軍事強國，和西方形成長期對峙。然而抗衡局面如今已經破裂。在西方經濟和思想的強大壓力下，蘇聯瀕於解體，再一次走向不可逆轉的蛻變。中國雖然似乎未為所動，但顯然也面臨重大轉折關頭，正尋找在可控狀況下自動變革之途。然則這兩個仍然舉足輕重的大國，終將不免步土耳其後塵嗎？抑或它們會再一次出現獨特的，出人意表的變化呢？

顯然，土耳其的命運是當今激盪風雲的大問題中不可忽略的一環。因此，何以長達三百年的奧圖曼現代化歷程迥異於俄國和中國，何以它的真正改革必須從消滅近衞軍團開始，何以它必須通過毀滅才能獲得新生，這些歷史性問題，至今還是值得思索和反省。本文所要嘗試的，便是為這一段帝國改革過程勾勒出一個輪廓，對上述問題提出一些看法來。

一、軍事神權國的精神

　　奧圖曼、俄羅斯和大明帝國都是蒙古帝國衰落後乘時崛起的產物，它們的出現，大致上可以以 1380 年為參照點。這一年莫斯科大公季米特里（Grand Prince Dmitrii）首次打敗金帳部（the Golden Horde）蒙古軍，開俄羅斯建國先聲；開國已十二年的明太祖剛剛殺掉胡維庸並且廢相，進一步加強大一統皇朝的中央集權；奧圖曼第三代蘇丹穆拉一世（Murat I, 1360－1389）則攻克巴爾幹半島西南端重鎮門納斯狄（Monastir），打開了進軍阿爾巴尼亞的大門。這時上距穆拉的祖父奧斯曼（Osman I，「奧圖曼」Ottoman 便是奧斯曼族人之意）領導塞耳柱土耳其（Seljuk Turk）部族聯盟崛起才八十年，然而它已佔地二十萬平方公里，行將擴展成為跨越歐亞非三洲的龐大伊斯蘭帝國了。

　　奧圖曼人之所以能夠威脅歐洲文明凡四個世紀之久，是靠強大軍事力量，這力量的核心是「近衛軍團」，軍團所反映的，則是帝國的立國精神。這精神共有三種不同成分：最原始的，是源自強悍草原遊牧民族血統、氣質、習性的征服欲望和衝動。在開頭，這種衝動表現於對拜占庭鄉鎮的不定期侵擾擄掠；到後來，則發展成長期維持大規模征伐和有計劃地向四鄰擴張的立國方針。

　　第二種成分是宗教。奧斯曼這一族大約從他本人開始信奉伊斯蘭教，這有兩個重要後果：第一，前述擴張衝動獲得宗教根據，成為伊斯蘭與基督教歷史性抗爭的一部分，勇悍的擄掠者變成帶有使命感的「信仰的聖戰者」（Ghazi），擴張本身也蒙上聖戰（Ghaza）色彩。第二，奧斯曼部族得以順利吸收伊斯蘭高級文化和種種社會、教育、司法制度，在短短兩三代之內成長為一個有堅強信仰和複雜社會組織的戰士－農民社會。同時，伊斯蘭的虔敬和樸素平等思想自然地滲透了這個社會，使它在觀念和實際上獲得相當程度的自主性，甚至可以說構成一個有類於

近代意義的民間社會。這一點的重要性在於：反抗「不義」政權（例如
在它偏離群眾所認同的伊斯蘭理想的時候）被認為合理，而且實際上往
往成功。[3]

　　立國精神的第三種成分是忠誠、能幹，它表現於極特殊的「奴官
制」（Ghulam）。蘇丹是部落聯盟領袖，他要在平等的伊斯蘭社會之上建
立帝國，必須先建立由他直接指揮的國家機器。他採用的是源自九世紀
阿巴斯皇朝（Abassid Caliphate）的辦法，即大量使用屬於他個人的「奴
隸」。所謂奴隸是通過「人貢制」（Devsirme）從歐洲征服地的優秀少年
中挑選出來進貢給蘇丹的戰利品，他們經過長期系統培養、訓練後，各
就才能、氣質分配職位。隨着部落集團擴大為帝國，這些出生於外鄉，
被切斷親緣、社會關係，而成長於蘇丹宮學的「奴隸」，蛻變為蘇丹的侍
衛、總管、各級中央和地方政府官員，包括位置相當於首相的「大總管」
（Grand Vezir）和各級軍隊將士。事實上，整個蘇丹政權基本上就是由擇
優選拔的「奴隸」所組成和控制。

　　「近衛軍團」就是由穆拉一世的奴隸親軍擴充而成的勁旅。在精神
上，他們是擄掠者 ── 聖戰士；在宗教上，他們和輕視儀禮，着重啟發
個人熱誠的伯塔士教派緊密結合；在身份上，他們是蘇丹精心培訓，優
渥豢養的忠誠爪牙兵。這三者的特殊組合使軍團成為有強大凝聚力和戰
鬥力的軍事─宗教結合體，在平時擔任蘇丹親軍和京師衛戍部隊，在戰

3　較確切的說法是：蘇丹的君主─軍事體制和由教士層（Ulema）建立的公共體制
　　（包括教育、司法、社會福利、宗教等各種功能）在帝國內結成聯盟，這聯盟以伊
　　斯蘭聖法（Şeriat）為共同基礎，但它又尊重「先例」（'Urf），從而為蘇丹的君權
　　和他頒佈的帝國法令（Kanun）留下餘地。因此，此處所謂「民間社會」是指上
　　述由教士領導，而且包括不少現代國家功能的「公共體制」。見 Marshall Hodgson,
　　The Venture of Islam (University of Chicago Press, 1974), vol. 3, pp. 105-111; Stanford J.
　　Shaw and Ezel K. Shaw, *History of the Ottoman Empire and Modern Turkey* (Cambridge
　　University Press, 1976), vol. 1, pp. 134-139, 164-165; 有關民間反抗精神見 Şerif Mardin,
　　The Genesis of Young Ottoman Thought (Princeton University Press, 1962), pp. 205-206。

時則變成由奧圖曼部族組成的大軍的核心和精銳先鋒隊。這組合的性質使得它同時受社會、宗教和國家三者影響，因此又不再僅僅是國家機器的一部分了。

伊斯蘭文化構築了民間社會，奴官制提供了國家機器，至於征服和聖戰的欲望、雄心，則把這似乎矛盾的兩者巧妙地結合起來，使它成為一個有共同目標的有機體，這就是堅羅斯（Lord Kinross）稱之為「軍事神權國」（Military Theocracy）的奧圖曼帝國；[4] 集合了奧圖曼人族長、宗教領袖和帝國君主三重角色於一身的蘇丹—加里發（Sultan-Caliph）則是它的最高首領。但這卻沒有形成一統和穩固的皇權：經常性的大規模軍事活動和社會的全面宗教化使得蘇丹必須通過「軍團—教士」結合體的認同才能獲得合法性。這可以說是由於長期高度軍事動員所造成的廣泛民眾政治參與。[5]

相比之下，中、俄兩個大一統帝國結構反而相對簡單。在中國，皇帝通過擇優產生的龐大官僚系統統治「天下」，至高目標在於維持長治久安，因此，由文官節制的軍隊只需有簡單的防禦、彈壓功能；在官僚、軍隊、民眾或維持文化倫理的儒生之間，都不可能產生足以抗衡或牽制君主的有組織力量。形成於十七世紀的俄羅斯帝國也相類似：經過伊凡四世（Ivan IV, "the Terrible"）和彼得大帝的鎮壓，貴族屈服成為「服役貴族」，充當將領和行政官僚；東正教會放棄了自主地位，成為附從沙皇的宗教、文化、民事、儀禮運作者。在俄羅斯廣大土地上飽經分裂、戰亂、外族入侵之苦的各階層人民，接受了一個高度專制、完全不受制衡的沙皇的必要。這可以說是霍布斯式（Hobbesian）的選擇。

4　見 Lord Kinross, *The Ottoman Centuries* (New York: Morrow, 1977), p. 139。
5　有關奧圖曼帝國的淵源、歷史、體制與立國精神，以下專著有最簡要和清楚的說明：Norman Itzkowitz, *Ottoman Empire and Islamic Tradition* (University of Chicago Press, 1972)。

在十七世紀中葉，奧圖曼、俄國和中國的人口和版圖雖然不同，但數量級一樣，都是 1500－7000 萬人、400－900 萬平方公里的龐大帝國，[6]人民都在專制世襲君主統治之下，表面上三者十分相似。實際上奧圖曼帝國卻完全不一樣：不但它的蘇丹受到社會有力制衡，並不同於中、俄的皇帝，而且第一，它是一個由征服者與許多不同「被征服者」組成的極其複雜的帝國；第二，它與歐洲長期對抗，與之在宗教、文化上形成很深的鴻溝。這些本質上的分別根源於它特異的歷史和立國精神，而後果則是它迥然不同的改革道路。

二、中衰與復古

在十四世紀穆拉奠定的基礎上，十五世紀的「征服者」穆罕默德二世（Mehmet II, the Conqueror, 1451－1481）攻陷君士但丁堡，建立名副其實的帝國，[7]十六世紀的蘇里曼大帝（Süleyman II, the Magnificent, 1520－1566）征服匈牙利、黑海北部、中東、北非和地中海東部，把帝國版圖、聲威帶到高峰，精銳勇悍的「近衛軍團」所至，當時已跨越大西洋的西班牙—哈斯堡帝國也感到震撼。然而，在這三個輝煌的世紀結束時，歐洲西北隅發生了一件似乎無足輕重的事，它在下一世紀扭轉了奧圖曼帝

6　各帝國面積可大致從有關地圖估計，但俄國僅以歐洲已開發部分為限，不包括西伯利亞。中國人口約 7000 萬，見 Kang Chao, *Man and Land in Chinese History* (Stanford: Stanford University Press, 1986), p. 41；奧圖曼人口估計約 3000－4000 萬，見前引 Itzkowitz, p. 38；俄羅斯人口約 1500 萬，見 Nicholas Riasanovsky, *A History of Russia* (New York: Oxford University Press, 1977), p. 307；並見 Fernand Braudel, *The Structure of Everyday Life* (New York: Harper & Row, 1981), vol. 1, pp. 48, 54。

7　穆罕默德二世是奧圖曼帝國崛起的轉捩點，他的事蹟在以下專著有詳細敘述：Franz Babinger, *Mehmed the Conqueror and His Time*. Ralph Manheim, transl. (Princeton University Press, 1978)。

國和歐洲之間的軍事力量對比，遏止了帝國的歷史性擴張。

歐洲軍事革命

　　那事件就是信奉新教的小國荷蘭聯邦為了保持獨立和宗教自由，委任十八歲的毛里斯親王（Prince Maurice of Nassau）為聯軍統帥（1685）抵抗西班牙入侵。面對數目龐大的腓力二世大軍，好學深思的毛里斯發動了一場軍事革命。這革命的核心不是新武器，而是新思想：是嚴格和全面地把理性原則運用到戰爭每一個層面，特別是以火器為主的步兵操練、組織和戰術，由是創造出具有前所不能夢見的高度服從性、準確性和應變性的新式軍隊。用麥尼爾（William H. McNeill）的話來說，它已變成「服從神經中樞控制的有機體，……不再復依賴個別步兵的勇氣和技巧了」。[8]

　　這一套軍事思想在三十年戰爭（1618－1648）期間首先傳到瑞典，然後逐漸傳遍整個歐洲，包括遙遠的俄國。到十七世紀中葉，它已根本改變了歐洲的軍事實力。然而，近衛軍團雖然樂意採用從歐洲傳入的火器，要他們放棄以信仰和勇氣為動力的衝鋒陷陣，轉而學習西方那種極端理性和非人化（impersonal）的作戰方式，卻是不可能的。這「不可能」其始表現於他們要經歷七十年挫敗才能明白問題癥結所在，這是我們所謂「復古」期；其後則演變為對改革整整一個世紀的抵制、反抗和叛亂，這是我們所謂「革新嘗試」期。這前後加起來一百七十年的歲月蹉跎，多少就是俄羅斯能夠在十八至十九世紀輕易趕過本來先進的奧圖曼帝國，

---

[8]　有關這場歐洲軍事革命，以下專著有深入剖析：William H. McNeill, *The Pursuit of Power* (University of Chicago Press, 1982), 引語見該書 p. 130。

並且幾乎把它瓜分的基本理由。[9]

挫折與復古

　　帝國擴張受阻在十六至十七世紀末出現徵兆，但它反映的，也許還只是蘇丹繼承問題所造成的紛爭、腐化。軍事挫折成為長期明確趨勢，是在十七世紀中葉之後。對這種趨勢，帝國的本能反應是「復古」，即以恢復傳統紀律、道德、統治方法為振興途徑。這反應是教士和軍隊結合成的保守勢力所認同的，因此可以產生短期振奮作用；但長期來說，則藥不對症。所以，它造成的模式是一條反覆下降的折線：挫折──復古──初步成功──更大挫折。從 1648－1718 的七十年間，帝國一共經歷了兩個這樣的循環。

　　第一個循環以威尼斯海軍封鎖韃韃尼爾海峽的地中海出口為起點。當時已屆八十高齡的老臣居普魯（Mehmet Köprülü）受命為全權首相（1656－1661），放手推行嚴懲貪污、厲行節約、保障農民等等傳統政策。這樣，果然立竿見影，幾乎立即就扭轉了頹勢。他繼位的兒子亞默（Fazil Ahmet, 1661－1676）更攻下克里特島，結束威尼斯的海上霸權，並東征西討，為帝國開拓了新疆土。居普魯思想保守，厭惡創新。他的夢想，是把帝國帶回一百年前蘇里曼大帝的光輝時代；他的思想和帝國著名的大歷史學家卡帖‧遮勒比（Katib Celebi）所著《革弊指要》（*The Guide to Practice for the Rectification of Defects*, 1653）一致：即弊病完全來自帝國內部失調和腐敗，和外敵沒有基本關係。

9　下面所敘述這一百七十年的改革嘗試，基本上是根據前引 Shaw & Shaw, Vol. 1；並參見前引 Lord Kinross 與下列諸書：Roderic H. Davison, *Turkey* (New Jersey: Prentice-Hall, 1968); Bernard Lewis, *The Emergence of Modern Turkey* (London: Oxford University Press, 1968)，其中譯本為范中廉譯：《現代土耳其的興起》（北京：商務印書館，1982）。

　　然而到了十七世紀最後四十年，帝國大軍卻四度遭受沉重打擊。其中 1683 年首相卡拉‧穆斯塔法（Kara Mustafa）率領二十萬大軍進攻維也納，結果被歐洲聯軍以少勝多，一舉擊潰，這歷史上公認是奧圖曼力量已達極限的標誌。至於 1697 年蘇丹穆斯塔發（Mustafa II）親征，在山塔（Zenta）之役被奧國的尤金親王（Prince Eugen）屠殺了三萬軍隊，則是憑藉勇武和人數的奧圖曼軍隊不復能抵擋以紀律、火力和準確性取勝的歐洲軍的確證。其後的「卡勞維茲和約」（Karlowitz Treaty, 1699）和近一個半世紀之後的南京和約有相同意義，都是歐洲以軍力打開外交關係的里程碑。

　　這連串災難沒有令奧圖曼人清醒，反而啟動了第二個循環。太史官奈馬（Mustafa Naima）繼承十四世紀史家、哲學家伊本‧卡敦（Ibn Kaldun）的史觀，寫了一篇著名的「帝國史序」，基本上重複了卡帖的改革方案；[10] 首相佐魯魯‧阿里（Çorlulu Ali）則推行休養生息的政策，令帝國軍隊得以在著名的普魯河（Pruth River）之役（1711）打敗（並幾乎俘虜）剛剛興起的彼得大帝，暫時阻擋了北方巨人的南下。弔詭地，奈馬和阿里的成功消減了危機意識，推遲了真正的改革，反而令帝國問題更趨嚴重。1716 年尤金親王再次在卡勞維茲徹底擊潰帝國大軍，隨後訂定的「巴沙洛維茲和約」（Passarowitz Treaty, 1718）完全確立了歐洲的軍事和外交優勢。這樣，才結束了第二個循環，令帝國有識之士從睡夢中驚醒過來。

　　帝國雖然已經遭遇了五次可怕的軍事災難，但在十八世紀二十年代「革新」還只不過是掙扎着要從牢固難以變更的奧圖曼意識中浮現出來的微弱聲音而已。相對來說，俄國從十六世紀中葉「可怖伊凡」的時代開

10　見前引 Itzkowitz, p. 99-102.

始，就已經有計劃地輸入西方專家和打通西方通商航道；文化上和西方源流迥異的中國，從鴉片戰爭到洋務運動也只有不足三十年時間。對西方態度的這種差異，若非從奧圖曼帝國十四至十六這三個世紀中建立起來的牢固自信和優越感，是難以解釋的。

三、革新和反動

卡勞維茲之役後，帝國少數首腦人物終於意識到輸入西方事物和技術的必要。然而，革新卻是違背伊斯蘭傳統的。據說先知穆罕默德有這樣的格言：「最壞的事物莫過於新奇事物。每件新奇事物都是一種革新，每種革新都是個錯誤，每個錯誤都可以導向地獄之火。」[11] 革新也侵犯了教士、將領、士兵的習俗和既得利益，例如傳統的頭巾和寬鬆長袍是伊斯蘭教徒的服裝標誌，要改易為便於操練的緊身軍服，往往被視同向基督徒投降；又例如近衛軍團的士兵懶散慣了，往往兼營副業，並且將他們的糧票轉售，若加緊操練、裁汰冗員，那就等於斷絕他們的財源。所以，革新引起消極抵制、言論對抗，乃至公開叛亂等各種形式的反動，可說是必然的事。

反動力量幾乎每一次都獲得勝利。這一方面是由於作為京師衛戍部隊的近衛軍團本來就有長遠的叛亂和弒逆傳統，[12] 而且他們近在腋肘，難以防範。另一方面則是由於思想保守的教士對政府官員、軍團和民眾有

11　轉引自范譯《現代土耳其的興起》，第 115 頁，此處文字略有修飾。
12　近衛軍團遠在十五世紀已開始有政治性叛亂，到十七世紀初則首次為了反抗改革而推翻政府和弒君（1622）。筆者承安卡拉中東科技大學歷史系 Akgün 教授告知：這傳統極可能淵源於自幼被割離於家庭和原有社區的軍團士兵深層意識中的報復衝動，但確切證明很困難。

廣泛和巨大影響力。蘇丹雖然好像握有至高無上權力，其實，他可以說是由一個具有自我意識、組織（雖然是極鬆散的組織）和反抗力量的社會有機體擁戴的君主。在他或他的代理人觸犯到這個有機體的深層意識或基本權利時，就會被無情地推翻：洛克對推翻的方式可能稍嫌野蠻，但對其原則應該是贊同的。所以，對帝國有深切認識的英國海軍顧問斯萊德（Aldophus Slade）說：「君士但丁堡的近衛兵團好比（英國的）下議院」，[13] 這雖似荒誕不經，其實包含了真知灼見。

　　革新有實際必要，反動力量卻又必然獲勝，由是形成的模式便是危機—革新—反動—革新／危機，這麼一條在新舊之間反覆擺盪的折線。在十八至十九世紀間，帝國經歷了大約總共五次這樣的循環。

前期嘗試 1718－1749

　　第一個循環以卡勞維茲造成的危機為開端，以首相依伯拉欣（Damat Ibrahim, 1718－1730）為革新首腦，最後以教士挑動近衛軍團叛亂，脅迫蘇丹將他賜絞結束。依伯拉欣是一個極謹慎而有遠見的人，他一方面寢息干戈，造成十餘年和平局面，另一方面遣使歐洲，鼓勵他們開拓見聞，報道新知。他又支持匈牙利裔的密特費力加（Ibrahim Müterferrika）開設印刷廠、編譯西方著作、出版地圖，同時開始推動軍事改革。然而，他的開放作風終究不容於保守勢力，他的謹慎也無助於他的命運。

　　第二個循環以蘇丹馬穆一世恢復印刷廠並起用原籍法國的邦尼華伯爵（Claude-Alexandre Comte de Bonneval）訓練新式炮兵和建立工程學院開始。這些嘗試雖然缺乏系統和長遠計劃，但也暫時改進了龐大帝國的力量，使它在 1736－1739 年對奧、俄的激烈戰爭中最後一次嘗到甜頭，

13　見前引范譯《現代土耳其的興起》，第 133 頁。

獲得近三十年（1749－1768）的和平與喘息。結束這一個循環的，不是
叛亂，而是由麻木、惰性、消極抵制造成的巨大無形阻力。密特費力加
和邦尼華的事業在他們生前即不斷遭遇阻撓，他們死後（1745－1747）
更是煙消雲散。此後，帝國就進入了二十年（1749－1768）昏沉無為的
時代。

　　諷刺的是，1750－1780年正是歐洲（基本上在法國）發生第二次軍
事革命，即炮術革命的時代。1750年小馬里茲（Jean Maritz）改善了以車
床削磨炮管的方法，從而可以製造更輕便、準確和猛烈的大炮，十年後
這種新式大炮傳到俄國；從1763年起格里寶華（Jean Gribeauval）改良
了炮架、炮彈、瞄準鏡等等附件，並且重新設計炮兵的組織和訓練，使
大炮從笨重、簡單的防守和攻城武器變成有高度活動能力的野戰武器。
自此以後，戰爭進一步依賴軍事工業與及不同兵種間的配合，變成了冶
煉、製造、管理、組織、指揮的高度綜合科學。[14] 奧圖曼改革的最後成功
機會也許就是在這個時候失去的。

後期革新嘗試 1768－1807

　　到十八世紀下半期，帝國形勢更形嚴峻。第一，它的主要敵人從奧
國變為接壤的巨人俄國；第二，它雖不再尋求開啟戰端，卻被逼應戰；
第三，戰爭發生之後往往須第三者（特別是英、法）從中斡旋，帝國才能
免於被肢解的命運。這形勢可以說主要是由彼得大帝的德裔外孫媳婦，
有滿腔才略和無限野心的加德琳大帝（Catherine the Great, 1762－1796）
所造成。使帝國失去大量領土的1768－1774年和1787－1792年兩次激
烈的土俄戰爭，是促成這一時期內三次革新嘗試的基本動力，但由於反

14　見前引 McNeill, pp. 166-175。

動力量強大，這些嘗試仍然依循以往模式，一一歸於失敗。

促成第一次革新危機的是 1768 － 1774 年的土俄戰爭。革新工作以法國軍官托特男爵（Baron François de Tott）協助帝國改良炮兵為主，在近衞軍團抵制下，這工作只進行數年（約 1774 － 1777）就停頓了。第二次革新由當時看來已不可避免的第二次土俄之戰促成：果敢的首相哈利哈密（Halil Hamit, 1782 － 1785）不但恢復托特的炮兵團和學校，而且毅然大量裁減近衞軍團冗員，並且以新式武器和戰術訓練軍隊。然而，如往常一樣，反動力量再次巧妙地運用宮廷鬥爭使哈利哈密被免職和處決，從而結束這次野心勃勃的改革。

第三次革新則以悲劇性的蘇丹舍林三世（Selim III, 1789 － 1807）為主角。他青年時代已經對改革和歐洲大勢有相當認識，三十八歲登基時又正值第二次對俄戰爭，必須立即收拾嚴重的失敗局面。因此和平來臨之後，立即全力推行整體軍事改革，發展軍事工業；並且由於傳統軍團積重難返，又招募樸實鄉村子弟，在京師遠郊另外創設新軍（*Nizami Cedit*），施以嚴格的西式訓練。這一次大規模革新持續了足足十五年之久，但仍然不能跳出以前的循環模式：教士和軍團乘虛聯合發動叛變，蘇丹被廢黜，其後更在他親信的士兵發動「反政變」（1808）時於混亂中被絞死。[15]

舍林功敗垂成，是由於對保守勢力的戒心鬆懈，並且在緊急關頭沒有召集苦心經營了十餘年的兩萬多新軍入京平亂的決心。這慘痛的經驗，成為曾經和他一同被幽禁（1807 － 1808）的馬穆親王永誌不忘的教訓。所以馬穆二世登基之後，表面不動聲色，暗中則借故放逐異己，提

15　有關舍林三世和他改革的詳細歷史，見下列專著：Stanford J. Shaw, *Between Old and New: The Ottoman Empire under Sultan Selim III 1789-1807* (Cambridge, Mass.: Harvard University Press, 1971)。

拔親信分據要津。這樣處心積慮地策劃了整整十八年之後,他才蓄意挑起軍團叛亂,然後以雷霆一擊消滅整個軍團制度,解除了懸在帝國之上的魔咒。

革新嘗試的意義

十八至十九世紀五次革新嘗試都被反動力量「否決」了,但它們並不是沒有留下痕跡。其實,每次嘗試的真正意義是在於為下次作墊腳石。例如馬穆一世思想頗受密特費力加影響,即位後首先就恢復了他的印刷廠;邦尼華、托特、舍林這三代的炮兵團和軍事學院在人員、器械、圖書,甚至部分建築上,是相承的;馬穆二世消滅近衛軍團、鏟除舊勢力乃至建立新制的整套計劃,也可以說是從前五次(特別是舍林的)失敗中總結出來的經驗。所以「革新─反動─革新/危機」這個循環模式,其實應該以一條平均上升的擺動折線來代表,當它上升到足夠水平的時候,就產生了結構性突變。

這五次革新嘗試表面上都是以輸入新炮術為目的的軍事改革,實際上從依伯拉欣所營造的所謂鬱金香時期(The Tulip Era, 1718－1730)開始,革新就帶來文化影響。學技術必須先學語文,學語文又不可避免會接觸到文學、思想、習俗。這些是終十八世紀之世教士和民眾深惡痛絕的所謂「法蘭克風」(Frankish Ways)。但對革新來說,這逐漸滲透帝國上層的新風氣,其重要性恐怕並不下於技術的傳授,它也同樣是使那擺動的折線上升的力量。

1718－1826 年這整一世紀,是革新思想緩慢成長和以蘇丹為首的極少數領導者反覆嘗試以溫和漸進方式克服整個社會對革新的巨大阻力的痛苦時期。他們經過多次失敗後得到的結論是:近衛軍團所代表的是整個奧圖曼社會,摧毀這個社會的反抗力量,鏟除它的舊有體制,是革新的先決條件。馬穆是把這結論付諸實施的人,而「吉祥事變」還只不過是

實施的第一步而已。回過頭來看自始就是大一統皇朝的俄羅斯和中國，他們幸運太多了：在它們的歷史中，並沒有皇權與社會因為改革而長期對峙、反覆激烈鬥爭的時期。至於守舊大臣的拖延、反對力量，其實是很微弱的。

四、突破之後

「吉祥事變」之後，帝國的漫漫長夜似乎終於露出曙光。[16] 然而，改革的明顯障礙雖然消除，它的成功卻並非像蘇丹想像那樣，可以憑少數人的指令完成。改革牽涉整個社會的改變，因此有賴於新意識、新思想的萌芽、生長；但新思想形成後卻又免不了會回過頭來，衝擊整個原有政治體制。這便是十九世紀奧圖曼改革家所要逐漸從另一種痛苦經驗中發現的道理。

奧圖曼的彼得大帝

藉事變建立絕對個人權威之後，馬穆雷厲風行地在制度上破舊立新：已沒落的常備騎兵團 (Sipahi)、舊地軍以及「地俸」（Timar）供養制都被廢除；往往成為保守和反對勢力領袖的「教長」（Şeyhulislam）被剝奪大權後收編為蘇丹屬下官員；教士分別編入新設立的教育、司法等部門；作為各種社會、宗教事業獨立資源的「慈善基金」（Vakif）則收歸財政部管理。這樣，通過新設立的中央官僚部門和諮議機構，一切大權都集中到馬穆本人手裏。換言之，傳統軍事體制和以伊斯蘭教士為骨幹

16　以下所討論的馬穆改革與新秩序運動見前引 Shaw & Shaw, Vol. 2, Ch. 1-3，參見前引 Mardin, Ch. 5 與前引 Davison, Lewis, Lord Kinross 諸書有關部分。

的舊社會體制一概摧毀,由國家官僚機構取代,「軍事神權國」被改造成類似俄國和中國的大一統皇朝。

馬穆是一位果斷和極有雄心的君主,常常以早一個世紀的彼得大帝自況。他藉新的國家機構,推行了和洋務運動極相似的一系列新政:設翻譯局、派留學生、建新式陸海軍、辦報、辦郵政、開設新式學校,等等;它甚至還包括有高度象徵意義的改易服飾:以「費茲帽」(Fez)代替頭巾,以西服代替阿拉伯長袍,等等。

然而,新政沒有收到預期效果。其原因和洋務運動的失敗頗為相似:領導圈子太狹窄,而且本身缺乏對西方文物、制度、精神的深切了解,所以無從發揮強大推動作用;新的國家機器仍然受傳統政治格局限制,不能符合理性的行政要求。但更重要而與中國不同的是:社會制度雖然在表面上改變了,社會傳統思想形成的阻力實際上仍然極其強大:「馬穆雖然毀滅了近衛軍團,但並沒有消滅它的精神,這精神時時在帝國中煽動起民眾反對政府的激烈情緒,甚至釀成暴亂。這種情緒淵源於反抗不追求伊斯蘭─奧圖曼理想的政權被認為合理,而它是深入人心的。」[17]事實上,在「吉祥事變」之後短短三十三年間,同情近衛軍團的暴亂就有四次之多。

對馬穆更不利的,是嚴峻的國際形勢。十八世紀末期,在列強衝擊、挑撥下,帝國屬土已開始脫離中央控制。1815 年後,法國大革命的自由、民主思潮開始影響帝國內的弱小民族,同時歐洲大局已定,如何在均勢下瓜分奧圖曼,成為列強注目的課題。所以馬穆治內最後二十年,幾乎全在驚濤駭浪中渡過:1820 年希臘叛變;1827 年英、法、俄聯合艦隊毀滅帝國海軍;1829 年俄軍從東、西兩路揚長直入,迫訂城下之

---

17 見前引 Mardin, p. 205。

盟；跟着法佔亞爾及爾，希臘獨立，埃及總督阿里（Muhammad Ali）叛變，一再戰勝帝國軍隊，甚至從小亞細亞揮軍直趨京師。最後，馬穆由於無法制服阿里，在憤恨中病逝。

舍林的悲劇是受制於國內社會，馬穆的悲劇則是受制於列強和屬土，但最少他們還能夠朝帝國本身的目標努力前進。在他們之後，則帝國的意志和目標也一併受到強大外力影響，不復完全能夠自主了。

新秩序運動

繼承馬穆的，是仁惠、和平、缺乏個性的新君阿都默節（Abdümecit I, 1839－1861），在他治下，帝國的政治和改革進入了一個似乎充滿希望的新時代。這時代的來臨是在 1839 年 11 月 3 日，一個星期天。當天帝國政要、各界代表和外交使節團被召到托卡比皇宮正門外的居赫（Gülhane）公園一間大廳裏，恭聽外交部長勒雪（Mustafa Reşit, 1800－1858）宣讀他為新君所擬定的御詔 (Hatt-i Hümayun)。這份當時認為可以比擬《大憲章》和法國《人權宣言》的文件，目的是要把改革從軍事推向政治、法律、人權等更基本的層面。它宣佈了一系列重大原則：人民在法律面前不問種族、信仰，地位一律平等；人民的生命、財產、自由受法律保障；政府必須依照法定程序和公平原則行使徵稅、徵兵和其他權力；法律由「最高法制會議」以多數議決制定，蘇丹不加干涉，等等，並且敕令成立貫徹這些原則和推行其他具體改革的各種機構。

這樣，在深受英國自由主義影響的政治家勒雪引導和推動下，改革進入了「新秩序運動」（Tanzimat）時代。「新秩序」在改革的觀念和層次上比馬穆新政顯得較為進步，就推行的力量和環境而言，也有基本分別。第一，革新動力由蘇丹下移到「國務院」（The Sublime Porte）的主要官員。他們基本上是出身於中等家庭，在傳統宗教學院（Medrese）成長，經過「翻譯局」洗禮，並且由於外交工作或其他接觸而對西方語言、

文化獲得直接、深切認識的一批青年人。他們大都通過勒雪進入政治領導圈，其中勒雪、亞里（Mehmet Ali）和富亞（Keçecizade Fuat）等三人掌握首相和外相職位凡三十年；謝夫達（Ahmet Cevdet）精研法律，長期主持司法、教育和宗教改革工作，後來更完成「新法典」（Mecelle）的編纂（1876）；至於辛納西（Ibrahim Şinasi）和齊雅（Ziya Paşa）兩人，則因為政壇失意，成為新一代知識份子的前導。假如說，十八世紀多次革新的成果是馬穆，那麼馬穆新政的成果就是這批在 1850 年代剛二三十歲，充滿活力和才華的改革家了。

第二，經過 1829、1833 年俄國兩次出兵小亞細亞，列強對陰鷙的尼古拉斯二世的戒心大大增加。這時英相柏默斯敦（Lord Palmerston）的政策便是協助帝國改革自強，希望借助它阻擋北方巨人從黑海突入地中海，而富有魄力和手腕的英國駐土大使簡寧（Stratford Canning）則得到阿都默節充分信賴，成為執行英國政策的有力工具。另一方面，致力於維持歐洲均勢的奧相梅特涅也通過土耳其駐奧大使里伐（Sadik Rifat）發揮影響力。因此，「居赫御詔」所表現的驚人自由主義與法治精神，是必須考慮到歐洲政治家對革新首腦的影響與他們之間的融洽關係，才能夠充分解釋的。[18]

「新秩序運動」具備了一個穩健改革家所能希望的幾乎所有條件 —— 長期安定和友善的國際環境，累積了一個世紀以上的改革經驗和基礎，開明仁惠的君主，年青、有為的領導圈子。然而，它卻仍然不能夠為帝國帶來決定和突破性進步。這其中最根本的原因是社會上的舊觀念仍然牢不可破，而改革家本身仍然有很大局限。

---

18 關於簡寧對帝國政策的深刻影響，特別是他在克里米亞戰爭中所扮演的重要角色，見前引 Kinross, pp. 476, 480-482, 487-493；至於柏默斯敦和梅特涅的影響則見前引 Mardin, Ch. VI。

例如運動推行之初，勒雪在「最高法制委員會」上提出依循普遍平等原則訂定「商務法典」，結果法典被教士代表指為違反「聖法」（Şeriat）而遭擱置，他本人也因此失去外長職位。[19] 而且法制委員會本身也屢屢改組，功能和組織始終不確定，直到六十年代末期才由改革和保守派妥協分權。再一個例子是教育改革。1846 年商務部成立，它提出建立全面的新式教育系統，但由於教士階層一致堅決反對，關鍵的初級國民教育拖延了二三十年才展開；至於馬穆時代已經創辦的 *Rusdiye* 新式中學，則發展十年之後，也還只不過有三千學生而已。

而且，所謂舊觀念也並不限於頑固、保守教士。它所反映的，毋寧是民間意見，包括相當開明、進步民間學者的意見。例如在六十年代出現的新知識份子就認為「居赫御詔」和「商務法典」都不符合帝國實情和真正需要，只是為取悅外國言論而對少數民族和外國商人所作讓步而已。這些意見，當時不少歐洲觀察家也都是贊同的。[20]

另一個根本原因則是改革仍然維繫於蘇丹個人意念，所以缺乏真正穩固政治基礎。像十九年間六度拜相的勒雪，當時公認是最有魄力的維新元老，然而他每次執政卻只有一年乃至幾個月光景，這樣自然不可能認真推行長遠政策。他門下的亞里和富亞在隨後的阿都拉節（Abdulaziz, 1861－1876）朝最初十年間牢牢掌握了大權，局面算是比較穩定。然而相權擴張不但使被排斥在政權以外的知識份子生出反感，而且，這兩位首相一旦相繼辭世（1869－1871），阿都拉節就縱欲揮霍，濫施暴政，把許多改革成果一筆勾銷了。

為了帝國的生存，馬穆把「軍事神權國」的軍事體制摧毀，把宗教—社會體制鎮壓下去，然而，他以蘇丹專權推行改革的企圖卻是失敗的。

19　見前引范譯《現代土耳其的興起》，頁 117。
20　見前引 Mardin, pp. 163-168。

因此，繼任蘇丹被逼進一步改變體制，把權力下放給大臣，以及調整人民與政府之間的關係。這就是「居赫御詔」和 1856 年相類「御詔」的意義。這種改革雖然有必要，但仍然缺乏文化和社會基礎，也未曾考慮到社會後果，所以再一次失敗。更何況，詔令始終只反映君主意志和政綱，並不具有憲法效力。所以 1870 年代中期君主立憲呼聲日高，政治制度的根本改革成為國人注意的焦點。然而，宮廷政治運作並不能改變權力基礎，阿都拉節雖然被廢立，但幾經轉折之後，繼起的蘇丹阿都哈密二世（Abdülhamit II, 1876－1909）終於在短暫的立憲嘗試之後又放逐大臣，解散國會，回到專制的老路上去。這樣，經過五十年（1826－1876）內三次失敗嘗試，大一統皇朝下的憲政改革似乎也走到盡頭了。

當然，將近四十年的「新秩序運動」（1839－1876）並非完全白費，它散播了人權和法治觀念，改進了中央政府結構，在教育和司法領域建立了宗教與俗世體制並行的混合制，在軍事上通過德國協助而大大加速現代化 —— 甚至令帝國軍隊在克里米亞戰爭中有令人驚喜的表現。不過，同樣甚至更重要的，可能是改革的「副產品」：報紙、印刷廠、新式中學、新語法等新生事物，以及它們為帝國孕育的新一代知識份子。土耳其民族的覺醒，是從這一批知識份子開始的。

1865 年夏天，在伊斯坦堡以北約二十來公里，一個稱為布爾格萊德林子（Belgrade Forest）的山谷裏，有六個青年人聚會野餐，商議成立「愛國聯盟」來挽救瓦解中的帝國。他們其中一位同年患病去世，兩位隨後牽涉政變陰謀，其餘三位則寫文章、辦報、辦雜誌，成為活躍知識份子。[21]這其中一位就是深受辛納西影響的那覓‧凱末爾（Namik Kemal），第一位奧圖曼民間政治思想家、評論家，二十世紀初「土耳其青年」（Young

---

21　見前引 Mardin, pp. 10-14。

Turk）革命的前驅。從毀滅舊秩序的「吉祥事變」到這標誌新文化誕生的第一次「奧圖曼青年」（Young Ottoman）聚會，前後只不過四十年，然而帝國改革的主動權已經靜悄悄地從宮中移到城郊，從君主移到大臣，又再移到知識青年身上；改革重心也從軍事、政治轉移到思想、文化領域了。這從個體到群體，從制度到文化的轉變，就是革命行將來臨的朕兆。

原刊《二十一世紀》（香港），第 7 期（1991 年 10 月），第 102－118 頁，嗣收入《站在美妙新世紀的門檻上》（瀋陽：遼寧教育出版社，2002），第 117－143 頁。

毀滅與新生 II：土耳其的浴火重生

> 我們不了解世界，所以吃足苦頭。你們看看，這土耳其和伊斯
> 蘭國度的災難和創傷是多麼的深重鉅大吧！這就是拒絕遵循文明的
> 訓示去提高和改變思想的結果。……文明像一場熊熊烈火，它將
> 焚毀所有不順從的人。
>
> 凱末爾 [1]

　　1918 年 11 月 13 日下午，一位心情沉重的中年將軍風塵僕僕地趕到伊斯坦堡。他在亞洲岸邊海德巴沙（Haydarpaşa）火車站下車時，正好看見長達十哩的英、法、意聯合艦隊魚貫駛過馬爾馬拉海，進入博斯普魯斯海峽。不多時，金角河（The Golden Horn）口已碇泊了黑壓壓的一大片船艦，那森林般的桅桿一時似乎連城上的托卡比皇宮也都要遮蔽了。幾日後，法國將軍艾斯柏希（Franchet d' Esperey）騎在無韁轡的高頭白馬上，率領大軍入城作凱旋巡遊。就這樣，歐洲基督教國家以「征服者」穆罕默德二世同樣的姿態，重臨君士但丁堡，為奧圖曼人四個半世紀的霸業打上句號。[2] 甚至，也要為這些從中亞細亞草原闖到歐洲邊上來的土耳其人的命運作一最後解決 ── 最少，當時以英相勞合喬治（Lloyd

---

1　凱末爾 1925 年 8 月 26 日在 Kastamonu 市政府的講話，此為 M. S. Imece 的記載，
　　見 Vamik D. Volkan and Norman Itzkowitz, *The Immortal Ataturk: A Psychobiography*
　　(Chicago: University of Chicago Press, 1984), p. 254。

2　見 Lord Kinross, *Ataturk: The Rebirth of a Nation* (Nicosia: Rustem & Bros., 1964), pp.
　　134-136 及前引 Volkan and Itzkowitz, p. 110.

George）為代表的大部分西方政治家都這樣想。[3]

這樣一種結果將會是順理成章的事。在當時，帝國海外屬土已喪失殆盡，它的老根據地安那托利亞（Anatolia）則在列強為之撐腰的鄰近民族虎視眈眈下，等待瓜分。至於帝國本身，也是滿目瘡痍：原來執政的革命黨已經完全喪失民心，它的三巨頭畏罪潛逃；在位的蘇丹庸懦無能，一味以討好列強自保為能事；至於頗有名望的凱末爾將軍，雖然兼程趕回京城，奔走於首相、國會議員和蘇丹之間，游說他們採取振作和強硬態度，但人人置若罔聞。這時，整個國家的意志好像已經完全渙散，只是等待命運主宰而已。前此二百年的現代化努力似乎是完全白費了：這屬於中世紀的「軍事神權國」無論如何改造，終將不能逃過滅亡與沉淪的命運。

然而，勞合喬治和整個西方世界都錯了：帝國雖然滅亡，它的民族卻沒有沉淪，也沒有任憑列強宰割處置。大戰結束後短短四年間，土耳其共和國就像火鳳凰一樣在奧圖曼帝國的灰燼中冉冉升起來了。赤手空拳的凱末爾非但組織國民軍打敗入侵的希臘大軍，爭得了土耳其主權與領土的完整，而且毅然掃除帝國舊制，建立起一個世俗化、西方化的共和國。兩百年來可望而不可即的「現代化」好像應驗了「眾裏尋他千百度，驀然回首，那人卻在，燈火闌珊處」那幾句話，在帝國最黑暗，最低沉的時刻，驀地來臨。這突如其來的新生到底是怎麼樣一回事？與其他追求現代化的帝國對照，土耳其民族的經歷顯示了些什麼？這些問題不是本文所能完全回答的，但我們會提出一些初步看法來。

3　一次世界大戰後同盟國的心態在下列著作有深入細緻的分析：David Fromkin, *A Peace to End All Peace: The Fall of the Ottoman Empire and the Creation of the Modern Middle East* (New York: Avon Books, 1989) , Pt. VIII。

一、奧圖曼主義的興衰

　　從十八世紀初開始，奧圖曼帝國為了保持「軍事神權國」的結構，掙扎了足足一個世紀（1716－1826）。「吉祥事變」後，它在大一統帝國的格局下，推行類似自強運動的「新政」和「新秩序」運動。然而經過四十年努力，這顯然也失敗了。因此，帝國被逼再一次走上探索之路，尋求新的體制和立足點。這探索持續了半個世紀（1866－1918），經歷了三個不同階段，但始終未曾脫離「作必要變革，以求維持帝國生存」這可以通稱為「奧圖曼主義」的思想模式。

文化新潮與立憲思想

　　探索的第一個階段，是前後持續了十年（1866－1876）的「奧圖曼青年」（Young Ottoman）運動。[4] 它的主角是前此四十年改革培養出來的新型知識份子。他們出身世家，受過良好傳統教育，通過在翻譯局、外交部之類機構工作而獲得對西方（特別是法國）語言、文化、思想的深入認識；然後，由於不得志於當時狹隘的政治體制，所以轉向報章、雜誌、書刊等新興大眾傳媒發展，成為傳播思想的文學家、評論家、輿論主宰。像這運動的前驅，有巨大影響的《思潮》半周刊創辦人辛納西（Ibrahim Şinasi, 1826－1871），以及它的中堅，辦過《思潮》、《自由》、《伊北列》等多種刊物的那覓·凱末爾（Namik Kemal, 1840－1888），便都是這樣的人物。

　　「奧圖曼青年」是一個有類於「五四」的文化運動：它通過大量翻譯以及新文學創作，掀起了一個白話文運動和一股強烈的新思潮。所謂「白

4　這個運動的闡述和深入剖析見 Şerif Mardin, *The Genesis of Young Ottoman Thought* (Princeton: Princeton University Press, 1962)。

話文」，就是多個世紀以來深受波斯和阿拉伯語影響，充滿陳腐套語的奧圖曼官式語文的簡明化、土耳其化，以求使它成為大眾能夠了解和自由運用的傳播工具；[5] 所謂新思潮，就是大量西方觀念，諸如「祖國」、「自由」、「權利」、「公民」等等的輸入和應用，以及一種務實、開放、求新知、求進步的心態之形成。而這運動最重要的一個意義就是：將文化與政治議論從宗教與政府的獨佔解放出來，成為民間所關心，所參與的事。

同時，「奧圖曼青年」也是一個政治運動。它的中心思想由那覓‧凱末爾發揮得最為透徹，而大致上可以用「從伊斯蘭經典找尋西方政治思想的根據，以憲法與國會節制中央政權，特別是相權」這兩點來概括。這思想背後的一個假定（或更應說希望）是：只要帝國政治架構公正、合理，那麼它就能贏得治下各個不同民族的忠誠與擁護。因此，要維護帝國，最根本的途徑是立憲——這就是「奧圖曼主義」的中心思想。在實際行動上，「奧圖曼青年」的策略是以政變方式廢黜貪墨縱恣的在位蘇丹，另行扶植能夠實行他們理想的賢君。這希望在 1876 年阿都拉節被廢，阿都哈密二世（Abdülhamit II, 1876－1909）登基，並且宣佈立憲和召開國會時似乎實現了。然而，經過不足兩年的試驗，阿都哈密就決定放逐大臣、解散國會、廢止憲法，走回全面獨裁的舊路上去。

倘若將「奧圖曼青年」運動和中國 1894－1911 年的維新與革命運動相比，前者顯然溫馴保守得多了。它令人失望的結局，也許可以大大減少我們對「百日維新」以及 1905 年憲政運動失敗的扼腕與慨歎吧。

5　奧圖曼語基本上是深受波斯語與阿拉伯語影響，並且以阿拉伯字母拼寫的土耳其語。由於受到外來語和外來文化的全面和長期影響，它在脫離大眾這一問題上的嚴重性比中國的文言文有過之而無不及。帝國內最早的白話文運動其實在 1840 年代開始，當時是由於要使大量士兵受正規教育而發現有此需要的。

獨裁下的改革

　　阿都哈密在警衛森嚴的伊迪茲皇宮（Yildiz Palace）以獨裁獨斷的方式統治帝國凡三十年（1878－1908）之久，這是探索的第二個階段。[6] 在這階段，不僅新思潮和憲制被全面否定，甚至早期由大臣推動的「新秩序運動」乃至最早期由馬穆二世親自推行的新政，也都間接受到質疑，因為阿都哈密不信任大臣，而且着意培植宗教勢力，用它來對抗新思潮。儘管如此，阿都哈密卻並非單純的暴君，而仍然是一位改革家。他清楚了解帝國非改革無以求進步，非進步無以求生存的道理。只是他認為，在國勢危殆時，任由大臣擅權或國會議論紛紛，那徒然造成混亂，於事無補，因此當務之急是集中權力，穩定大局，以求長期有系統地推行實務建設。[7]　由此生出了他的「政治上厲行鎮壓，文化上利用傳統，實務上仿效西方」這三點指導思想。這是自相矛盾的文化、經濟、政治分別對待主義，它在理念上雖似可笑，實際上卻亦有相當成功的一面。

　　哈密的鎮壓手法和早半世紀的俄皇尼古拉斯一世如出一轍：把權力集中到皇帝親自掌管的官僚機構；以特務系統和檢查制度威嚇人民、箝制言論；以監禁、流放、收買、分化等手段對付國內外異己份子，等等。而利用傳統，辦法亦相類似：以宗教儀式堅定人心；以經費扶植教士和教會學校；以阿拉伯語和伊斯蘭文化對抗西方觀念；甚至大量起用

6　有關這段歷史見 M. Şükrü Hanioğlu, *A Brief History of the Late Ottoman Empire* (Princeton University Press 2008), Ch. 5。

7　阿都哈密轉向獨裁有多重重要誘因，例如他以前的兩位蘇丹在一年內相繼被廢黜；大臣密赫的強硬政策引致災難性的土俄戰爭，以及密赫和國會都不肯合作通過他整頓財政的方案，等等。但他親自掌握大權後性格亦逐漸變成極端疑忌、孤獨。見 Stanford J. Shaw and Ezel K. Shaw, *History of the Ottoman Empire and Modern Turkey* (Cambridge University Press, 1976), Vol.2, Ch. 3; Reşat Kasaba, ed., *The Cambridge History of Turkey*, Vol. 4, *Turkey in the Modern World* (Cambridge University Press, 2008), Ch. 3; Carter Vaughn Findley, *Turkey, Islam, Nationalism, and Modernity: A History, 1789-2007* (New Haven: Yale University Press, 2010), Ch. 3。

中東和阿拉伯人，抵消巴爾幹人勢力。這一套以維護傳統和鞏固皇權為
前提的嚴密部署，自然激起知識份子的強烈反感，但卻贏得下層民眾擁
護，造成穩定局面，為種種務實工作創造了條件。這些工作包括：全面
整頓財政系統；重建軍隊和軍事裝備；興建公路、鐵道、電報等交通和
通訊網；以種種措施促進農業和工商業；大力發展教育，特別是中等和
專科教育，等等。無可否認，這一切為帝國帶來了進步最迅速、最穩定
的三十年。然而，進步本身就包藏着令獨裁政權崩潰的種子，只不過它
的發芽、滋長比較緩慢而已。

土耳其青年革命

　　1908 年 6 月初，帝國西端馬其頓山區的第三軍士兵發生了那幾年間
常有的騷亂。伊斯坦堡照例派出調查官和密探處理，但騷動並不止息，
反而擴大。7 月 7 日欽差大臣沈師（Şemsi Paşa）在光天化日之下遇刺身
亡，跟着軍中不斷有人呼籲恢復行憲。這時阿都哈密慌了手腳，急忙派
遣親信部隊前往平亂，但一切都太晚了：部隊運抵撒羅尼加（Salonika）
之後反而投向亂軍，馬其頓各城鎮紛紛起義。到 7 月 24 日蘇丹認清大勢
已去，自動宣佈恢復 1876 年憲法，並即召開國會。這便是事先毫無朕兆
的所謂「土耳其青年」（Young Turk）革命，它不但對自以為穩如泰山的
蘇丹以及耳目靈便的歐洲各國使節是個晴天霹靂，即使對革命黨人本身
也完全出乎意料之外。

　　「土耳其青年」究竟是誰？他們不再是帝國精英分化的產物，也再沒
有任何家世憑藉，而是教育普及之後，從下層群眾湧現的愛國志士。他
們全是新式中學和專科學院教育的產物，並且有相當一部分是土俄戰爭
後帝國被迫割讓大幅領土而產生的流民，所以危機感特別深切。這些青
年人在 1889 年所組織的最早秘密愛國團體稱為「聯進會」（Committee of

Union and Progress，簡稱 CUP），這便是 1908 年同名革命黨的前身。[8]

這一股新興力量的蓬勃發展有三個因素：第一，隨着教育和經濟發展，帝國內出現大量書籍、報刊。它們以文學創作、科學論述、百科全書等非政治形式把新思想、新事物介紹給大眾；同時政治上的保守與開明之爭投射到文化層面，形成以國粹、宗教、阿拉伯文化為一方，物質主義、自然主義、俗世主義、自由主義、西方文化等為另一方的鬥爭。保守派在文化論爭中的徹底失敗為革命思想的散播提供了最好機會。[9]第二，他們從歐洲秘密會社特別是「共濟會」（Free Masons）革命黨人學會建立嚴密組織。它以隱秘的「中央委員會」為核心，聯繫着許多獨立小組，群眾運動因而獲得了靈活的指揮和擴展方式。第三，革命黨在九十年代數次起事失敗後，一部分黨員流亡到巴黎，在那裏辦報（其中以里查 Ahmet Riza 的《諮議》最悠久和重要）、開會、發表宣言；另一部分則分散到安納托利亞各地，繼續宣揚革命，革命種子由是到處散播生長。待得它在遠離首都的第三軍中下級士兵間生根之後，很快就成為不可抑止的力量。[10]

聯進會雖然是獨裁和高壓下產生的秘密革命團體，然而它的目標卻極之溫和保守，和同時代的俄國社會黨或中國革命黨恰成強烈對比。他們所要求的，始終不過是恢復 1876 年憲法與召開國會而已！而蘇丹哈

8　1908 年「聯進會」在巴爾幹山區門那斯狄（Monastir）的起事是由一個會中的下級軍官無意中被識破而引起的，當時第三軍之中的聯進會成立僅兩年。因此事變成功後它完全沒有執政準備。

9　對此下列著作有極詳細的論述：Niyazi Berkes, *The Development of Secularism in Turkey* (Montreal: McGill University Press, 1964)。

10　「聯進會」早年發展的詳情見 M. Şükrü Hanioğlu, *The Young Turks in Opposition* (Oxford: Oxford University Press, 1995) 以及 Ernest E. Ramsaur Jr., *The Young Turks: Prelude to the Revolution of 1908* (Princeton: Princeton University Press, 1957)；此外並見昝濤：《現代國家與民族建構：20 世紀前期土耳其民族主義研究》（北京：三聯書店，2011）。

密被逼照辦之後，他們就積極競選去了。甚至翌年發生保守勢力政變，第三軍被逼入京平亂之後，聯進會的反應也僅僅止於廢黜哈密，另立新君，以及修憲限制君權而已。這樣，通過有點與光榮革命相類似的方式，聯進會把帝國帶進了憲政時期。

憲政與災難

令人慨歎的是，兩代愛國志士歷四十年努力爭取到的憲政，不但沒有帶來富強，反而將帝國引向災難深淵。這意外結果其實不難理解：第一，發揮憲政優點的妥協與制衡機制不可能在短期建立；第二，在當時極度危急的國際情勢下，帝國需要的是決斷，而非猶疑與爭論；第三，聯進會揭櫫的「奧圖曼主義」（Ottomanism）太脫離巴爾幹民族主義高漲的現實，可說只是一廂情願的幻想。

在憲政前半段，即 1909－1913 年四年間，聯進會佔了國會中的絕大多數，但他們的政策則是以謙讓態度，尋求與軍政元老以及其他黨派合作，組織聯合政府。可惜這政策並不成功：它徒然造成不斷的人事傾軋和政策搖擺，引致巴爾幹民族主義份子乘時崛起，發動兩次猛烈戰爭（1912－1913），使帝國喪失巴爾幹半島和馬其頓地區，由是徹底埋葬了以帝國為本的奧圖曼主義；以民族為中心的「土耳其主義」（Turkism）轉而成為革命黨人的指導思想。在內憂外患交迫下，以安伐（Enver Paşa, 1881－1922）為首的少壯派終於再次發動政變，用非常手段逼迫蘇丹讓多數黨組織政府，由是證實了憲政和聯合政府政策的失敗。此後五年（1913－1918）聯進會毅然負起領導政府的全責，由是演變成革命黨專政的局面。[11] 但收攬大權之後，聯進會立刻犯了一個致命錯誤，即決定投向

11　這段歷史見 Feroz Ahmad, *The Young Turks: The Committee of Union and Progress in Turkish Politics 1908-1914* (Oxford: Clarendon Press, 1969)。

德、奧陣營，參加第一次世界大戰。這部分固然是英法拒絕與帝國修好結盟所致，但急躁與好大喜功的安伐將軍念念不忘重振軍威，沉醉於恢復舊日版圖的迷夢，也未始沒有相當關係。鼓動土耳其民族凡四百年的尚武精神，直到此時仍然在發生作用，而且是災難性作用。

另一方面，在這五年間，聯進會的內政卻是踏實和成功的。這主要是深受涂爾幹（Émile Durkheim）影響的思想家和社會學家居卡爾（Ziya Gökalp, 1876－1924）的功勞。居卡爾曾因參加革命入獄，其後歸家閉門，潛心鑽研西方社會學與心理學凡九年，革命成功後始進入聯進會核心。[12] 在黨內巨頭泰勒（Mehmet Talat, 1874－1921）支持下，他大力推動結束上一世紀俗世和宗教司法、教育系統並存的混亂局面，將教士掌握的社會功能收編入政府系統內，推動民法的世俗化，提高女權。同時，他又致力於土耳其民俗、歷史、美術、故事的研究與傳播，和建立宣揚民族主義的全國性通俗教育組織「土耳其之家」（Türk Ocâgr），以求喚起大眾的文化與民族自覺。這樣，在大戰炮火連天之中，革命黨中的實幹家不聲不響地落實了哈密王朝時期醞釀的世俗化思想，為「土耳其主義」鋪平了道路。[13]

但無論如何，作為帝國探索出路的最終階段，憲制和聯進會也終歸失敗了。然而，結束帝國六百年歷史的，卻並非盟軍，也不是在盟國鼓勵下入侵的希臘大軍，而是土耳其人自己。這和一百年前毀滅近衞軍團的不是基督教國家軍隊而是它名義上的效忠對象蘇丹如出一轍。

---

12 居卡爾的事蹟與著作見 Uriel Heyd, *Foundations of Turkish Nationalism: The Life and Teachings of Ziya Gökalp* (London: Luzac & Harvill, 1905) 以及 Ziya Gökalp, *Turkish Nationalism and Western Civilization: Selected Essays of Ziya Gökalp*. Niyazi Berkes, transl. & ed. (Westport, Conn: Greenwood Press, 1959)，特別是該書第一章所載自傳。

13 見前引 Shaw and Shaw, Vol. 2, pp. 306-308。

二、凱末爾的新威權體制

　　1919 年 5 月 16 日晚上，在他回到伊京之後剛好半年，也是希臘軍隊在盟軍慫恿下入侵土耳其翌日，凱末爾避過海關檢查，搭上一艘名為 Bandirma 的貨輪。三日後，他帶着幾個隨員，打着巧妙游說得來的「安納托利亞軍隊巡查使」名號，到達了安納托利亞東北岸的森松（Samsun）港。[14] 這就是土耳其三年民族獨立戰爭和十年國家、文化重建運動的起點。它所引發的，不復是維新改革，而是土耳其民族對整部帝國歷史、整個奧圖曼文化的重估與清汰，是一場有如俄國 1917 年或中國 1949 年革命那樣翻天覆地的大變動。

命運的樞紐

　　穆斯塔法・凱末爾（Mustafa Kemal, 1881－1938）像聯進會許多中堅份子一樣，都是同一圈子裏的傑出少壯軍官──其實，他還算是聯進會創始人之一。然而他個性耿介，不肯唯諾附眾，所以前半生飽受壓抑、排擠。第一次世界大戰期間，他奉命負責防守韃韃尼爾海峽，經過一年浴血奮戰，擊退數十萬英法聯軍，令英國海軍大臣邱吉爾（Winston Churchill）掛冠，但這樣的功勳也未能改變聯進會對他的敵視。[15] 倘非1918 年全國陷於癱瘓無主狀態，綽號「灰狼」的凱末爾恐怕是絕難有機會在保守、朋黨結連的奧圖曼社會脫穎而出，暢行其志的。

　　到達安納托利亞東部之後，凱末爾和四位同謀密友勞夫（Hüseyin

14　前引 Volkan & Itzkowitz, Ch. 11 對這段極關鍵而又充滿戲劇性的經過有詳細記載與分析。

15　然而土耳其歷史學者頗有認為他在 1919 年以前的種種事跡（例如 1909 年 4 月他「負責」帶領第三軍入京平亂的事）被過分誇大渲染，多不足為憑。此點承博斯普魯斯大學歷史系教授 Zafer Toprak 告知。

Rauf）、富阿（Ali Fuat）、拉法（Refet Bele）及卡拉貝克將軍（Kazim Karabekir）等所採取的策略，第一步就是以本地土耳其人成立的「權利保障協會」為基礎，連續在伊塞隆（Erzurum）和施瓦斯（Sivas）召開代表大會（Congress），成立協會的常務組織，發表保衛國土完整和主權獨立的宣言。這表面上只不過是擴張地方勢力的舉動，它真正的意義則是：在伊斯坦堡的帝國政統之外，另外建立一個紮根於安納托利亞，並且以當地民眾為基礎的政治實體。

第二步，則是利用伊京國會爭取政治合法性。在東部「代表會」宣傳、游說下，國會推翻了已經秘密應允接受英國託管的政府。同時，在國會改選後，被國民份子控制的新國會在 1920 年 2 月突然正式通過以《施瓦斯宣言》為藍本的「國民公約」（National Pact），確定民族自決和領土完整兩大原則。這戲劇性發展逼使憤怒而尷尬的英軍全面佔領伊京，強行解散國會，並逮捕與流放議員，由是完全摧毀了蘇丹傀儡政府的合法性。同年 4 月，東部名正言順地召開了由 106 位脫逃的原議員以及 232 位新選議員組成的「國民大會」（The Grand National Assembly），選出大會主席、國務會議總統（President）（凱末爾僅以一票之微險勝對手當選）以及各部部長，組成代表全民行使主權的「國民政府」。[16]

同盟國這時一面脅迫蘇丹簽訂喪權辱國的西瓦斯（Sévres）條約，一面鼓勵入侵的希臘軍東進，對抗焦點因而從政治轉向軍事。我們在這裏

---

16 凱末爾和他的同謀者在 1919－1923 年間建立國民政府的經過，以下列博士論文描述最詳盡：Elaine D. Smith, *Turkey: Origin of the Kemalist Movement and the Government of the Grand National Assembly (1919-1923)* (Washington, D.C.: Judd & Detweiler, 1959)；但有關策略的分析則以前引 Volkan and Itzkowitz 較有深度；至於凱末爾的建國方略則見 Donald E. Webster, *The Turkey of Ataturk: Social Process in the Turkish Reformation* (Philadelphia: The American Academy of Political and Social Science, 1939)；Eleanor Bisbee, *The New Turks: Pioneers of the Republic 1920-50* (Philadelphia: Pennsylvania University Press, 1951)。

自不必詳細敘述其後兩年間（1920－1922）凱末爾和他的得力副手伊茲梅（Izmet，後改名伊嫩努 Inönü）指揮國民軍奮勇遏止希臘大軍挺進，然後在鄧魯平那（Dumlupinar）一役將之徹底擊潰的經過。值得注意的是，在這期間，由於軍事和外交上的迫切需要，凱末爾權力日增：他不但是總統和相當於執政黨的「權利保障協會」主席，而且更憑巧妙的政治手腕，獲國會委任為「全權總司令」，可說是集黨、政、軍大權於一身。亦正由此，他得以壓制國會內各種不同主張，堅持自己的軍事判斷和小心部署，在適當時機傾力一擊，獲得對希臘戰爭的決定性勝利。

共和國的出現

勝利來臨後，凱末爾成為全國崇拜的英雄，權力更加鞏固不可動搖。他的親密戰友這時勸他蹈高引退，成為超乎實際政治的領袖，讓民主自由發展。他卻決志避免重蹈聯進會的覆轍，要利用這難得的威望與權力來完成自己的使命。在具有無比信心的凱末爾看來，奧圖曼歷史就是土耳其民族墜落與迷失於阿拉伯和波斯中古習俗、心態的歷史，他自己的使命就是淨化這民族，改造這國家，使它成為現代文明的一部分。[17]

改造第一步，是廢除已經有六百年歷史的蘇丹。今日看來似乎順理成章的這一步，當日在國會中卻引起了軒然大波，不但辯論爭持不決，甚至國民運動中堅份子也不表支持。最後凱末爾只有訴之於恫嚇，宣稱主權和大位不是由學理或論辯決定，而是由武力決定的；奧斯曼子孫既用武力盜竊主權，人民現在亦正好以武力奪回，倘若國會不能看見這一點，那麼真理自會彰顯，但恐不免要人頭落地，等等。在這樣的脅逼

17　凱末爾的個性與心理，特別是他的自戀傾向、伊底帕斯情結以及與眾多女性的關係，是和他的英雄主義與救世心態有密切關係的。前引 Volkan & Itzkowitz 是一部心理傳記，對此有詳細分析，其中第 19 章 "The Sultan, the Mother, and the Oedipal Son" 尤其值得注意。

下，國會終於順從了，而日暮途窮的穆罕默德六世亦只好倉惶出走，這是 1922 年 11 月間的事。

　　1923 年是建國運動的關鍵時刻。凱末爾一方面支持戰友伊茲梅與同盟國談判，爭取實現「國民公約」的要求；另一方面則組織自任黨魁的「人民黨」（後來改稱「共和人民黨」），積極參加國會改選。到秋間這兩項目標都達到了：7 月的洛桑條約承認了土耳其當時實際控制，包括東色雷斯（Thrace）在內的疆界，治外法權撤消了，10 月初外國軍隊撤離伊斯坦堡；在 9 月的選舉中，人民黨囊括了絕大部分議席。

　　改造第二步，是確立國體。然而，到這個時刻國會議員仍然議論紛紛，有認為凱末爾應自立為蘇丹的，有主張伊斯蘭教主「加里發」（Caliph）應當是法定大總統的，總之都還脫離不了「國不可無君」的思想。凱末爾對說服黨內這些頑固的議員並無把握；況且，議員中已經以自由主義和君憲主義者亦即他昔日盟友勞夫和富阿為中心，開始形成反對圈子。因此，他只好製造內閣危機，然後突如其來地，把確定共和政體以及大總統制的新憲法先後交付人民黨和國會，以閃電方式通過，並且，在沒有對手的情況下立即當選大總統。就這樣，在 1923 年 10 月底，共和體制終於勉強建立起來。

　　然而，戰鬥並未結束。廢除蘇丹的時候，凱末爾仍須另立阿都默節二世為加里法；制定共和的時候，他又被逼接受在憲法中申明土耳其是伊斯蘭國家。因此國內外的宗教勢力仍然環繞阿都默節的地位、特權以及加里法制度的本質等問題議論紛紛，希望重新建立一種神權體制。再一次，凱末爾抓住了國外過火宣傳引起的反應，以迅雷不及掩耳的行動，將廢除加里法和一連串相關的法案提交人民黨內部會議以及國會，在一片激動、混亂之中強行令其通過。這是改造的第三步，也是對傳統體制致命的一擊：加里法、教長（*Sheikulislam*）、聖法（*Şeriat*）、宗教事務部、宗教法庭、宗教基金（*Vakif*）、宗教學院（*Medresses*）等等，

全被廢除或沒收，整個伊斯蘭體制都被摧毀。這是 1924 年 3 月初的事，
上距「吉祥事變」，差兩年剛是整一個世紀。

馬穆二世為了「軍事神權國」的革新而被迫摧毀它的近衞軍團；百
年後凱末爾為了民族的新生，被迫再次摧毀帝國剩下的其他兩根支柱：
蘇丹和伊斯蘭體制。他們從前人多次失敗所取得的教訓是相同的：必須
透過毀滅才能獲得新生。

威權政治與新文化

在上述締造俗世化（secular）共和國的過程中，凱末爾被迫逐步和從
前的親密戰友分裂，轉而倚靠另一批更崇信他，見解也更一致的政治盟
友：伊茲梅、法蒂（Ali Fethi）、賽伊德（Seyyit，司法部長）、居卡爾。
由於他的激進主張即使在人民黨內也居於少數，所以逐漸就發展出一種
獨特的威權政治來。這威權並非建立在強暴手段或者有系統的意識形態
之上，而是一種結合魅力領袖與政黨力量的槓桿式控制，即以凱末爾個
人的威望、決斷、理想來領導核心份子，然後通過他與核心的合作控制
執政黨，再以黨控制國會和國家。這與開放政治或自由、民主精神相去
甚遠，然而它的實施卻始終遵循西方議會程序及司法制度，所以它和獨
裁或極權政治其實又不一樣。

在這威權政治的基礎上，凱末爾用了大約十年（1924－1934）來貫
徹他深切的社會與文化革命。[18] 這包括提倡西式服飾、飲食、習俗等等，
但最重要的，則是廢除伊斯蘭的國教地位（1928）；明令一年內以拉丁
字母完全取代阿拉伯字母（1928－1929）；將《可蘭經》翻譯成土耳其文
（1931）；提高婦女的社會和政治地位（1926－1934）；以及強迫使用姓

18　據博斯普魯斯大學歷史系教授 Zafer Toprak 的意見，他這些政策的思想基礎毫無疑
　　問都是來自聯進會和居卡爾。

氏，廢除舊式尊稱（1934）這幾項重大措施。同時，在文化上，則大力
推動土耳其主義，這包括刪除阿拉伯和波斯詞彙、語法，重建純淨土耳
其語；以新觀點研究民族歷史；發掘土耳其歌謠、故事，並且通過各種
學術組織以及各地的成人教育和文娛中心加以宣揚、推廣。這土耳其化
運動大體上相當成功，是能夠配合共和人民黨推行政綱和發展基層組織
之需要的。

　　以少數革命先鋒的意志與力量來全盤改造一個保守、落後、交通困
難的國家，自然會遭到各種反抗。同時，早期革命元老也曾在國會內組
織反對黨，希望以友好姿態監督執政黨。在威權體制下，這些對抗力量
雖然好像微弱，然而凱末爾深知槓桿式控制的脆弱，所以不敢掉以輕
心，因此都雷厲風行（雖然並不殘酷，更談不上血腥）把它們鎮壓下去。
他的敏感不無道理：為了試驗民主，他在 1930 年鼓勵成立一個被認可
的反對黨 ——「自由黨」。結果，它意料之外的成功，使所有人都大為
震驚，三個月後這黨終於因為引起群眾暴動不得不自行解散。此後十六
年間，共和人民黨始終牢牢掌握政權，再也不敢放鬆。1938 年 11 月 10
日，在奮鬥了整整二十年之後，凱末爾與他一手創建的土耳其共和國長
辭。他生前即被尊為「土耳其之父」（Atatürk），這自然是表示崇敬、仰
慕之意。但它也可以有更深切的意義：因為，用存在主義的語言來說，
他正就是把那個「哭着、喊着、掙扎着、老大不願意」的土耳其民族「強
行拖進現代世界」的人。

三、從威權走向民主

　　土耳其建國甫告底成，世界便又陷入風暴，大蕭條、法西斯主義、
國際共產主義及第二次世界大戰接踵而來。這回，凱末爾和繼承他的依

嫩努深深記取了馬穆與安伐的前車之鑒，堅決抵擋所有收復帝國失地（Irredentism）、接受極權意識形態、或者加入任何軍事同盟的誘惑，從而在武裝中立的政策下，帶領他們辛苦建立的共和國安然渡過 1939－1945 年這充滿危險和艱苦的六年。

但大戰結束後，如何從「保國」走向發展，從一黨專政走向多黨競爭，就立即成為主要課題了。這一轉變有三個誘因：第一，由於戰時須大量動員以維持防衞性中立（這政策一直維持到大戰結束前半年），經濟非常艱苦，由是產生了對國營經濟政策的疑問，以及執政黨內反對力量的出現。第二，由於蘇聯不斷就東部領土和海峽問題向土耳其施加壓力，所以戰爭末期它被迫投向西方陣營，戰後更因為參加馬歇爾計劃，接受軍事和經濟援助，而受到美國政治壓力。[19] 第三，在伊嫩努的領導下，共和人民黨的確有意貫徹凱末爾原來追求民主的理想。所以，執政黨在 1946 年開放選舉，允許新出現的民主黨公開活動，並且在 1950 年第二次大選大敗之後，毅然自動交出政權，讓民主黨代而執政。這難得的轉變固然受外在形勢影響，但自亞都默節朝的勒雪（Mustafa Reşit）以來，一個多世紀間自由主義及憲制思想對土耳其知識份子，包括凱末爾的深厚影響，當是主要因素。

可是單憑這種思想背景和主觀願望，甚至加上聯進會時代的短暫實踐經驗，並不足以將土耳其從精英統治順利引導到民主和開放政治。因此，在過去四十年間（1950－1990），土耳其又走過了相當曲折和崎嶇的路程，才達到目前的小康狀況：即人均產值每年約 1600 美元（據 1989 及 1990 年資料推算；這是中等國家水平），政治上雖然仍有許多限制，但基本上處於自由、民主和穩定的狀況。在這四十年間，土耳其所面對

19　見 Richard Robinson, *The First Turkish Republic: A Case Study in National Development* (Cambridge, Mass: Harvard University Press, 1963), pp. 137-141。

的政治問題主要來自三個方面：第一，政治上，在 1922－1950 年間被人民黨強力壓制的各種社會力量，特別是社會主義和伊斯蘭教這一左一右兩種極端勢力，乘時崛起，不斷釀成暴亂，威脅顛覆國體。第二，經濟上，高速經濟成長和通脹壓力二者的矛盾，以及城市與農村之間的利益衝突，始終難以解決。第三，體制上，國家控制力量與自由、人權保障的平衡點，以及政治權力的適當分配與制衡方式，都不易決定。總的來說，由於政治制度和社會的不成熟，一直到八十年代初，土耳其都還無法在憲政體制以內解決這三類問題，因此一再出現社會秩序崩潰，招致軍人以「護國者」姿態出面干預，並從頭建立新政體的嘗試。我們可以說，在二十世紀絕大部分時間，土耳其政治始終是在一個開明、寬仁但必要時會採取嚴厲矯正措施的軍權監督下摸索進步的。[20]

在凱末爾時代，開放政治只有人民黨內部分裂出來的進步黨（1924－1925）和他自己炮製的自由黨（1930）這兩次曇花一現的嘗試。它真正的起點是 1950 年民主黨（也是由人民黨內部分裂出來）在選舉中以大比數獲勝，從開明的人民黨魁伊嫩努手中接收政權。民主黨以自由經濟政策以及開放、寬容的宗教政策獲得民眾熱烈擁護，同時也促成了大幅度的經濟增長。但執政大約五年之後，它就出現了問題。第一，它無法應付由高速增長造成的惡性通貨膨脹；更嚴重的是，它開始壓制言論，非法逮捕反對黨議員，大批更換公務員、法官、軍隊將領，企圖長期壟斷政權。這同時引起了知識份子的激烈反抗。結果，這第一階段的民主嘗試，以 1960 年少壯軍人政變而結束。

除了清除和懲罰民主黨的罪魁以外，軍人政府最重要的成果是召集

---

20 對土耳其近四十年間三次政變，以下兩部著作有詳細分析：C. H. Dodd, *The Crisis of Turkish Democracy* (Hull: Eothen Press, 1990)；M. Heper and A. Evin, ed., *State, Democracy and the Military: Turkey in the 1980's* (Berlin: Gruyter, 1988)。

有廣泛代表性的制憲大會，訂定了一部由全民表決通過的新憲法。它糾正了 1924 年憲法（這可說是凱末爾為適應革命形勢而訂定的）將立法、行政等一切大權集中於完全不受約束的「國民大會」的弊病，即規定設立上議院、憲法法庭等制衡機構，並且增加了保障自由、人權、社會權利，以及高等教育自主的條款，以求促進和保障社會自由與多元競爭。

　　然而，多元競爭並不一定能保證進步。在 1961－1981 年這二十年間，土耳其的基本問題就是多元競爭造成政治意志癱瘓及社會秩序解體。政治癱瘓的具體表現是，中間偏左的共和人民黨與較保守的正義黨（Justice Party，其實是民主黨的後身）這兩個主要黨派長期無法取得多數黨地位，必須通過與其他持極端主張的小黨（例如左翼的「革命工會聯盟」DISK，反西方的伊斯蘭組織「救國黨」，反共的「國家行動黨」等等）聯合才能執政。政府因此陷溺於政治角逐之中，不但不能推行有力的經濟、社會政策，甚至連嚴重的社會問題也不能解決。這樣，就助長了左、右兩方極端份子訴諸暴力、暗殺、恐怖手段以推行主張的傾向。

　　軍人因此在 1971－1973 年再度干政，強迫各黨接受非黨派的聯合政府執政。但這並不能解決政治體制中的根本問題，那就是在經濟急促發展和社會結構產生重大變革時，一個沒有威權的政府無從維持秩序。這樣，日益惡化的大規模暗殺和暴力事件至終再迫使軍隊在 1980 年第三度干政。它通過由軍事領袖組織的「國家安全委員會」實施強硬軍事統治，壓制暴亂，前後凡三年之久，一直到頒佈了再度制定的新憲法，才將政權交回民選政府，但首任總統仍規定由軍人領袖安伐倫（Ahmet Kenan Evren）擔任。新憲法的特色是再一次增強總統和政府的權力，並且對政黨的組織和活動加以周密控制。換言之，它是對 1961 年自由憲法的一個修正：小心平衡多元競爭與國家穩定這兩個不同要求，可以說是這第三部憲法的特色。顯然，它比 1924 年和 1961 年兩部憲法更成熟了。

　　但土耳其的憲制和社會問題是否就已經永久解決了？今天，它是相

當繁榮（但通貨膨脹達到每年 70%！）、開放、穩定的，也沒有再次發生政變或憲制危機的跡象。但它畢竟仍然是一個社會（這其中依然潛伏着強烈的伊斯蘭情緒）與國家意識形態（即由憲法規定的世俗主義）之間存有巨大鴻溝的國家。從長遠說，危機是否會再現，委實難以逆料。

四、現代化的兩面：改良與激進

　　回顧長達三個世紀的奧圖曼和土耳其變革史，我們可以清楚見到這麼一個突出現象：虔奉伊斯蘭教的奧圖曼人雖然一再受到西方猛烈衝擊，但總企圖以最保守的態度來作最低限度的必要改良。然而，點滴改良始終趕不上時代和形勢需要，因此終於逼出威權領袖，以果敢、獨斷的態度實行激進變革，以求擺脫困境，令國家進入新階段。毀滅近衞軍團，將「軍事神權」改造為大一統帝國的馬穆如是；毀滅帝國，創造土耳其共和國的凱末爾亦如是。他們都自視為能夠代表整個民族，作出這種扭轉乾坤的歷史性抉擇的人。

　　換言之，在急速現代化的要求驅策下，保守改良措施不能代替激進的整體變革，而只能成為後者的準備階段；反過來說，激進變革亦不可能解決所有問題：在它創造的新形勢之下，自然產生另一系列改良運動。在這個模式中，「改良」與「激進」不復是現代化過程中兩種可以自由選擇的策略，而成為變革中互相關連，有密切啟承關係的兩個階段。借用庫恩（Thomas Kuhn）的語言（它描述社會現象比科學現象恰當得多）來說，改良是在既定典範下運作的常態，激進變革則是創造新政治典範的非常態，兩者的交替出現由其內在條件與動力決定，並非當事人所得自由選擇。

　　上面這個模式在奧圖曼歷史中表現得十分明顯：十八世紀的五次改

良失敗促成馬穆的激變，這激變啟動十九世紀的多次維新運動；後者的一再失敗促成凱末爾的整體革命，革命轉而引出了二十世紀下半的民主化歷程。這整個過程在本文已經詳細論證了。但這個模式對其他國家又怎樣，它仍有意義嗎？這問題並非本文所能究及，但我們可以在此作一些簡略的觀察，以顯示奧圖曼例子更廣泛的意義所在。

第一，大部分現代國家似乎都曾經歷過激進、劇變的階段，這是應當正視的。例如被認為溫和改良典範的英國，在和平的光榮革命背後，就有長達二十年極端激進的清教徒革命以及將皇帝經過正式審判而斬首的史實。這是一段英國人後來長期認為「不光榮」的歷史，但正是由於它樹立的先例，才會有「1660 年之事是國會所代表各階層的復辟，更甚於是皇上的復辟」的現象；亦正因此，斯圖亞（Stuart）皇朝復辟後，代表紳權的下議院才能夠繼續掌握軍權和財權，為光榮革命奠定基礎。[21]

另一個被視為改良典範的例子是日本，這可能因為明治維新是以天皇名義頒佈和實施的緣故。然而，明治維新其實是以長州藩發動下級武士政變，控制藩主（1865），以及倒幕諸藩的武士在京師發動政變，控制御前會議為關鍵；[22] 倒幕成功後，新政府在短短五六年間完全摧毀了整個原有政治和社會體制，建立高度集權以及尋求全面引進西方體制與文化的中央政府。因此，明治維新和凱末爾革命一樣，是徹頭徹尾的激進變革。由於它保存了天皇這符號，並且變革成功，沒有引起長期動亂，因此往往被視為是與法、俄、中諸國的革命迥不相同的「改良」。但這看法是忽視激進、革命、改良這些詞語原有涵義的。

21　見 Christopher Hill, *The Century of Revolution, 1603-1714* (Edinburgh: Nelson & Sons, 1961), p. 222 以及 Ch. 14。

22　長州藩的政變和由政變而成立的中央集權政府模式可視為整個明治維新的模式，見 W. G. Beastly, *The Meiji Restoration* (Stanford: Stanford University Press, 1972), pp. 232-235。

　　第二，法國、俄國和中國的激進思想與變革往往被視為後來出現威權政治的根由。這看法可以從日本和土耳其的例子得到印證。但這兩個例子也正好說明，在現代化過程中，激進和威權政治往往是必要的，而且它們並不一定導致惡劣後果。單單由於激進變革在前三個國家的明顯失敗就直接或間接全盤否定它並不合理。[23] 其實，真正的問題並不在於「激進」，而是在它的實質內容和施行方式。說得更具體一點，也許它之成功與否，端視乎它是否從切實的目標出發，並且不斷根據實施結果修正；抑或是單純根據理論、理想推行，不顧及實際後果。例如凱末爾在 1925 年也曾建立一個具有掌握人民生殺大權的「獨立裁判庭」（Independence Tribunal），以作為鎮壓庫德族暴動和（包括大量顯赫政治領袖的）反對勢力的工具，弄得國內風聲鶴唳，一時頗有法國「大恐怖」時期味道。然而兩年之後，局面一旦穩定下來，他就撤銷這機構，回到正常的法治途徑上去了。

　　第三，我們必須承認，理想與實際的界線難以確定，「改良」有明確準則可依循，「激進」則不可避免是帶有未知成分，也需要創造能力的一個「跳躍」。這「跳躍」是成功抑或失敗，事後大體可以判斷，但到底是否「正確」，則難以斷言。這一點可以用下列對凱末爾革命的反思說明。

　　凱末爾整體改造土耳其社會、政治與文化的做法，在 1922－1924 年那幾年無疑被大多數土耳其人，包括多數國會議員，視為過分激進，甚至接近瘋狂。然而到三十年代，它的成功已大體明顯。倘若以同時代的德、日、意諸國和土耳其比較，那麼它們的威權政治形態都很相近。在當時看來，土耳其應該能夠迅速發展，變得強大，但政治上則可能始終

23　下列文章和這點有間接關係：余英時：〈中國近代思想史中的激進與保守〉，《香港中文大學廿五周年演講專輯》（香港，1988），第 43－57 頁；甘陽：〈揚棄「民主與科學」，奠定「自由與秩序」〉，《二十一世紀》（香港），第 3 期（1991 年 2 月），第 7－10 頁。

停滯在一黨或軍人專政局面。然而，最近四十年的發展卻證明，土耳其的確能夠逐步從威權政治邁向民主政治，走完這個德國和日本都未能自行完成的艱苦過程。倘若單單看三十年代的凱末爾政府，恐怕絕難相信他的「跳躍」之中包含了民主種子。另一方面，由於社會中伊斯蘭傳統與國家俗世主義之間的深刻矛盾，近六十年來土耳其始終是一個神經緊張，甚至有點神經分裂的民族，這可以說是凱末爾所締造的這個共和國的存在條件。這「神經緊張」在政治上表現於憲法處處掣肘政體與社會，黨派力量長期僵持對立，無從反映國民的共同願望（這甚至或者並不存在）；文化上，它的效果較難捉摸，但社會缺乏活力與進取、競爭精神，經濟發展迂緩，遠遠落後於遠東，這些似乎都與政治意志的分裂不無關係。換言之，凱末爾創造了一個能躋身於「正常」現代國家之列的土耳其，但在靈魂深處它是抑鬱、不歡暢的；在將來，也看不出它回復昔日光輝的前景。

　　這就引到一個不可能有答案的核心問題了：凱末爾全盤否定從那覓・凱末爾到居卡爾一系列思想家調和伊斯蘭傳統與現代文明的努力，斷然以最大限度的俗世化與最低度的宗教空間作為建構新共和國的基礎。他這一「跳躍」雖然大體成功，但它是正確的嗎？他擺脫了歷史、傳統、宗教對土耳其的困擾，但同時似乎也窒息了土耳其人在文化與心靈上的生機。他有可能走另一條路，即是對伊斯蘭採取比較肯定和積極的態度，而建立一個更歡暢、更具有信心和動力的現代國家嗎？答案雖不可知，但還是惹人浮想的。

　　中國的歷史與現代化歷程和奧圖曼帝國完全不一樣；中國未來的潛力與面臨的問題和土耳其差別更大。我們也許要慶幸，中國傳統中並沒有像伊斯蘭那麼剛烈、不能妥協、難以與現代世界調和的成分。然而，誰能知道，我們悠久、豐富而無形的傳統，是否會成為我們這個民族更嚴厲的制約——抑或我們可以利用它產生新的動力和創造力呢？土耳其

的經歷，是值得深思的。

　　原刊《二十一世紀》（香港），第 9 期（1992 年 2 月），第 77－92 頁，嗣收入《站在美妙新世紀的門檻上》（瀋陽：遼寧教育出版社，2002），第 144－173 頁。

從胡適和居卡爾看中國和
土耳其的新文化運動

　　在十九至二十世紀之交，奧圖曼帝國與大清帝國分別被稱為「近東病夫」和「東亞病夫」，在西方列強侵逼下，兩個帝國都顯得搖搖欲墜，大有土崩瓦解之勢。它們同在 1910 年前後發生革命，由是脫胎換骨，逐步蛻變成民族國家，至終安定下來，立足於現代世界。它們的革命雖然都以軍隊起義為開端，其實也是以廣泛和持續的文化更新運動為背景——具有現代意識的軍人本身，正就是文化更新運動的產物。國人對於土耳其的新文化運動一般並不熟悉，對那運動的中堅人物居卡爾恐怕更感陌生，而且土耳其的幅員和歷史迥異於中國。那麼，本文將兩個新文化運動特別是它們的領袖人物胡適和居卡爾作比較，其意義何在呢？

　　這可以從四方面來回答。首先，土耳其也曾經是個極其龐大的帝國，它在十七世紀末全盛時期的版圖和今日中國相差不遠。[1] 其次，奧圖曼帝國的歷史雖然很短，只能夠追溯到十四世紀即明代初年，但它的文化淵源卻相當深遠，和整個伊斯蘭傳統是分不開的。第三，在二十世紀之交前後數十年間，中土兩國的處境和所面臨問題非常相似，而且土耳其比中國更早脫出困境，因此在二十年代孫中山、胡漢民、蔣介石等領袖都曾經對凱末爾和他所建立的共和國表露欽佩、羨慕之情。最後，以

1　在十九世紀前期，奧圖曼帝國的整體人口大約為四千萬，僅及中國 10%，到了二十世紀初，由於喪失大量土地，其人口更銳減一半。見下引 Findley, pp. 115-116。在十七世紀末，奧圖曼帝國的版圖大約為 700 萬平方公里，與今日中國大致相伴，這是從下引 Shaw & Shaw, vol. 1 卷首的地圖粗略估計的。

今日的後見之明看來，土耳其當日之所以能夠「脫困」，主要是避開了根本問題，即伊斯蘭教的極端保守性，卻未能夠謀求它的全面解決。同樣，中國今日雖然好像已經「脫困」，卻仍必須面對歷史遺留的一個根本問題，即如此龐大的國家的穩定管理有賴於高度中央集權，但那又和現代社會的蓬勃發展有潛存矛盾。從這幾方面看來，中土兩國的新文化運動之比較，應當是很有意義，很重要的，而胡適和居卡爾，正就各為其代表人物。

　　以下我們先對奧圖曼帝國蛻變為現代土耳其的歷史作一簡述，同時介紹它的兩個新文化運動，即那覓凱末爾所領導的「奧圖曼青年運動」以及其後的「土耳其青年運動」（那同時也是個革命運動）及其思想領袖居卡爾；跟着我們轉入本題，從四個方面比較胡適和居卡爾，即「白話文」運動、新學術運動、他們對傳統文化的態度，以及各自對國家前途的影響；最後，則以中土兩國今後的長遠文化問題作結。

一、從奧圖曼帝國到現代土耳其

　　胡適認為，中國固有文化的優長之處不多，其中一項是「宗教迷信的比較薄弱，也可算是世界稀有的」，「是可以在世界上佔數一數二的地位的」。[2] 將這話反轉過來應用於奧圖曼帝國，卻是再恰當沒有了！這帝國是以伊斯蘭教和突厥遊牧民族爭戰精神為根基的，它在十四世紀之初起源於安納托利亞中西部，此後四百年間，不斷向東西兩方面擴張，於十五世紀中葉攻陷君士但丁堡，覆滅東羅馬帝國，然後在巴爾幹半島和希臘、匈牙利、黑海北岸，以及中東、巴勒斯坦、北非等各處攻城掠

2　〈三論信心與反省〉，見下引《胡適文存》，卷四，第 476 頁。

地，造成一個龐大的多民族帝國。到了十七世紀末，歐洲在軍事和其他
許多方面獲得革命性突破，形勢由是逆轉，至卡勞維茲之役（Battle of
Carlowitz, 1716），歐洲更完全確立軍事與外交優勢——那場戰役和鴉
片戰爭是具有相同意義的。這樣，帝國的蘇丹、大臣和有識之士方才從
夢中驚醒。在此後百年間，他們一共發動了五次之多不同形式的體制改
革，然而每趙都功敗垂成，主事者甚至以身殉難。究其失敗的根本原
因，則是改革觸動了守舊伊斯蘭勢力與近衛兵團（Janissary Corps）的根
本利益，這兩者緊密結合，從中作梗，令新政無從佈展。[3]

　　最後獲得突破的，是蘇丹馬穆二世（Mahmud II）。他秘密操練新軍，
蓄謀多年之後，着意挑動近衛兵團叛亂，然後以雷霆手段將他們一舉殲
滅，並且順勢摧毀舊軍事與宗教體制，代之以中央政府的官僚機構，由
是建立類似於中國和俄羅斯的高度集權皇朝，[4] 這就是歷史上有名的「吉
祥事變」（Auspicious Event, 1826）。但摧毀舊體制只是開端而已，此下
八十年間，改革的道路仍自曲折漫長，它一共經歷了三個階段。第一階
段為時僅十數年（1826–1839），它基本上可以視為在馬穆獨裁體制下推
行的「洋務運動」，包括設立翻譯局、派遣留學生、組建新軍、辦報、辦
郵政、開設新式學堂等等，然而成效不彰。這主要是因為根基薄弱，人
才缺乏，更兼守舊教士消極抵制，列強不斷進逼，屬土紛紛乘勢叛變、
獨立，帝國風雨飄搖，大有遲早被瓜分的危險。

3　有關奧圖曼帝國與土耳其的歷史，見 Stanford J. Shaw & Ezel K. Shaw, *History of the
　Ottoman Empire and Modern Turkey*, 2 vols. (Cambridge University Press, 1976-1977)，
　其中 vol. 1 是關於帝國早期歷史及歷次失敗改革的。此外，Norman Itzkowitz,
　Ottoman Empire and Islamic Tradition (The University of Chicago Press, 1972) 是一部極
　精到的奧圖曼早期歷史和體制簡介。有關其現代化努力，並見本集前兩篇論文。
4　奧圖曼帝國的蘇丹雖然予人以極權君主的印象，其實權力頗受制於兩個根深蒂固
　的體制，即以大教長（*sheikulislam*）為首的教士，以及本為蘇丹精銳衛隊的近衛
　軍團。後者在十七世紀初大事擴充之後日漸廢弛墮落，往往為了不滿待遇或者體
　制變革而叛亂，甚至多次廢立蘇丹；此後這兩個團體互通聲氣甚至深相勾結，由
　是成為掣肘皇權的重要力量。

　　第二階段是長達四十年（1839－1878）的「新秩序運動」（*Tanzimat*）。它的開端是開明仁惠的繼任蘇丹頒下所謂「居赫恩御詔」（Gülhane Rescript），宣佈自由平等原則，以及尊重人權、產權和法治的方針，由是將改革從軍事推向政治與社會體制，藉以贏得西方各國好感與支持。同時，施政大權也從蘇丹下移到「國務院」（The Sublime Porte），交付給經過「翻譯局」洗禮，具有外交經驗的大臣、官員，其中勒雪（Mustafa Reşid）、阿里（Mehmet Ali）和富亞（Keçecizade Fuad）等三人是中堅。他們大權在握，輪流執掌首相與外相職位凡三十年。這一轉變贏得了英法兩國的好感，同時它們也亟須防範俄國穿過博斯普魯斯與韃靼尼爾海峽南下地中海，所以對帝國由敵視轉為友好與支持。在這段相對寬鬆自由的時期，帝國出現了所謂「奧圖曼青年」（Ottoman Youth）運動，其主要人物背景與上述官員相差不遠，只是較為年輕，因為種種原因未能進入權力核心，從而走上完全不同道路。他們的主要活動是辦報、辦雜誌、探討帝國出路、鼓吹憲政。最後，因緣際會，在蘇丹阿都哈密二世（Abdülhamit II, 1876－1909）被擁戴登基之後，憲政終於得以實現 —— 但它僅僅是曇花一現而已，在一年多（1876 年底至 1878 年初）之後就宣告結束。自此改革進入第三階段，帝國回復到蘇丹哈密大權獨攬的局面：他努力不懈，繼續推行多方面的實務改革，前後有足足三十年之久（1878－1908），而且頗見成效。但這仍然無法挽回帝國頹勢和阻止革命的爆發。[5]

5　奧圖曼帝國的改革歷史，見前引 Shaw & Shaw, vol. II; 並見 Reşat Kasaba, ed., *The Cambridge History of Turkey*, Vol. 4, *Turkey in the Modern World* (Cambridge University Press 2008)。有關土耳其現代化的歷史見下列著作：Bernard Lewis, *The Emergence of Modern Turkey* (Oxford University Press 1968); 中譯本：劉易斯著，范中廉譯：《現代土耳其的興起》（北京：商務印書館，1982）；M. Şükrü Hanioğlu, *A Brief History of the Late Ottoman Empire* (Princeton University Press, 2008); Carter V. Findley, *Turkey, Islam, Nationalism, and Modernity: A History, 1789-2007* (New Haven: Yale University Press, 2010); 昝濤：《現代國家與民族建構：20 世紀前期土耳其民族主義研究》（北京：三聯書店，2011）。

　　革命的種子是在「奧圖曼青年」運動失敗時就已經播下的，正如戊戌變法的失敗導致辛亥革命一樣，而相當於「同盟會」的秘密革命團體則是「聯進會」（Committee of Union and Progress, 簡稱 CUP）。這兩者稍為不同之處在於，前者的最高領導層仍然以傳統士人亦即精英份子為主，後者的主導力量則已經轉移到從中下層湧現的愛國志士，特別是中下級軍官，即所謂「土耳其青年」（Young Turks）。他們在 1908 年起義，但目標很保守，僅限於溫和的君主立憲而已。聯進會掌權只有短短十年（1908－1918）：在前半期他們與軍政元老組織聯合政府，但由於在軍事劣勢下眾議紛紜，舉棋不定，至終帝國喪失了整個巴爾幹和馬其頓廣大地區；在後半期他們下決心以革命黨專政，在內政方面建樹良多，在外交上卻犯了致命錯誤，即在第一次世界大戰中投向德、奧等失敗一方，由是導致大戰結束後伊斯坦堡為同盟國軍隊進駐，帝國面臨瓜分命運。在此千鈞一髮之際，聯進會一個被同袍排擠的軍官凱末爾（Mustafa Kemal）脫逃到安納托利亞東部，發起召開「國民會議」，領導國民軍擊潰入侵的希臘大軍，由是當選總統。他極有決斷，大權在握之後進一步廢除蘇丹與「加里發」（Caliph）制度，以高壓手段改變各種社會體制、習俗乃至文字，締造一個高度世俗化的國家，由是成為土耳其共和國之父。這樣，現代土耳其方才如浴火鳳凰般，從奧圖曼帝國的廢墟中誕生。

二、土耳其的兩個新文化運動

　　在上述蛻變過程中，與中國「新文化運動」大致相當的有兩個階段，即「奧圖曼青年」運動與聯進會時期的「土耳其主義」運動。前者的代表人物是那覓凱末爾，後者的領袖是居卡爾，他們是土耳其現代化過程中主要的思想領袖，可以分別與梁啟超和胡適相提並論。

奧圖曼青年運動

在談到那覓凱末爾之前，我們首先要提到他的前驅詩人辛納西（Ibrahim Şinasi, 1826－1871），他們兩位不折不扣，都是前述「新秩序運動」的產物。[6] 辛納西出身軍官家庭，本來在皇家砲兵局當書記，因為學會法文，得以結識前述當政大臣勒雪，從而獲派留學巴黎，在法四年期間（1849－1853）廣事交結文人和自由主義份子，後來勒雪去世，仕途受阻，遂在公職之餘，致力發表詩集、翻譯流行的法文詩，並在 1862 年出版《思潮前驅報》（*Tasvir-i Efkâr*）半週刊，那是最早的土耳其私人報章之一。它開始輸入各種西方觀念，諸如理性、權利、公眾、人民、無代表不納稅，等等。此時，為了增加一般民眾的閱讀能力，「新秩序運動」已經着手於文字的簡化，《思潮前驅報》則順着這趨勢，進一步摒棄奧圖曼古文（那是波斯、阿拉伯和土耳其語混合體）那種典雅、華麗、公式化的文風，提倡更直接、具體、切合實際的語文，以作為土耳其文學的基礎。[7] 此報可謂土耳其新文化運動的先聲，它在思想和語文兩方面所發生的作用，和梁啟超的《清議報》及陳獨秀的《新青年》都頗為相近。但辛納西活躍文壇，其實只有短短兩三年時間：1863 年他由於言論大膽被政府解僱，1865 年初他似乎參加了某種推倒首相阿里的陰謀，事敗後出亡巴黎，自此性情大變，一意潛心學問，不再論政。[8]

至於那覓凱末爾（Namik Kemal, 1840－1888）則出身顯赫的奧圖曼

6　有關奧圖曼青年運動最重要和詳細的著作是 Şerif Mardin, *The Genesis of Young Ottoman Thought: A Study in the Modernization of Turkish Political Ideas* (Princeton University Press, 1962)，它對整個運動的來龍去脈以及思想與政治事件的互動有深入分析。此書 1－7 章是綜述，其餘各章為重要人物的專章分述。至於此運動的政治、文化與社會背景，則見前引 Shaw & Shaw, Ch. 2; *Cambridge History*, Pt. 1, Ch. 2; Findley, Ch. 2。

7　有關土耳其語文問題，見 David Kushner, *The Rise of Turkish Nationalism 1876-1908* (London: Frank Cass, 1977), Ch. 6 & 8。

8　有關辛納西，見上引 Mardin, Ch. 8。

世家。[9] 他先祖對征服波斯有功，祖父是蘇丹近侍，父親在宮中擔任類似「欽天監」的職務，外祖父曾經帶領他周遊帝國各地。他所就讀的，是建立未久的西式八年制中學（*Rüşdiye*），十七歲畢業後進入海關和中央翻譯局工作。通過外祖父的關係，他結識了代表伊斯蘭正統思想的古典詩人噶立（Leskofçali Galib），加入詩社（The Council），在那裏又結識辛納西，受他深刻影響。那覓在 1864 年左右開始主持《思潮前驅報》，此後迅速捲入通過出版、言論和各種政治活動來與當局對抗的漩渦。在 1865 年，他與其他五位具有在「翻譯局」工作和留學法國等經歷的朋友（即所謂「奧圖曼青年」）在伊斯坦堡東郊的「貝爾萊德叢林」（Belgrade Forests）聚會，成立「愛國同盟」（Patriotic Alliance）秘密團體。它以反對首相阿里，爭取君主立憲為目標，在思想和組織上都頗受當時活躍於意大利的「燒炭黨」（Carbonari）影響。到 1867 年 5 月，由於《思潮前驅報》在克里特島問題上的激烈立場，那覓和其他兩位盟友被迫接受貴族法熾（Mustafa Fazil）[10] 的邀請出亡巴黎，在那裏出版《自由報》（*Hürriyet*），其後又轉到倫敦繼續此項工作。此後他短暫回國（1870），出版《教育報》（*Ibret*），鼓吹泛伊斯蘭主義，但三年後由於干犯忌諱，不但報紙被查封，人也被流放到塞浦路斯且遭軟禁，直至 1876 年方才被召還。其時由於帝國遭受財政和軍事上的巨大壓力，在短短三個月內兩位蘇丹先後被廢黜，最後計謀深遠的阿都哈密二世得以登基。他虛與委蛇，同意立憲以挽救帝國，那覓甚至被委任為憲法起草委員會成員。然而，這只不過是分別擊破對手的伎倆而已：幾個月後，憲法雖然頒佈了，哈密卻得以先

9　有關那覓凱末爾，見上引 Mardin, Ch. 10; Findley, pp. 123-132。

10　法熾是埃及世襲總督伊斯梅（Khedive Ismail）的堂弟，他雖然在伊斯坦堡出任財政部委員會主席的高職，卻一直有意繼承世襲總督的職位，故此十分關心奧圖曼政局，與「愛國聯盟」有秘密往來，將他們稱為「青年土耳其黨」（Young Turkey）。詳見上引 Mardin, Ch. 9。

後廢黜有影響力的兩位大臣，一年多之後更斷然廢除憲法，恢復君主大權獨攬的局面。至於那覓凱末爾，則在 1877 年被流放到小亞細亞西岸，先後在萊斯博斯（Lesbos）、羅德斯（Rhodes）、希俄斯（Chios）等小島擔任行政長官，至 1888 年鬱鬱而終，享年和辛納西相若，僅四十四歲。

那覓凱末爾的思想

　　那覓凱末爾是「奧圖曼青年」的最傑出代表，他對西方的了解，理論分析的深度，以及著作的豐富，國內無人能及。例如，他對啟蒙運動的主要人物伏爾泰、孟德斯鳩、盧梭，甚至英國清教徒革命中的關鍵人物柯克（Edward Coke）等都很熟悉；除了在《自由報》和《教育報》上的大量論著之外，他還著有三部小說、六部戲劇、多篇人物傳記、一卷奧圖曼歷史和多種譯作。但當然，他最重要的貢獻，還是政治和文化論述。

　　他的思想基本上是要回答帝國在十九世紀所面臨的兩個根本問題，即如何看待顯然更先進的歐洲文化，以及如何解決屬下基督教地區（主要是巴爾幹半島、克里特島、塞浦路斯等地）如火如荼的獨立運動。他對這兩大問題的反應很複雜，但都離不開下面這個基本觀念，那就是奧圖曼帝國雖然以征服和擴張立國，但它和蒙元帝國截然不同：它是以長達千年，內涵極其牢固和豐富的伊斯蘭文明為文化基礎的——其實，從家庭淵源和教育來說，那覓本人就深深浸淫於這大傳統之中。因此，他對第一個問題的反應是：歐洲文明雖然有許多可欽羨、可學習之處，例如其科學、進步觀、憲法制度等等，但政治體制和法律仍然應當以「聖法」（Şeriat）為依歸，而絕不應該如「新秩序運動」之推行俗世法（secular law）——雖然某些在教義中可以找到依據的西方制度，例如代議政治，也是可以接受的。因此，他的文化觀相當糅雜，政治觀則非常保守而矛盾，其改革限度就是君主立憲。至於對第二個大問題，即屬國的獨立運動，他其始只是提倡不切實際的「奧圖曼一統主義」（Ottomanism），後

來形勢日趨嚴峻，則改為「泛伊斯蘭主義」（Pan-Islamism），也就是各伊斯蘭民族的融合，但具體內容也未及發揮。總體而言，那覓在思想上的貢獻主要在於西方觀念和學說的輸入，但對帝國所面臨的困境，則未能突破傳統，提出新見解來。

土耳其青年運動與聯進會

　　土耳其革新運動最重要的思想領袖無疑是居卡爾，由於他和上文提到過的聯進會密不可分，我們必須先略述後者的來龍去脈。[11] 聯進會基本上和俄國的布爾什維克、中國的共產黨一樣，都是從秘密革命組織轉變而來的集權精英執政黨。在上述三者之中它成功雖然最早，為時卻也最短促。它起源於四個皇家醫學院學生所組織的秘密會社，他們深受無神論、進化論、唯物質主義、徹底西化等思想感染，目標在於抗拒列強，挽救帝國於滅亡。與他們相互呼應的，還有原農學院學生理查（Ahmed Riza, 1859－1930）在巴黎所辦的《諮議報》（*Meşveret*）。此後將近二十年間（1889－1908），聯進會曾經試圖發動政變，但由於被告密而失敗（1896）；曾經蓬勃發展，在帝國各地遍設分支，然後在巴黎舉行聯盟大會（1902），卻被許多目標與之相反的混雜派系（例如主張招引列強干涉者或者少數民族獨立者）佔上風；最後它吸取教訓，回歸到精英秘密組織形態，一意在巴爾幹山區的第二和第三軍中間發展，這才成為具有明確目標的一股力量。

11　聯進會的早期（直至其 1902 年的聯盟大會為止）詳細歷史見 M. Şükrü Hanioğlu, *The Young Turks in Opposition* (Oxford University Press 1995)；至於它成為秘密革命黨和執政以後的歷史，則見 Feroz Ahmad, *The Young Turks: The Committee of Union and Progress in Turkish Politics 1908-1914* (Oxford: Clarendon Press 1969)，此書後面附有七八十位聯進會重要人物生平簡述；以及前引 *Cambridge History of Turkey*, Vol. 4, Pt I, Ch. 4，此篇作者亦為 M. Şükrü Hanioğlu。

聯進會在 1908 年發動叛變，以軍事力量逼使蘇丹哈密恢復行憲，召開國會，由是進入長達五年的「幕後執政」階段（1908－1913）。在此時期他們的「中央委員會」仍然設在薩洛尼卡（Salonica，今馬其頓一帶）。它只有十多位隱秘的成員，卻要間接遙控伊斯坦堡的宮廷、國務院、國會等多個權力機構，所以遇到多次挑戰，包括政變、選舉失利、首相拒絕聽命等等。因此它最後被迫進入「直接執政」階段（1913－1918），此時其三位軍事領袖泰勒（Talât Paşa）、安伐（Enver Paşa）和策馬爾（Ahmet Cemal Paşa）赴伊斯坦堡，公開擔當重要職務。他們的噩運在於，不但經歷了兩次損失慘重的巴爾幹戰爭（1912－1913），而且其後無法在西方國家中求得任何同盟，因此被迫投向德國。這樣，在隨後爆發的第一次世界大戰中，奧圖曼帝國終於淪為戰敗國而解體，聯進會也隨而煙消雲散。

居卡爾的生平

居卡爾（Ziya Gökalp, 1876－1924）是在聯進會火紅年代冒出頭來的思想家。[12] 他生於土耳其東部偏僻的庫爾德族人（Kurds）城市迪亞貝克（Diyarbakir）一個中等公務員家庭，自幼聰穎，酷好數學，又沉迷文學、詩歌，故此博覽群書。他從哲學家叔父那裏學會阿拉伯語和波斯語，在學校精研法語，至於土耳其語和庫爾德語則是母語，所以無論對於傳統文化、鄉土文化或者西方文化，都無入而不自得。他父親是篤實的讀書人，在那覓凱末爾逝世之際為他講述這位偉人的事蹟，又曾勉勵他兼習

---

12 關於居卡爾的生平和思想見以下兩部專書：Niyazi Berkes, transl. & ed., *Turkish Nationalism and Western Civilization: Selected Essays of Ziya Gökalp* (Westcourt, Conn: Greenwood Press, 1959)，特別是書前所附他的自傳；Uriel Heyd, *Foundations of Turkish Nationalism: The Life and Teachings of Ziya Gökalp* (London: Luzac and Harvill, 1950)；以及下列章節：前引咎濤，第四章；Findley, pp. 236-239; Shaw and Shaw, Vol. 2, pp. 301-310。

傳統與西方學術，以尋求救國之道。這兩件事都深深影響他終身。此外，他曾被一位軍醫哲學家約柯基（Dr. Yorgi）所看重，從而受到自由與愛國思想感染。他1896年赴伊斯坦堡入讀獸醫學院，參加尚在草創時期的聯進會，其後重會約柯基，卻被質問既然有志為土耳其樹立憲章，那麼對於他這些同胞的社會和心理是否有深入研究，否則如何能夠為他們訂定合適的法規呢？此問亦令他如五雷轟頂，終身不忘。一年後他被捕，坐牢十月，在獄中遇到老革命家乃穆（Naim Bey）。後者預言，自由終將來臨，但不會持久，要獲得真正和長久自由，唯有發現治國的根本之道並且公諸於世，使國人知所遵循，那樣才是正道。[13]

出獄後他回到迪亞貝克結婚生子，由於妻室家道豐厚，故此得以半隱居狀態潛心讀書，精研涂爾幹（Émile Durkheim）的社會學，積十年之功成就大學問。至1909年他開始演講和發表文章，聲名鵲起。當年聯進會在薩洛尼卡召開大會，他以本城代表資格參加，被推舉進入「中央委員會」，自此與聞政務，在教育、民政、民族事務等各方面多有建樹，後來又成為新成立的伊斯坦堡大學第一任社會學教授。第一次世界大戰結束後聯進會解散，他和會中要員一同被流放到馬耳他島，兩年後（1921）方才獲釋。那時土耳其對希臘的獨立戰爭仍在進行，所以他回到本城致力著作，以迄1924年去世，剛好見及共和國的成立。

居卡爾的思想與學說

比起那覓凱末爾來，居卡爾的知識底蘊和時代背景已經大不相同。他在本城韜光養晦，積累近十年精研沉思之功，所以見解更為成熟、確

13　以上諸多訓誨是取於他的自傳，即前引 Berkes, pp. 35-42。由於它們頗有「夫子自道」意味，所以極可能是他將日後抱負和作為投射於過去經歷的結果。又此處所說他到達和離開伊斯坦堡的年份是根據前引 Shaw and Shaw, p. 301 與 Ahmad, p. 181，那與他自傳以及 Berkes, p. 314, Note 5 所述並不一致。

定、切合實際。就那覓所面對的那兩個大問題而言，由於奧圖曼帝國實際上已經喪失了安納托利亞以外的絕大部分土地，所以屬國要求獨立就不再成為主要問題；「奧圖曼主義」與「泛伊斯蘭主義」則順理成章地轉變為更實際的「土耳其主義」──因為它不必再面對多種不同民族與宗教了。因此，居卡爾的真正貢獻是在另外兩方面：解決傳統與現代之間的矛盾，以及為「土耳其主義」的內涵提出新看法。

　　他的理論貢獻與涂爾幹的學說有密切關係。涂爾幹看重社會整體，特別是集體意識，認為這是產生凝聚力亦即團結力量，使整體得以運行的基礎，所以往往被稱為「團結主義」（solidarism），那和着重個體自由、權利的「自由主義」（liberalism）恰好對立。從此出發，居卡爾的學說有兩個特徵。首先，它着重分析社會體制的內在連結和歷史淵源，亦即其複雜和具體的一面，而不是它理性、正規，表現為規則、法律的一面；換言之，它看重不成文的制度內涵遠過於成文規律；其次，它着重體制的演變，因為在不斷變化的大環境中，具體體制的地位和適用性必須隨之改變，否則就會僵化和失效。

　　將這些原則應用到現實問題，「土耳其主義」有三個向度。第一，是追尋突厥民族從中亞進入波斯、中東，然後進入安納托利亞，擴張成為帝國的悠久複雜歷史，以及它與伊斯蘭文明之間的互動關係。第二，是發掘它的語言、習俗、故事、傳說、音樂、工藝等等。最後，則是將這些具體的「民族記憶」通過社區中心和會堂傳播給大眾，喚起他們的自豪和認同感，塑造民族團結的力量。在這個將民族記憶大眾化的運動中，極為重要的一環是提倡和發展土耳其語，這包括編纂土耳其字典、詞典，創造與科學、政治、哲學新觀念對應的詞彙，以及逐步減省，乃至清理、消除混雜在奧圖曼語中的波斯和阿拉伯詞彙。

　　至於在解決傳統（即伊斯蘭宗教）與現代（即以科學和民主為中心的西方文明）的衝突這個大問題上，他採用了一個層次分類的方法來消

融衝突。他提出：文明是普世、抽象、不牽扯具體內涵的一套觀念和準則；至於文化則是各民族所獨有的整套具體生活方式，包括語言、習俗、飲食、禮儀等等。具有不同文化的民族，可以服膺於一個共同的文明。在過去，對於土耳其民族而言，他們從中亞和波斯、中東帶來了自己的文化，但服膺於普世性的伊斯蘭文明，那包括宗教、政治觀念和（中古伊斯蘭的）科學。但到了二十世紀，世界形勢大變，因此土耳其雖然仍然要保存自己的傳統文化，卻必須改為服膺於西方（主要是歐洲）所建立的現代文明。至於伊斯蘭教的地位，則需要從普世文明轉變為土耳其傳統文化的一部分，而其重要性，則轉移到道德規範方面 —— 但這不至於引起衝突，因為現代文明的觀念（例如科學或者代議政制），仍然是可以在原始伊斯蘭教義中找到根據的。以上是居卡爾思想的核心，但他不僅僅是思想家，也是文人和社會活動家：為了語文改良他寫過新體詩《紅蘋果》，此外又當過青年部長，做過伊斯坦堡大學社會學教授，晚年還為國家復興而獨立辦過一份《小雜誌》。[14]

聯進會時代的新文化運動

在 1910－1920 年那十多年間，土耳其的新文化運動可謂風起雲湧。領導這運動的，除了居卡爾以外，還有不少和他同時代但思想各異的學者，例如歷史學家阿克楚拉（Yusuf Akçura, 1876－1935）、詩人菲克列特（Tevfik Fikret, 1867－1915）、聯進會最早創始人也是最堅定的物質主義者賈夫達（Abdullah Cevdet, 1869－1932），等等。此外還有許多受他深刻影響的追隨者，例如歷史學家克普魯呂（Fuat Köprülü, 1890－1966）、

---

14 有關居卡爾的思想，詳見前引 Berkes 所收他各篇文章以及翻譯者在卷首的導言，即 pp. 13-31；並見前引咨濤，第 170－194 頁；Shaw & Shaw, pp. 302-304; Findley, pp. 237-239。

小說家艾迪普（Halide Edib, 1882－1964）、新聞記者立夫其（Talih Rifki,
1894－1971）等等。艾迪普以異國愛情小說《小丑與女兒》和愛國戰爭小
說《浴火戰衣》知名，是土耳其少有的女性作家，也是熱烈的女權運動
家、教育家、愛國志士和傳奇人物，曾經積極參與對抗伊斯坦堡的英法佔
領軍以及後來對希臘的護國戰爭。阿克楚拉則是俄國韃靼族移民，年青
時在軍事學院受教育，曾經被流放，從 1899 年開始，在巴黎宣揚民族主
義，在 1904 年以主張放棄奧圖曼帝國的多民族主義而知名，後來更趨向
激進，認為需要放棄伊斯蘭教，建立世俗國家，由是成為凱末爾的先聲。

　　聯進會在 1908 年成立「土耳其學社」（Turkish Homeland Society），
它的目的主要在於研究土耳其學術與文化；四年後它被改為俱樂部式的
「土耳其家園」（Turkish Hearth），在全國各地遍設分支。這些宣揚土耳其
主義的組織和它們出版的刊物，無論在思想、文宣工作或者精神上，就
都是憑藉居卡爾和上述知識份子的力量。在建立土耳其共和國之後，凱
末爾將建國思想分為六項（即所謂「六支箭」）寫入憲法第二條，那就是
共和主義、民族主義、大眾主義、革命主義、俗世主義和國家主義。它
們比前此關鍵十年間，如火如荼地推行，以土耳其主義為核心的新文化
運動更為清晰和激進，卻正是在其所奠定的基礎上發展出來的。[15]

三、胡適和居卡爾的比較

　　如上所述，居卡爾在他的《自傳》中曾藉着一位醫生哲學家和一位
老革命家之口，講述他以深入了解本國社會，和尋覓新的治國之道，來

15　見 Shaw & Shaw, pp. 305-310 以及昝濤，第 137－165 頁；在前引 Findley, pp. 239-
　　246 有關於可謂「英雄」的傳奇人物艾迪普的詳細介紹。

挽救土耳其命運的大志。同樣，在留美七年期間，胡適也念念不忘「為中國造不亡的遠因」，要為「作國人導師」作準備。[16] 所以，他們都以拯救國家於危急存亡之秋自任，他們所要解決的大問題，即如何看待傳統文化，如何應付列強的咄咄進逼，如何將西方所建立的現代文化移植於本國傳統文化土壤中，等等，也基本相同。然而，他們對這些問題的見解和反應，卻由於個人處境、文化背景及政治環境的差異，而完全不一樣。簡言之，胡適學成歸國之後有長達三十三年（1916－1949）活躍時期，其中除了四年擔任駐美大使的公職以外，都是以在野學者身份發揮影響力；至於居卡爾，則在自學成名「出山」之後，只有短短九年（1909－1918）活躍時期，在此期間，他曾經擔任伊斯坦堡大學教職，但同樣重要的，則是作為執政黨聯進會核心人物，負責相當於青年部和文化部的工作。其最終結果是，胡適對於中國的影響雖然大，卻都是在文化層面，以「立言」為主；居卡爾則成為直接參與締造現代土耳其的幾位靈魂人物之一，「立功」與「立言」兼而有之。以下我們以胡適最主要的三方面貢獻為線索，[17] 將他與居卡爾作一個初步比較。

16　見下面所引羅志田，第 5 章的詳細討論。

17　胡適研究無論資料或者論著都可謂浩如煙海，本文直接參考和引用的包括以下數種：胡適：《胡適文存》四集（第一至三集上海亞東圖書館 1921－1930 年印行，第四集上海商務印書館 1935 年印行，全四集台北遠東圖書公司 1953 年重印）；曹伯言整理，十冊本《胡適日記全集》（台北：聯經出版事業公司，2004）；Jerome B. Grieder, *Hu Shih and the Chinese Renaissance: Liberalism in the Chinese Revolution 1917-1937* (Cambridge: Harvard University Press, 1970)；唐德剛：《胡適雜憶》（台北：傳記文學出版社，1980）；余英時：《中國近代思想史上的胡適》（台北：聯經出版事業公司，1984）；胡頌平編著《胡適之先生晚年談話錄》（台北：聯經出版事業公司，1984）；章清：《胡適評傳》（南昌：百花洲文藝出版社，1992）；胡明：《胡適傳論》上下卷（北京：人民文學出版社，1996）；歐陽哲生選編：《解析胡適》（北京：社會科學文獻出版社，2000）；歐陽哲生：《自由主義之累：胡適思想之現代闡釋》（南昌：江西教育出版社，2003）；羅志田：《再造文明的嘗試：胡適傳（1891－1929）》（北京：中華書局，2006）。

新語文運動的比較

　　對於中國新文化運動，胡適最顯著，也最為人稱道的大貢獻，當是他在 1915－1917 年歸國前後數年間發動文學革命，最初在留學生之間掀起激烈爭議，繼而在《新青年》發表〈文學改良芻議〉，大力提倡白話文，使它蔚為一時風尚，在很短時間內為大眾甚至政府所接受，自此徹底改變了中國的文風。這不能不承認，是了不得的大事。當然，我們在此是僅就語文而言，也就是着眼於他提倡以淺近明瞭的白話文作為通訊、說理、議論，乃至文學創作的工具這一點。至於他在〈文學改良芻議〉中所提出的文學觀和他文以載道的觀念是否有當，他的白話詩是否成功等等，亦即他的文學觀、文學創作成就，則不在論列。[18] 誠然，如所周知，在他之前十幾二十年，白話文運動已經展開，而那是和革命運動的需要，即「喚起民眾之覺醒」有關，故此在安徽早就有大量《白話報》、《俗話報》的出現。[19] 所以，他的成就並非純粹個人洞見，而是代表一個醞釀已久的運動之高潮。他的大貢獻在於深切感覺到，看到了這個趨勢，並且有足夠信心和勇氣，把握時機，以石破驚天方式，把它向上層知識份子（而不再僅僅是平民大眾）鄭重宣示，亦即倡議以白話文為一種新文化的載體，新文學的正宗。觀乎他之前的嚴復、林紓等傳播新思想、新文學的大家仍然以古文為理所當然的工具，則他這個貢獻是絕對不容低估的。[20]

18　有關那場文學革命的論述甚多，爭議亦大，此不具論。見例如上引唐德剛，頁56－61，83－100；羅志田，第 6 章。

19　李孝悌：《清末的下層社會啟蒙運動 1901－1911》（台北：中央研究院近代史研究所，1992），特別是第二章「白話報刊與宣傳品」；以及陳萬雄：《五四新文化的源流》（香港：三聯書店，1992），特別是第六章「清末民初的文學革新運動」。

20　對胡適發動文學革命的經過，前引諸書都有討論，前引余英時第 29－35 頁對此關鍵有扼要指陳，羅志田第 6 章對胡適的心態與當時的文學論戰則有詳細與深入分析。

相比之下，居卡爾在這方面的貢獻則並不突出，比之他的前驅，即主辦《思潮前驅報》的那覓凱末爾，恐怕猶有不及。他的新詩集《紅蘋果》是個應用新格律的嘗試，在土耳其語文改革長河中，只是個插曲而已。其所以如此，主要是因為奧圖曼帝國所面臨的語文困境，比中國嚴重得多，而居卡爾在土耳其文化體系中，是個毫無憑藉，平地崛起的蒼頭異軍，他所面臨，更是奧圖曼帝國分崩離析的生死存亡關頭，因此無暇顧及語文問題是十分自然的。

其實，在二十世紀之初，土耳其的語文現代化問題比之中國是嚴重和複雜太多了。他們的「文言文」亦即奧圖曼土耳其語（Ottoman Turkish）是個極其繁雜的複合體：它是從原來的樸素突厥語經過多個世紀逐漸發展出來，其間吸收、糅雜了大量波斯語和阿拉伯語成分（這包括它的文法以及將近 90% 的詞彙），並且是借用波斯－阿拉伯字母（Perso-Arabic alphabet）書寫；在文化上則它與高等伊斯蘭文明（所謂的 High Islam）的觀念、風格、感情、傳統又密不可分。因此，帝國一般民眾對它完全無法了解或者應用：他們所用仍然是所謂「純樸土耳其語」（rough Turkish），亦即其「白話文」。

奧圖曼帝國遠在十九世紀之初，亦即馬穆二世以至「新秩序運動」的年代，就已經出現某種意義的「白話文」運動了。當時為了推行軍事現代化，一般下級軍官和士兵都要接受嚴格訓練，因此必須掌握起碼的讀寫能力；此外，在醫學、法律、行政等各方面，也同樣有在下層民眾間擴展教育的需要。所以，從那時就開始了簡化語文和為此編纂字典、詞彙的工作。當然，那完全以實用為主，純粹是為實際技能訓練而作的改革。到十九世紀中葉以後，語文改革進入第二階段：由於辛納西和那覓凱末爾的努力，民間報刊（例如上文提到的《思潮前驅報》）出現，因此新型知識份子感到了向大眾說理、論政的需要，文風從而趨向切實簡明，那大致和梁啟超的淺白文言相似吧。到了聯進會亦即居卡爾時代，

這種文風更進一步發展：在「土耳其主義」思潮影響下，政府開始大力
提倡土耳其語文，盡量減少應用波斯和阿拉伯詞語。但語文改革的高潮
則出現於第四階段，即凱末爾建立共和國以後。他延續聯進會的語文政
策，不但設立「土耳其語文協會」（1926），在所有學校中廢止阿拉伯和
波斯語文教育，大力掃除土耳其語文中的外來語成分，更力排眾議，明
令從 1929 年開始，在一切官方文書中廢止應用波斯－阿拉伯字母，一律
改用西歐通行的拉丁字母書寫。至此土耳其的語文方才算是真正得到「清
洗」以回歸古代民族傳統，改革方才大功告成。

　　平心而論，「奧圖曼土耳其語」是根深蒂固，和奧圖曼帝國的歷史、
文化、政治血肉相連，無從分割的。要將它連根剷除，代之以純粹的，
用拉丁字母書寫的土耳其語，那真是翻天覆地的文化與政治大革命，必
須一個土耳其共和國（而非奧圖曼帝國）的政府，以無比決心和雷霆萬鈞
之力方才能夠完成，而絕非民間文化運動所能為功。相比之下，中國的
文言文和白話文無論在字體、根源上都完全相同：它們長期相互滲透，
彼此影響，由是形成了寬廣的語文「光譜」，在其中兩者可以因應不同
需要而並行不悖。所以比起土耳其的相類運動來，我們的「白話文運動」
實在是輕鬆簡單得太多了。

新學術運動的比較

　　胡適不但改變了中國的文風，也改變了中國的學風，這是他對中國
新文化的第二個大貢獻。他提倡新學風的標誌，自然就是任教北大之初
所出版的《中國哲學史大綱》上卷。此書對當時仍然為舊學風所籠罩，
正在四處尋覓出路的中國學術界，不啻投下一枚炸彈，隨即引起巨大爭
論，至終則奠定了他以後四十年的學術地位。他這部書之所以能夠石破

驚天，具有劃時代意義，當代學者已經論證綦詳。[21] 統而言之，即是應用
西方哲學史的方法與觀點，為整理國故亦即清代考證學提出一個庫恩意
義上的所謂「典範轉移」（paradigm shift）；具體地講，就是蔡元培在該書
序言中所提出來的四點，即證明的方法、扼要的手段、平等眼光、系統
研究等。[22]

　　倘若從更為根本的層面看，則我們可以說，胡適所帶來的轉變，是
不再以敬畏、崇奉、詮釋的心態和眼光對待古代經典，而是以好奇、分
析、排比的方式來審視它們，將它們的性質從大經大法、聖賢之言，
改變為可以放在天平上衡量，放在顯微鏡下觀察的事物；甚至，在衡
量、觀察之餘，順便對聖人開點小玩笑，說點俏皮話，例如「他老人
家氣得鬍子發抖的神氣」之類，[23] 也顯得無傷大雅。一言以蔽之，他是
以現代觀念顛覆中國古代經典的主體性和神聖性，將它們通過「解魅」
（disenchantment）而「還原」為學術研究的「對象」（object），然後放置
於新的架構之中來審視。當然，這一方面是因為中國學術界對於傳統經
典的信念已經根本動搖，而且正在尋覓出路，另一方面則因為胡適在西
方文明浸淫七年之久，師從了當時（最少在美國）名聲無兩的哲學大師
杜威，並且是國內第一位得到哲學博士學位的年青人，所以才能夠挾着
無比自信與氣概來挑戰整個傳統學術架構。他的「暴得大名」不但有賴
於本身的稟賦和努力，更是因緣際會，在全國學術中心碰上了千載難逢

21　余英時在前引著作第35－48頁指出，胡適之所以能夠以一個二十七歲的青年人，
　　一舉而獲取全國思想界的領導地位，便正因為是能夠為傳統的核心學術問題，即
　　乾嘉訓詁考證之學，提出一個嶄新的方法來，那就是從赫胥黎的「存疑論」和杜
　　威的「實驗哲學」那裏得來的所謂「科學方法」，這方法最初便是在《中國哲學
　　史大綱》上卷提出來和實際運用於古代思想史的重新審視；前引羅志田第159－
　　170頁對此也有詳細討論。
22　見胡適：《中國哲學史大綱》上卷（上海：商務印書館第四版，1947），第2－3頁。
23　見上引胡適著作，第100頁。

時機。

　　相比之下，居卡爾在學術方面的貢獻似乎就寒酸得多，無法相提並論，因為他根本沒有機會出洋留學，甚至也無緣跟隨明師，只是在偏遠山城長年閉門自學。更關鍵的是：他在苦學有成，並錐處囊中，為人賞識以後，仍然不能夠找到一個發揮才華的學術舞台——畢竟，他在伊斯坦堡大學出任社會學教授是屬於篳路藍縷性質，而且為時短暫。因此他的影響力主要是在聯進會內部和社會大眾之間，而並不是在學術界。其所以如此，原因頗為微妙：奧圖曼帝國的詩歌、歷史、地理、政治等學問只可謂學術的「外圍」，它的「核心」即思想和哲學則在於伊斯蘭教義，因此無可避免是受保守教士特別是「教長」所掌握和宰制的。[24]

　　伊斯蘭教的特別之處，在於它的極端保守，也就是具有極為強大的抗拒變異能力。據說，先知穆罕默德曾經說過：「最壞莫過於新奇事物。每樁新奇事物都是一種革新，每種革新都是個錯誤，每個錯誤都可以導向地獄之火。」[25] 這種根深蒂固的觀念多少說明，為何馬穆革新要採取那麼強暴，不由分說的方式；它也同樣說明，為何奧圖曼的新文化運動也一直是在傳統學術之外，以另起爐灶的方式進行，而從來沒有冒不必要危險和阻力，去碰觸傳統學術。這不但在那覓凱末爾的時代如此，在聯進會時代如此，而且，即使到了國父凱末爾的時代，也仍然如此。他雖

24　伊斯蘭文明本來還有強大、蓬勃和獨立的科學、數學和醫學傳統，這些在中世紀（約九至十五世紀）曾經有非常輝煌的日子。但為了至今不明原因，這傳統在十三至十五世紀間緩慢衰落，從十六世紀開始，就幾乎完全喪失創造力。更不幸的是，就奧圖曼帝國而言，它從來未曾承接這個科學傳統，它在這方面的唯一短暫努力（即建造一個天文觀測台）只在十六世紀末持續了三年左右，就為保守教長所摧毀了。此外，伊斯蘭哲學也的確曾經由於九至十世紀的阿拉伯翻譯運動，而受希臘哲學深刻影響，從而發展出獨立於神學以外的觀念，但這不久也為保守的思想家和哲學家所壓制下去。見陳方正：《傳統與叛逆》（北京：三聯書店，2009），第 8 章。

25　轉引自前引范譯劉易斯，第 115 頁，此處文字略加修飾。

然獲得了無比威望和權力，卻只能夠以政治和行政手段，去強硬推行他的「俗世化」政策，包括廢黜一切伊斯蘭政治、法律和社會體制，乃至「加里發」（Caliph）制度；然而，他卻從來沒有觸碰過伊斯蘭教義本身，也就是從來沒有去攻擊舊思想，提出任何應當改變它的理據。

因此，國父凱末爾的俗世化大革命只是將一個「新現實」（*fait accompli*）強加於土耳其這個新興國度，它是沒有一個類似於法國「啟蒙運動」或者中國「五四運動」那樣的根本思想革命作為基礎的。這樣，一個很自然的結果就是學術的分裂。傳統伊斯蘭信仰、教義那舊一套，和從西方傳入然後發展起來的政治社會思想那新一套，變為截然分割，渺不相涉的兩個部分。前者不能夠與後者銜接，後者也無從對前者施加影響力或者發揮改造之功。這多少就是居卡爾的社會學以及他有關國家、民族、文明、文化那一大套論述的命運：它缺乏與傳統思想的交鋒，所以在社會上未能深根固柢（但這是簡單化的說法，詳見下文）。說到底，無論居卡爾或者凱末爾，都沒有足夠能力、魄力去將伊斯蘭教「解魅」——當然，我們知道得很清楚，一直到今天，也還仍然沒有人敢於嘗試（更不用說能夠）這樣做。

不過，話說回來，也不全然如此。胡適是為國故「解魅」，亦即把它放到一個新平台上，一個新架構中，以新的眼光和態度來看待它。居卡爾則是通過「文明」與「文化」的整體論述，將未曾經過解剖、改造的「國故」原封不動地從「普世文明」挪移到「民族文化」的位置上，以冀土耳其人可以心安理得地接受新文化與舊宗教並存，從而消解傳統與現代之間的緊張。他雖然並沒有深入觸動伊斯蘭教，可是這樣藉着涂爾幹的新學術、新觀念來為它重新定位，也可以視為一種間接的，無形的「解魅」。因為，僅僅作為一個獨特民族的「文化」，伊斯蘭顯然已經喪失它的普世性——而所謂神聖也者，自然應當是普世的。在此，我們不妨套用一句老話：倘若說胡適的《中國哲學史大綱》上卷是「商量舊學」，那麼居卡爾的民族主義與現代化論述也可謂「涵養新知」吧。

對傳統文化及國家前途態度的比較

在語文和學術以外，中、土兩國的新文化運動還有另一個重要部分，那就是對於傳統文化整體所採取的態度。在這方面，我們不妨從居卡爾開始，因為上文其實已經觸及這個問題了。首先，必須承認，以上兩段的說法是有點簡單化：居卡爾在他的論述中，其實並沒有完全迴避伊斯蘭觀念與現代國家體制，包括法律、教育、加里發等等之間的關係，否則他的伊斯蘭教「移位」說就會變為空洞、缺乏意義，難以取信於人。事實上，就伊斯蘭傳統在社會、政治、法律等各方面的思想、教訓，他作了相當多的討論。這些我們無法在此詳述，只能夠籠統地說，他採取了一個高度調和、兼容的態度，也就是論證「伊斯蘭諸多原始教義與現代觀念是可以相通而並非矛盾」的這麼一個基本策略。當然，要這樣做，他也就被迫忽略原始教義在隨後上千年間的具體發展，以及由此產生的複雜與精微之處。換言之，他必須回到並且重新詮釋原典。[26]

相比之下，他的前驅那覓凱末則爾則保守得多，幾乎仍然處處以傳統為依歸；而和他同時代的賈夫達（見上文）則激進得多，是個徹頭徹尾的反宗教唯物質主義者（materialist）。居卡爾不愧為認真嚴謹的學者，他的學說不但有西方學術的深厚底蘊，而且嘎嘎獨造，是從精研沉思中得來。它能夠引領風騷，被當時大部分知識份子接受絕非偶然。當然，他也不可能料到，更沒有機會見到，挾着救國英雄無比聲勢的凱末爾，在對待舊傳統也就是伊斯蘭教的政策上，實際上會比他的主張走得更遠，改革得更徹底得多。但這到底是否明智，是否就可以成為「最後解決方案」，抑或居卡爾原來的漸進、包容方案更能夠持久呢？在整個二十世紀大部分時間，答案似乎都傾向於凱末爾的明快決斷，但到了二十一世

26　大體見前引 Berkes, Ch. 7，這裏不詳細討論。

紀，在以伊斯蘭為號召的政黨無可抑制地重新在土耳其崛起的今天，則我們不能夠不承認，天平似乎又再度傾向居卡爾的折中調和那一方了。無論如何，可以肯定的是，居卡爾對於傳統與現代文化這兩者，都是採取正面與調和態度，在促使兩者的融合上，他不但作出許多努力，而且有實際和巨大貢獻。

　　對於胡適，我們卻無法如此評價。正如他自己所說，中國傳統文化的特徵是宗教心薄弱；因此，一旦辛亥革命成功，皇權被推翻，作為傳統文化核心的儒學就再沒有任何力量支撐，從而可以無所忌憚地肆意批判了。而在新文化運動以及隨之而來的五四運動之中，在「打倒孔家店」的口號下，它也的確被批判得體無完膚。在這些批判（例如在新思潮的討論和玄科論戰）中，胡適的態度是很堅決，很清晰的。他指出，「要擁護德先生和賽先生便不能不反對國粹和舊文學」，「孔教的討論只是要重新估定孔教的價值」，而重新估定價值的結果，就是他後來所說：「我們所有的，人家也都有；我們所沒有的，人家所獨有，人家都比我們強。至於我們所獨有的寶貝，駢文、律詩、八股、小腳、……又都是使我們抬不起頭來的文明制度。」這就是他希望中國人所聽到的，所感覺到的自責，以「認清了我們的祖宗和我們自己的罪孽深重，……然後肯死心塌地的去學人家的長處」。[27] 當然，如許多學者仔細指出，這只是他當日故意的鞭策，因此要把話說重，但在這背後，還有種種的個人情結和苦心在起作用，而且日後他雖然始終不願意直接否定當日這些言論，態度卻也變得更圓熟、調和、通達了。[28] 平心而論，這些話誠然偏激，是宣傳家、煽動家（pamphleteer）之言，而非學貫中西的哲學家深思熟慮之言，

27　見〈新思潮的意義〉和〈再論信心與反省〉，分別在前引《胡適文存》第一集第728－729頁，與第四集第465頁。

28　前引唐德剛著作論及此問題者散見全書，但第71頁頗有畫龍點睛之妙；前引羅志田第129－144頁是專門討論此問題的一節。

不過，揆諸當日情勢，他認為矯枉必須過正，溫良恭儉讓無濟於事，非「一摑一掌血，一鞭一條痕」無以救國，無以喚醒國人，那自然也是可以理解的。

　　至於對現代學術文化的態度，則他的看法是頗為單純的，即不應好高騖遠，應當切實虛心學習。至於應當學習何種學術，則他很少提到具體內容：他所注重的是基礎性的方法論，亦即他從杜威和赫胥黎所得來，歸納為「大膽假設，小心求證」的「科學方法」。作為示範，他也僅僅將此方法應用於向來熟悉的考據問題，例如《紅樓夢》和《水經注》，而未曾應用於和國家前途關係更密切的政治體制、社會結構、實際科學諸問題，或者結構性的歷史問題。所以，余英時很敏銳地指出，他在1930年那篇〈我們走那條路〉的著名文章中所講，無非都是沒有具體內容的主觀願望，對解決當時政治路向的大爭論，其實毫無幫助，也難以服人，而問題之癥結，即在於他所提倡的「科學方法」其實並不適用於解決緊迫的社會政治問題，[29] 甚至，與自然科學本身也沒有多大關係──它所真正適用的，只不過是他所熟習的考證工作而已。他終身宣揚科學的重要性，提倡「科學方法」，但對科學本身到底是怎麼樣一回事，坦白地說，其實亦不甚了了，而且從來未嘗用功深究。[30]

　　其所以如此大概有兩個原因。第一，他留學七年，真正所學所受感染的，是杜威哲學理論與美國政治文化氣息，這兩者可藉以衝擊、轉變中國的學術文化氛圍、氣息，卻不可能用以解決中國的政治社會問題，因為中美兩國的歷史、社會背景相去太遠，可以說是渺不相涉。第二，胡適雖然志氣高昂，聰明絕頂，但自二十六歲歸國之後，就再也沒有能

29　見前引余英時，第 63−71 頁。

30　有關胡適對自然科學的了解與態度，見本書以下論文：〈論胡適對科學的認識與態度〉。

夠在學術更上層樓，獲得新進境。為什麼呢？最可能的原因，自然是他不到而立之年就「暴得大名」，此後諸事猬集，公私繁忙，再也沒有功夫靜下來潛心探討一門在歸國之前尚未曾充分掌握的學問——即使他認為無比重要，應當大力提倡、宣揚的科學也不例外。他寫成《章實齋年譜》之後自嘆：那「是我的一種玩意兒」，為它「費了半年的閒功夫」，「作史學真不容易！」，可謂道盡此中消息。因此，他對自己的期望就是「開山闢地，大刀闊斧的砍去」，[31] 而所謂開山闢地也者，則很自然地選擇了自己最熟悉又最有把握的考證學，至於它是否果為中國所迫切需要，對中國走出困境究竟有無幫助，則沒有多作考慮，這可以說是「最小抗阻之道」（path of least resistance）的選擇。在這一點上，他和平穩踏實的居卡爾完全不一樣，那既來自稟賦和性格上的差異，更是因為兩人的際遇、環境完全不同。胡適在學術舞台上引領風騷二十餘年之久，到了國難當頭之際則領清望職位遠赴海外；而居卡爾從嶄露頭角開始，國家便已經瀕臨崩潰邊緣，他自己也被捲到政權核心，所以毫無選擇地必須面對最迫切的社會政治問題，絕不可能從容論學，講究如考證那樣的不急之務。

兩位新文化運動領袖的整體比較

　　胡適與居卡爾各自生長於本國的危急存亡之秋，都有過人天賦，年青時既能承受本國的文化傳統，亦有機緣（雖然是以完全不同方式）親炙西方文明部分精髓，更同樣立志通過文化更新（也就是文明再造）來挽救瀕臨解體的祖國，同樣成為本國新文化運動的領袖人物。可是他們的相類之處就僅止於此了。中國的新文化運動誠然在知識份子和民眾之間都發生了巨大影響，可是，這個影響主要是在文化和學術上，它對於

31　見前引《胡適日記全集》1922 年 2 月 26 日，即第 3 冊 448 頁；並見前引羅志田第 181 頁。

中國後來的政治發展並無多大直接關係，甚至可謂背道而馳。胡適所服
膺、所羨慕的自由主義體制和北伐之後的國民政府已經格格不入（雖然胡
適與此政府仍然是若即若離，經常維持客卿關係），和新中國最終所選擇
的道路更是南轅北轍。更弔詭的是，我們不得不承認，中國最後免於被
日本征服、分割，或者實際上為外國勢力如英美所操縱，反而得以獨立
自強，那很難說是和胡適所倡導的新文化運動有必然或者深刻關係。胡
適對八年抗戰的直接貢獻，主要在於做了幾年駐美大使，除此之外，他
的救國宏願是落空的——即使並非完全落空，其結果也是難以衡量的。
居卡爾就大不一樣了：在 1910 年代，他不但成為土耳其無可爭辯的思想
領袖，更進入聯進會的核心即其中央委員會，他的土耳其主義和建國理
論在實際上深刻影響聯進會的內政方針；更重要的是，它後來成為凱末
爾建國思想的基礎，最少也是踏腳石。

　　胡適與居卡爾在這方面何以有如此巨大分野，是很值得深思的。胡
適始終堅持論政而不從政，那可能有點關係，但從梁任公從政而並無建
樹的例子看來，那麼即使他毅然從「論政」走向「從政」，也不見得就能
夠對中國的日後發展發揮更大、更深遠影響。這樣看來，居卡爾能夠影
響政治乃至國家前途，似乎不僅僅是由於進入了聯進會核心（雖然那也
很重要），而更可能是因為他的學說與主張平穩、紮實、切合時勢，的確
能夠為當時陷入困境的土耳其提供出路，即放下大奧圖曼和泛伊斯蘭主
義的包袱，回歸民族根源。

四、總結與反思

　　最後，我們還需要反思的是：凱末爾越過了居卡爾的新舊融合構
想，代之以大刀闊斧的全盤俗世化改革，亦即名副其實的「文明再造」，

那到底是否明智？他以雷霆萬鈞之勢推行如此激進的政策，當時好像非常成功。但伊斯蘭信仰在土耳其民眾間是源遠流長，根深蒂固的。它貌似被壓制，其實並未消失，而只是潛伏待時，到了本世紀又乘着西方（包括美國和歐洲）大力推行「民主化」政治的機會，以不可遏制之勢全面冒出頭來。在它旗幟下的「正義發展黨」遂順勢逐步廢除凱末爾當年為保障社會俗世化而訂定的各種法律與體制；甚至，它如今又寖寖然有恢復國教地位和權力的趨勢了。那麼，是否居卡爾當日像是迂迴漸進的策略，會更為合乎民意和經得起時間考驗呢？這是今日土耳其不能不反思的了。當然，中國沒有這個問題，因為儒家（或曰儒教）並沒有像普世性宗教那樣深入與廣泛的民眾基礎。在傳統皇朝消失之後，它的政治基礎隨而瓦解，恢復儒家傳統政治地位的心願和呼聲雖然存在，但無可否認，力量非常微弱，和其他主要宗教遠遠不能夠相比。

　　但中國卻也可能面對另外一種困境。它至終走向了類似於傳統政體的高度集權體制，這體制在其初三十年產生了大量嚴重問題，但經過長期摸索和調整之後，現在終於像是找到了解決方案，並且由是帶來令人興奮的蓬勃發展機遇。甚至有不少中外學者認為，現在中國已經發現了足以與西方政治體制抗衡、競爭的另一種有效模式。然而，倘若不計中、土兩國在規模上的巨大差異，則今日中國與 1930－1980 年間威權體制下的土耳其，情況也不無相似。因此，我們不能不想到，土耳其在今日所面對的宗教傳統復活問題，將來是否可能會以另外一種面貌出現於中國。換言之，中國今日的體制和發展模式真是不需要繼續尋求改革的嗎？

原刊《中國文化》（北京），2017 年春季號，第 1－25 頁。

聖潔與邪暴：俄羅斯靈魂的兩面

> 今古河山無定數，畫角聲中，牧馬頻來去，滿目蒼涼誰可語，
> 西風吹老丹楓樹。
> 　　幽怨從前何處訴，鐵馬金戈，青塚黃昏路，一往情深深幾許，
> 深山夕照深秋雨。
>
> 　　　　　　　　　　　　　　　　　　——納蘭：《蝶戀花》

　　二十世紀最震撼，最令人驚駭莫名的事件，莫過於蘇聯的崩潰了。1985 年 3 月戈巴卓夫就任總書記，一年後推行經濟「重構」（perestroika），三年後推行「開放」（glasnost）政策，試圖徹底改變國家的社會和政治生態，但這舉世稱道的大膽改革結果和一百二十年前亞歷山大二世解放農奴卻頗為相似，只是更戲劇性，更令人目瞪口呆。在他執政後短短六年，這個看來那麼強大，那麼牢固，能夠與美國抗衡，一同雄霸全球的大帝國，居然在沒有外敵攻擊，沒有內亂，也毫無敗亡徵兆的狀況下，就突然間四分五裂，冰消瓦解了！無數時事評論員、歷史學家、政治學家、戰略專家都在追問、議論、分析、研究：那到底怎麼可能，到底是如何發生的？我們在此無意參加他們的行列，而只是要在「滿目蒼涼誰可語」，「鐵馬金戈，青塚黃昏路」的感喟中，回顧一下俄羅斯如何從一個維京蠻族小邦發展成為雄踞歐亞大陸巨無霸，然後又不斷掙扎求變革的過程，當然，也希望能夠在這段漫長歷史中，發掘出一些今日鉅變的種子和徵兆。

　　對中國人來說，蘇聯並不陌生。從二十世紀初以來，我們就深受它

的思想和文學影響，在五十年代，更曾一面倒模仿它的政治、社會、經濟體制。但在蘇俄和中國相似的表面之下，其實隱藏着巨大差異。這差異可以用俄羅斯靈魂的兩面性——聖潔與邪暴，虔誠與放縱、理想主義與陰鷙凶狠，來概括和凸顯。這兩面對中國人都是陌生的，因為往而不返的出世宗教精神和盲聾爽狂般恣肆意欲，都是講究憂樂圓融的中國文化所無，也是一般中國人畏懼卻步的。

　　所謂邪暴，在政治上表現為俄羅斯淋漓盡致、不受節制的專制政治傳統。這自然要以十六世紀的「可怖伊凡」、十九世紀的尼古拉一世和二十世紀的斯大林為標誌，但其實可以上溯到近代俄羅斯的開國之君，十五世紀的伊凡三世。而且，像彼得大帝和加德琳大帝那些著名的十八世紀開明改革家，亦一樣受其感染。它可說是在他們那片廣闊無垠的大地上，為了建立秩序和抗拒從四方八面洶湧而來的外敵，所被迫建立的霍布斯式體制——也就是說，為了秩序和穩定，只有全面專制。就個人而言，邪暴則表現於放縱，特別是痛飲、狂賭、暴戾。像《戰爭與和平》主人公彼得在書本開場時的爛醉，小說家杜思妥耶夫斯基在現實生活中之沉迷賭博，不能自拔，那都是大家熟悉的例子。這可能是在單調、沉悶的漫漫長夜（現實的也是政治的）壓迫之下，經年累月形成的文化吧。

　　至於聖潔、虔誠，則是由東正教的神秘主義與優雅儀文所營造的境界。它包含了在長期苦難中鍛煉出來的溫柔、忍耐，其後又滲透了在西歐影響和衝擊下所產生的奮發、進取，與滋生的疑惑、困擾。像十八世紀終生周遊講學的哲人史高伏羅達、十九世紀「十二月黨人」事變後在晨曦中發誓，要為俄國自由奮鬥一生的少年赫爾岑，以及晚年散盡家財，奉行原始基督教義的小說家托爾斯泰，還有像貝羅芙斯卡婭那樣從容就義的女革命家，都可以說是這種高尚情操的化身。俄國小說中也充滿了這種人物的典型——《卡拉馬淑佐夫兄弟》裏面的「老三」艾柳霞、《白癡》的主角米希金親王、《前夜》的志士英沙羅夫、……這樣的例子可以

說是數之不盡。

聖潔與邪暴，構成了俄國人抑鬱、深沉，充滿理想而又悲滄的性格。一部俄羅斯近代史，亦正是由現實政治中令人不寒而慄的高壓、兇殘、屠殺，與詩人、思想家、革命家的無限心願、努力、深情交織而成。那是一部在改革、停滯、革命之間來回擺盪的歷史。我們在這裏不可能縷述它的細節，而只能夠回顧它那些令人低迴嘆息的轉折點。

一、命運的抉擇

歷史上，遊牧民族從歐亞腹地湧出來，顛覆大陸兩側的高級文明是常態。俄羅斯的形成恰恰相反，它起源於大陸邊緣的蠻族挾着所沾染歐洲文明的優勢，向大陸腹地推進。這一變異，決定了俄羅斯歷史發展的獨特形態，即從城市走向草原，從貿易轉向農耕，從民主開放變為獨裁專制。[1]

維京人的一支

這發展來得很晚，是在公元第九世紀亦即歐洲中古早期。其時羅馬帝國覆滅已久，入侵蠻族已經被同化，法蘭克人剛開始建立「卡洛林帝國」，歐洲文明已經越過羅馬帝國傳統勢力界線，即多瑙河和萊茵河而

---

1 俄羅斯和蘇聯通史，見 Nicholas V. Riasanovsky, *A History of Russia* (Oxford University Press, 1977)；俄國社會組織的演化，見 Jerome Blum, *Lord and Peasant in Russia from the Ninth to the Nineteenth Century* (Princeton University Press, 1961)；俄國歷史進程研究見 James H. Billington, *The Icon and the Axe: An Interpretive History of Russian Culture* (New York: Random House, 1970)。以上各卷均有基輔時期的專門部分或分章。有關此時期歷史尚有以下專著：George Vernadsky, *Kievan Russia* (New Haven: Yale University Press, 1948)。

到達中歐，但北歐則仍然是未開化維京蠻族（Vikings）的世界。為了
至今還不完全清楚的原因，這些北方蠻族在八世紀末突然大規模向外武
裝移民，騷擾蹂躪西歐特別是英國和法國百多年，那是西方中古史上的
大事。這大規模移民其中一支在九世紀中葉渡過波羅的海進佔諾夫格魯
（Novgarod，即「新城」），隨後向南擴散，佔領芬蘭灣以南，黑海以北
上千公里，即今日白俄羅斯和烏克蘭一帶，那就是俄羅斯的起源。

　　這民族大遷徙的一個里程碑是華朗根族（Varangians）之中稱為「羅
斯人」（The Rus）的一支以奧勒（Oleg, 882－913）為首，在公元882年
自諾夫格魯南下佔領基輔（Kiev）。[2]在隨後近百年間，繼承者伊戈（Igor,
913－945)、其身後遺下的王后奧爾伽（Olga, 945－962）和王子史維托斯
拉夫（Prince Sviatoslav, 962－972）等三人四出征戰，逐步鞏固了這個政
權。俄羅斯的這個起源多少決定了所謂「基輔公國」（Kievan Realm）的
立國形態。那主要有三方面：向當地被征服的斯拉夫農民和其他從中亞
流動過來的遊牧民族徵收稅貢；發展黑海與波羅的海之間的長程貿易；
以及不時南下，假道巴爾幹半島侵擾以君士但丁堡為首都的東羅馬帝國。[3]

命運天平傾向歐洲

　　一個世紀後，基輔的符拉地米親王（Prince Vladimir, 980－1015）作
出命運抉擇：他拒絕了伊斯蘭而信奉東正教，迎娶東羅馬帝國最尊貴的
「紫袍公主」，並且與帝國締結軍事同盟（988）。這是鬆散基輔蠻邦的

2　這年份另一說是878年，見前引 Vernadsky, p. 22。

3　以上的說法是十八世紀興起的所謂「諾曼人起源說」，它的根據是《俄羅斯原始
　　紀事》(Russian Primary Chronicle)，那來自十一世紀教士納什托（Nestor）的記載，
　　但現存最早文獻則是十四世紀的所謂 Laurentian Codex。不過此說爭議很大，主要
　　在於華朗根人是否的確來自北歐，基輔公國的出現到底是由於本土斯拉夫民族的
　　發展還是由於外來民族的動力，等等。對此我們不討論，詳見上引 Riasanovsky,
　　pp. 26-30。

轉捩點。它自此注入了歐洲文化血液，獲得了文字、高等宗教、石頭建築、文學、藝術、深刻思想，開始蛻變為文明國家。

　　對歐洲來說這也是一個轉捩點。它代表自八世紀以來，在伊斯蘭教和基督教日益加劇的長期抗爭之中，基督教憑藉文化光輝的感召而獲得的重大勝利。符拉地米據說曾經仔細比較幾種不同宗教的教義和儀式，而最後征服他的心靈的，是東正教的輝煌建築、典雅儀文和優吟經誦。這樣，承襲希臘文化的東正教在精神、宗教乃至政治野心上找到了強大的傳人，它不但要與承襲羅馬文化的西正教頡頏、爭戰，而且將會成為征服君士但丁堡的奧圖曼帝國的剋星 ── 當然，這些都還是在遙遠的未來。

在三種政治力量間摸索

　　在符拉地米奉教之後兩個半世紀間，代表歐洲前線的基輔公國由於文化和組織比其他遊牧民族優勝，所以能夠在西起波羅的海，東至烏拉山，南臨黑海，北抵北冰洋這遼闊無涯的俄羅斯大平原上緩慢但持續地四面擴張，到十三世紀已佔地五六十萬平方公里，可以比擬歐洲大國了。

　　這樣一個沒有受到什麼壓力，在廣漠之野自然成長的大國，會發展出怎麼樣的政治制度呢？文化上它仰慕、學習拜占庭，政治上卻沒有可能抄襲複雜嚴密的東羅馬帝國體制，而只能夠在本土產生的三股力量之間摸索：那分別是掌握在羅斯族長即長親王（Grand Prince）手中的王權；從親王扈從（druzhina）蛻變出來的貴族（boyars）和他們的議會（duma）；以及市鎮中的民眾大會（veche），它在重大決定上不但可以制衡親王與貴族，而且往往能夠推舉市長、千夫長、百夫長，甚至左右親王的繼承。在不同區域，這三種力量的對比有極大差異。很自然地，在基輔王權最重要，在北方的諾夫格魯則民主傳統強大，統治它的親王必須得到民眾認可，而且要根據與民眾大會訂定的條約行事。

　　但基輔有羅斯人的管治傳統，卻談不上有政治意識或者制度。這表現於它在立國過程中始終無法解決的兩個主要問題。第一，是長親王繼承不穩定，「傳子」和「兄終弟及」兩種方式糾纏不清，加以國土廣袤，交通不便，領土擴張只有以分封子姪形式推行，因此內戰和分裂連綿不斷。到十二世紀初，公國實際上已經蛻變成由許多小邦（principality）組成的聯盟，它們的共同民族意識也很模糊了。其次，聯盟本來是為了共同對付外敵，但由於利益衝突，它內部不但經常發生戰爭，而且往往引來鄰國干涉，像匈牙利、波蘭、立陶宛、德國就都曾經出兵深入俄羅斯，甚至佔領基輔。所以，當時的俄羅斯其實還未曾具備發展更高級政治組織的意識和需要。一直要到十三世紀中葉，蒙古人的鐵蹄才完全改變這個形勢。

二、悲愴的大地

　　「近代」為什麼從十五世紀開始？這看似無理的問題，卻有一個合理答案——混一歐亞的大蒙古帝國興起於十三世紀，瓦解覆滅於十四世紀，由它所產生的深遠影響則要到十四五世紀之間才逐漸顯露出來。這些影響包括把黑死病菌從雲南帶到中原，然後經過歐亞大草原傳播到歐洲；把中國的先進技術——火藥、指南針、印刷術等傳入歐洲（雖然這不可能有確證，但已經逐漸為歐美史家承認），引起軍事、航海、文化、宗教上的大革命；更直接的，則是促成幾個高度集權的後續政權在大致同一時間興起。這包括中國的大明帝國，在小亞細亞的奧圖曼帝國，以及俄羅斯的莫斯科公國。所以，好些近代國家的歷史以十四至十五世紀為起點，是有一個「同步機制」在起作用的。

　　1237 年拔都的十萬西征大軍以迅雷不及掩耳的姿態，在嚴冬越過冰

凍河面，自北方長驅直入，先後攻破列也贊（Riazan）、莫斯科、符拉地米等城鎮，然後轉而向南，在 1240 年經過酷烈戰鬥焚毀基輔，屠掠全城人口，隨即揮軍西進，在短短幾個月內克服波蘭和匈牙利。窩闊台的去世挽救了歐洲，已經到達威尼斯附近的拔都放棄征歐計劃東歸。後來他選中伏爾加河和頓河下游間水草肥美之地薩萊（Sarai）為首都，在那裏安頓下來統治欽察汗國（The Kipchak Khanate），也就是所謂「金帳部」（The Golden Hoard）。這時距離較遠的波蘭、匈牙利恢復自由了，但整個俄羅斯則淪為屬國，不但要經常負擔沉重的賦稅，不時選出壯丁充軍，而且各邦親王必須由欽察大汗冊立，還得隨時應召到薩萊接受詰責，甚至遠赴大蒙古帝國的和林上都朝貢。在壓迫和屈辱之下，俄羅斯陷入長達兩百年的黑暗時期 —— 商業停頓了，農產餘裕被搜括乾淨，文化也開始倒退 —— 親王、大公，甚至教士之間都開始出現文盲。可是，殘破的大地上，卻留下了一個清靜自由的角落。

在十三世紀中葉，基輔已化為灰燼，莫斯科還只不過是微不足道的小城。這時整個俄羅斯只有西北部的諾夫格魯還能顯出光采來。諾夫格魯是維京人入主俄羅斯的早期據點，也是南北貿易幹線的北方樞紐。它不但繁盛、富足、進步，而且很早就發展出強烈的公民意識和相當民主的政治體制。事實上，從十二世紀中葉以來，它的君主就已變成一位「受邀」登位，並且必須遵照詳細訂定合約治事的領袖，真正的主權則掌握在由全城民眾組成的民眾大會（Veche）手中 —— 召集大會的「市鐘」（Vech Bell）成為民權和自由象徵。在這頗類似於五百年後英國因光榮革命而出現的體制之下，諾夫格魯建立了民選的各區區長、行政官、軍隊統領、法官以及詳盡的司法制度，包括陪審制度。同時，在本城以外，諾夫格魯不但開闢鄰近農田作為糧食基地，而且在嚴寒荒漠的大西北廣事殖民，發展貿易畜牧，建立自己的腹地。它之敢於號稱「大公之城」（Lord Novgorod the Great）是不無道理的。

　　和其他繁榮的商業城邦，例如差不多同時期的威尼斯一樣，諾夫格魯在軍事上也曾經有過一段輝煌歷史。在十二至十五世紀之間，它和西邊強鄰瑞典、德國、立陶宛、挪威等國家大小惡戰不下五六十次，由是遏止了信奉羅馬天主教的日耳曼和其他北歐民族向東方擴展的歷史性趨勢。事實上，正在拔都大軍焚毀莫斯科和基輔的危急存亡之秋，諾夫格魯就曾先後擊潰從西邊入侵的瑞典大軍（「尼夫河之役」Battle of Neva, 1240）和條頓武士團（「冰上屠戮之役」Massacre on the Ice, 1242），從而使俄羅斯逃脫被瓜分的厄運。而且，這兩役的俄方統帥亞歷山大親王（Prince Alexander, 1219－1263）並沒有被勝利沖昏頭腦。他是一位有遠見和現實的政治家，清楚認識到與蒙古鐵騎對抗是沒有希望的。因此，他以民族英雄的地位，不惜帶領俄羅斯向拔都屈膝歸附，由是為滿目瘡痍的故國保存了一角河山。這位「尼夫河之雄」（Nevskii）忍辱求全的政策，日後成為俄羅斯復興和雪恥的契機，他這一支王裔終於也登上了沙皇的寶座。至今俄人作曲、拍電影歌誦、紀念他，應當是欽佩他的大智大勇，能屈能伸，而不單單是由於他能征善戰吧。

三、光復與沉淪

　　在拔都焚毀基輔之後一百四十年，米特里親王（Prince Dmitrii, 1359－1389）在頓河上游的「鷸鳥場」（Kulikovo）大敗金帳部的蒙古軍（1380），從而贏得「頓河之雄」（Donskoi）的英名。他無疑可以告慰當年率領俄羅斯人忍氣吞聲向拔都稱臣的高祖亞歷山大親王了。這是俄羅斯大平原中心的細小公國莫斯科經過整整四代、先後六位親王臥薪嘗膽，勵精圖治之後掙得的初步勝利。可是，當時元朝和其他兩個蒙古汗國雖然早已覆滅，原來並沒有堅強政治結構的俄羅斯卻還要再等待足足

一個世紀,直到雄才偉略的伊凡大帝(Ivan III, the Great, 1462－1505)時代,才能完全掙脫金帳部的枷鎖。1472 年伊凡迎娶拜占庭末代皇帝的姪女蘇菲亞公主,隨後將莫斯科周圍剩下的城邦如羅斯托夫(Rostov)、伊雅魯斯拉浮(Iaroslavl)、列也贊(Riazan)等次第收歸版圖。1480 年他在烏格拉河(Ugra River)之役令對岸的蒙古軍望風遺逃,並開始使用「主君」(Autocrat)和「沙皇」(Tsar)等稱號來強調完全的獨立和自主。[4] 同時,由於羅馬天主教與東正教合併企圖的失敗(1439)以及君士但丁堡的陷落(1453),在宗教上俄羅斯也取得獨立自主地位,甚至能夠以「第三個羅馬」自居。[5] 這樣,強大、一統的莫斯科終於完成驅除「韃虜」,在政治和宗教上取代基輔傳統地位的大業。這是和加斯底－亞拉岡(Castile-Aragon)聯軍克服格蘭那大,把回教徒逐出西班牙半島(1492)同一時期的事情。

莫斯科的伊凡和加斯底的依莎貝不但是在相同時代立下豐功偉業,而且都是藉本民族在長期苦難之中熬煉出來的堅定、單純和狂熱宗教精神立國。用宗教語言來說,他們的功業,正是歷代熱切禱告之聲上達天聽的結果。事實上,在十三世紀還是藉藉無聞的撮爾小邦莫斯科能夠在強鄰環伺中脫穎而出,逐步將俄羅斯舊地聚歸版圖,這除了中心地理位置的因素之外,主要得力於兩個世代相傳的政策。第一個政策是政治性的,即對內同心協力,確定以傳子為主的繼承方式,對外則「遠交近攻」,盡量與金帳部的宗主政權恭順合作,以求得到諒解,可以施展種種手段來收買和兼併鄰邦而不受干擾。

第二個政策則是宗教和文化的,它表現為優禮教士,扶植教會、修

4　但正式以「沙皇」名號登基,則是從下世紀的伊凡四世開始。

5　不過此時俄羅斯教會最高領袖仍然稱「宗主教」(Metropolitan),比「教宗」(Patriarch)低一級,直至 1589 年即可怖伊凡時代,俄羅斯教會方才獲得君士但丁堡和其他東方教宗同意,將他們的領袖升格為教宗。見前引 Riasanovsky, p. 171。

院，令它們能廣事吸引民眾，蓬勃發展。基輔焚毀之後，俄羅斯的宗主教（Metropolitan）流亡到莫斯科，深受禮遇，自此代代定居於斯，使它不期然成為全國宗教中心。在十四世紀，莫斯科地區更出了教宗亞歷西斯（Alexis）和修士舒濟亞斯（Sergius）（後來都被封為聖徒）這兩位俄羅斯教會史上最傑出、最受敬仰的人物：前者成為教會乃至莫斯科軍事、政治的卓越領袖，後者則以謙恭虔誠的行為廣受愛戴。他在莫斯科遠郊建立的聖三一修道院（後來稱為 The Holy Trinity—St. Sergius Monastery）成為全國修道院運動的起點，數十年間不但莫斯科城內，而且方圓數百哩內也都密佈了這種具有生產力和軍事作用的宗教與殖民中心。到下一世紀，則北至白海，東至烏拉山，整個大北方也都受到修道院的教化。莫斯科的「民心士氣」便是這樣在聖壇前面建立起來的。

鐵腕之下

「公教君主」依莎貝和法迪南在驅逐回教徒之後，就開始收服其他邦國，鎮壓異端，把西班牙改變成歐洲最早的專制君權國家。然而，由於受到地方「特權」掣肘（他們從盟主蛻變為君主究竟為日尚淺），他們始終不能不尊重傳統與先例，不能暢行所欲。伊凡可不一樣：莫斯科靠兼併而擴展已有將近二百年歷史。而且，在未曾直接受過羅馬帝國文化被澤的俄羅斯大地上，拜占庭絕對君權的思想遠比地方特權有力。所以，這位自立的沙皇絕不認為他的權力有任何實際或道義限制。這樣，羅斯人在俄羅斯所建立的第一個城邦，六個世紀以來繁榮、獨立、自豪的諾夫格魯就面臨空前厄運了。

1472 年伊凡初次派軍隊強迫這顆「北方明珠」投入俄羅斯母親懷抱，並放棄它的獨特地位和種種自治權利。六年後大軍再臨這仍然反側不馴的屬國城下，城中長老的愛國心與對自由、獨立的嚮往衝突不已，和戰之議再三爭持不決，但經過一再猶豫、反覆之後，她終於開城歸降——

其實軍事上亦別無選擇。隨即許多「叛徒」被處決，大部分富戶被迫遷入內地。更重要的是：召開全民大會所用，同時象徵主權的「城鐘」（Veche）也被搬走。嚴厲的伊凡大帝宣稱：「我的領地諾夫格魯不許有城鐘，不許有民選長官，我要統治全邦。」就這樣，維京人在波羅的海附近所建立的一個繁榮、興盛，發展了廣泛國際貿易網絡，以及高度合理、民主政治體制的城邦，就黯然淪為大一統帝國治下的普通城市了。

黑暗降臨

　　但比起它九十年後的命運，這一點點屈辱其實又算不得什麼。那是伊凡大帝的孫子，「可怖伊凡」（Ivan IV, the Terrible, 1533－1584）統治晚期的瘋狂行徑。[6] 在 1570 年，由於一個普通罪犯的誣告，這位令人不寒而慄的暴君帶領了他的直屬黑衣衛隊（Oprichniki，亦即日後帝國特務前身）把諾夫格魯全城團團圍住，然後每日在廣場上任意抽取一千市民痛施酷刑殺戮 —— 剝皮、截肢、割舌、分屍、火燒、鼎烹，無所不用其極，自己則偕同太子縱馬觀賞，如此前後凡一個多月之久，山積的屍體往往令面上已結冰的河水堵塞不流。在大地昏暗，日光無色的大北方，漫漫長夜似乎真的永遠降臨了。

　　以不假道理、言說，但憑直接與上帝溝通為尚的神秘主義和宗教熱誠，不但沒有驅除伊凡內心的黑暗，反而加強了它的自信、恣肆、瘋狂。也正是這強調儀文、虔誠、匍匐馴服，而不講究訓示、經義的宗教，令得成千累萬（而且不單止在諾夫格魯）樸實、勤懇、無辜的人民沒有任何反抗，沒有任何聲音，甚至沒有任何憤激怨恨，反而懷着殉道者的坦然心情，馴如羔羊般一個個走向刀鋸、鼎鑊、絞架。歷史家說：

6　詳見可怖伊凡下列傳記：Henri Troyat, *Ivan the Terrible* (Joan Pinkham, transl. New York: Dorset Press, 1984) 以及前引 Riasanovsky, Ch. 15。

「莫斯科國似乎是遭受內戰蹂躪，但這是極為奇怪的內戰，因為攻擊者全然沒有遭到反抗。」[7]

　　從此，這顆北方明珠就完全破碎，委棄塵土之中，再也沒有發出光芒了。而單憑着原始宗教熱誠和統一雄心建立起來的莫斯科國，也很快就陷入混亂、分裂和長期危機之中。

四、大地山河一擔裝

　　胡適說：「一個國家強弱盛衰，都不是偶然的，都不能逃出因果的鐵律的。」如所周知，他是一位十分可愛的樂觀主義者，但他自詡為科學的歷史觀，所謂「因果鐵律」也者，恐怕不大可信。他自己二十多歲「暴得大名」，就頗不乏時勢與運氣成分，這且不去說它；無可辯駁的是，哥倫布之發現新大陸，實足以氣死無數葡萄牙學者和遠航前輩，證明有時運氣比專業才能重要得多！

暴君的時運

　　同樣，就在西班牙人席捲中南美洲，英國人探索維爾珍尼亞海岸的同時，可怖伊凡也靜悄悄地為俄國攫取了蒙古大帝國瓦解後遺留在歐亞大草原上的家當，即眾多韃靼汗國。十六世紀五十年代，他先後

7　見前引 Riasanovsky, p. 166。有關可怖伊凡的瘋狂行徑與殘暴統治討論甚多，那大致上可以從兩個完全不同角度去理解。一是心理的，與他高度聰明、敏感的性格，以及未成年時被周圍的貴族、大臣欺凌、虐待有關；一是政治上的，即要有效統治如此龐大、分散、強鄰環伺的國度，那就必須高度集權，也就是強力鎮壓向來散漫無紀律、桀驁不馴的眾多貴族以及他們的議會傳統。事實上，他是俄羅斯政治的一個轉捩點：沙皇大權獨攬，貴族無從反側的體制由此形成，向東西南三個方向擴張的傳統亦從而確立。見前引 Blum, Ch. 9，並見下節的討論。

征服位於伏爾加河中下游的加贊汗國（Kazan Khan）和阿斯特拉汗國
（Astrkhan）；八十年代他授權商人史特洛根諾夫（I. Stroganov）開發「東
方」，後者所僱用的厄爾麥克（Ermak）竟然就統領八百哥薩克騎兵東越
分隔歐亞的烏拉山脈，憑藉精良火器與嚴密組織，在兩三年內征服庫尋
（Kuchum），由是打開了整個西伯利亞的大門。伊凡晚年的瘋狂行徑使全
國陷入絕大混亂，到十六世紀之後，新興的莫斯科國已瀕臨被瓜分的命
運，然而這卻一點都沒有影響俄國人向東擴展。到了明清之際（1640年
左右），從烏拉山到白令海狹，整個西伯利亞千餘萬平方公里的土地，已
在不知不覺之中，不費吹灰之力歸入沙皇版圖。這不是時與運是什麼？

福不唐捐？

但胡先生是十分倔強的，他假如健在，恐不免要翻出史書來告訴我
們，伊凡雖然殘暴、保守，倒並不閉塞，也不排外，而是相當英明神武
的一位君主。他會指出，俄國從十六世紀就已經開始政治和軍事革命。
當時伊凡制定貴族服役法，並且創辦火槍營（The Streltsy）作為專業的
正規軍；而其後整整一個世紀之間，俄國人大量引用所謂「德國佬」（其
實是信奉新教的美、荷、瑞〔典〕、丹、德等各國人的通稱）作為軍事訓
練、組織、軍需生產甚至僱傭兵的中堅。例如俄國第一間新式兵工廠、
第一套軍事教科書就都是十七世紀之初荷蘭人的傑作。他們之中不少改
宗東正教，得到封賞，成為俄國貴族。俄國之所以能夠「反奴為主」，在
草原上大事擴張，正就是「有容乃大」，應了胡先生愛說的「福不唐捐」
那句老話。

這些都沒有錯。但我們可以補充一句，莫斯科之所以能夠越過立陶
宛、波蘭、奧國等天主教死敵，與西方的新教國家密切往來，主要是
依賴「北方航線」，即從大天使城（Archangel）往北，經白令海、北冰
洋，繞過整個斯干的納維亞半島，然後南下英國、丹麥等地。而這條

航線的發現，卻又是一個意外——1553年英國的贊塞勒船長（Captain Chanceller）奉命探測繞過北歐以抵達亞洲的「東北航道」，無意中卻撞往大天使城，由此打開了俄羅斯的國際貿易之門。

要明白這航道的重要性，我們得記住三件事。第一、當時俄羅斯要西出波羅的海，則受制於天主教的利宛尼亞（Livonia）——這是伊凡三世打了二三十年仗而仍然征服不了的一個騎士團；要南下黑海則受制於克里米亞汗和奧圖曼帝國，所以它實際上是一頭到不了海洋的「困熊」。第二、在贊塞勒船長之前，利宛尼亞就曾禁止俄國招募的百多名技術專家過境。第三、在十六世紀中葉之後，莫斯科以南的「德國佬區」暴增到好幾萬人——事實上，日後彼得大帝對西方的強烈興趣和許多知識，便正是從少年時代在德國佬區的宴遊談話中得來，而幫助他實行改革大計的好些幕僚部屬，原來也是當時交結的朋友。[8]

換言之，沒有歷史上的這一個因緣，俄國要虛心、開放、學習也未必有機會。更何況，同樣先進的組織、思想、技術，對不同國家很可以有截然不同效果。當時那麼勤奮、靈活、精幹，苦苦與葡萄牙爭奪東印度貿易權利的荷蘭人，對尚在學步的俄國竟然能夠不費吹灰之力就把萬里河山一擔子裝了去，又豈能不苦笑呢？

勝利與悲劇

無論如何，西伯利亞只不過是撿回來的便宜。對俄羅斯來說，南方的克里米亞汗，西南方的波蘭—立陶宛聯合王國，還有西北方的利宛尼亞騎士團，則是長期對抗的強鄰。其中波蘭—立陶宛不但佔領了烏克蘭和白俄羅斯等整個大西南方，而且在當地成立天主教—東正教「聯合教

8　關於十六世紀俄國與西方關係，見前引 Billington, Ch.2，特別是 pp. 97-102，此處並深入討論可怖伊凡的性格分裂和所導致的政策兩極擺盪。

會」（Uniate Church），更隱然以基輔公國亦即俄羅斯正統自居，所以無論在宗教或民族意識上，都是與莫斯科勢不兩立的。

　　「可怖伊凡」去世之後斷子絕孫，俄國陷入了十幾年（1598－1613）的「大動亂時期」（The Time of Troubles）。當時貴族、農民蠢起搶奪政權，瑞典、波蘭大軍壓境，甚至莫斯科也被佔領達三年之久，瓜分亡國的命運，眼看只不過是顧指間事。但是，就像三百年前在蒙古鐵蹄下一樣，東正教再一次挽救了俄羅斯。由於教宗許莫根（Patriarch Hermogen）和聖三一修院院長戴奧尼撒斯（Abbot Dionysus）的呼籲和領導，俄國人民的民族意識和愛國心激發出來了，各地救國軍隊雲集，終於攻破莫斯科，驅走了盤踞於斯的波蘭人。他們於是在 1613 年召開有廣泛代表性的「全民代表大會」（Zemskii Sobor），一致選出家族受大眾愛戴的米高‧羅曼諾夫（Michael Romanov）為沙皇。就這樣，在內憂外患最深重之際，俄國人以最民主的方式建立起綿延三百年之久的羅曼諾夫專制皇朝。[9]

　　在俄羅斯意識之中，大動亂時期的慘痛經驗證實了兩件事。第一、東正教是「國粹」，是俄羅斯靈魂之所繫。第二、專制的沙皇是唯一適合俄羅斯，唯一能保證國土不受外敵（特別是顛覆意識特強的波蘭天主教徒）蹂躪欺凌，社會不受強豪魚肉分割的政治體制。[10] 然而，短短一個世紀之後東正教的命運就消沉了，沙皇制則繼續成為統治這鯨鯢大國的柱石，其影子至今還不時重現。弔詭地，十七世紀之初，民心士氣的勝利變成了將近四百年政治悲劇的泉源。

9　見前引 Riasanovsky, Ch. 16

10　例如，一位在俄國大革命之後流亡法國的著名「路標派」知識份子就說：「俄國歷史學家將俄國政府的暴君性格解釋為在其無垠大地上建立組織之必要。」見 Nicolas Berdyaev, *The Origin of Russian Communism* (Ann Arbor: The University of Michigan Press, 1992 [1937]), p. 9。

五、靈魂的裂痕

在西方軍事力量與思潮衝擊下，亞洲大陸上古舊帝國的反應出奇地全然不一樣。門戶開放最晚，表面上最封閉的日本，在培里（Commodore Perry）的軍艦進港之前六七十年，就已經開始擁抱新事物、新思想，腦子裏好像根本沒有經過掙扎、痛苦；中國的士大夫遲疑了二十多年才開始對洋槍、洋炮、輪船、鐵路動腦筋，折騰了八十年才算有一個思想上的大轉變；然而這比起土耳其人要經過足足一百七十年的慘痛教訓，在舊勢力下犧牲了兩位首相，一位蘇丹，才能站到改革的起點上，那又算不得什麼了。

但最弔詭的，卻還是俄羅斯。在專制、但不無遠見的沙皇鞭策下，這個龐大的國度接受西方事物，比以上三者早了足足二三百年；可是，全然不受社會力量制衡，在高壓之下推行的改革，是不可能有健全基礎的。它推行得愈徹底，社會所受的撕裂、創傷就愈厲害，愈不可癒合。在帝俄時代是這樣，到蘇聯時代也還是這樣。因此，在這四個國家之間，就出現了「在前的反要在後」的奇特現象。1904 年日俄戰爭的結果令全世界大吃一驚，今日中、俄經濟表現的驚人對比，也可以說是這現象的一部分。

歷史的奇點

歷史的魅力在於：它雖然有許多「必然」，好像是由一張無數因果關係織成，延綿無間的大網，然而它又有明顯的「奇點」（singularity）。正如數學函數在奇點上是不規則，不連續，在奇點附近可以具有任意值，在歷史的奇點上人也好像脫離了因果網絡，能充分體現意志的自由。這種看法，自然不免會被今日的社會歷史學家目為浪漫、幼稚。然而，只要他們想到彼得大帝在俄國近代史中所產生的決定性作用，恐怕也不可

能不感到頭痛吧？

　　誠然，如我們在上面所提到，西方（主要是新教國家）通過北方航線以及莫斯科市郊的「德國佬區」而影響俄國，是從十六世紀中葉開始，到彼得的時代已經有一個多世紀。所以他自幼能夠接觸許多西方事物（例如 Ismailovo 老屋中那艘激發他航海熱情的小艇）和觀念、技術都並非偶然；同樣，在蘇菲亞長公主的攝政時代（1682－1689），她所寵信的大臣葛列辛（Vasily Golitsyn）就已經是一位飽受西學和西方儀節習俗薰陶的開明改革家，那也不意外。可是，「科學的」史家倘若就企圖由此證明，彼得所做的，只不過是反映原有的深層社會變遷，那就未免太武斷了。[11]

歷史的誤會

　　我們且不必討論彼得那麼獨特的稟賦、強悍的意志、無窮的精力，或者他青少年時期能在自由、開放的環境中健康成長的傳奇性際遇。可是，我們不能不記住：他十七歲那一年（1689）黈夜出奔聖三一修院，然後與長姊蘇菲亞對峙將近一個月之久，而卒之能夠獲勝，取得政權，一個極其重要原因就在於許多貴族、軍士，特別是教宗約雅金（Patriarch Joachim）都對葛列辛的西化以及種種改革感到厭惡、抗拒，所以都離棄蘇菲亞，大量投向與她敵對的聖三一修院這方面。也就是說，在當時俄國社會中，有一股洶湧的保守暗流。

　　而極度嚮往於西方的彼得，卻被這樣一股保守力量擁上沙皇寶座，自不能不承認是一個歷史性誤會和絕大諷刺。彼得以一個二十來歲的少年，能夠獨排眾議，堅定不移地推行整一套葛列辛所絕對夢想不到的，從上至下，從裏至外的徹底改革，——事實上大體消滅了擁戴他登位的

11　關於彼得大帝，見下列傳記：Robert K. Massie, *Peter the Great: His Life and World* (London: Sphere Books, 1982)，以及前引 Riasanovsky, Ch. 20。

保守力量，從而改造了整個俄羅斯社會，那不是一個歷史上的奇點又是什麼呢？我們能想像在他之前的父皇亞歷西斯，或者羅曼諾夫皇朝任何其他一位君主（加德琳大帝除外，但她本人自然也同樣是一個奇點），例如亞歷山大一世或二世，推動同樣翻天覆地的變革，而不陷入疑慮、爭辯和畏縮的泥沼嗎？

火與皮鞭

　　當然，這並不是說彼得沒有遇到困難或阻礙。例如，他親政之後由於率軍征服克里米亞汗國，所以深切了解帝國已經有一百五十年傳統的主力軍「火槍營」（Streltsy）是如何落伍、腐敗和缺乏紀綱。自此以後，他就克意分散火槍營的兵力，經常調動它的隊伍。1698 年部分火槍營士兵嘩變，為彼得提供嚴厲鎮壓的絕佳機會。他不但親自主持以酷刑 —— 主要是以粗重的皮鞭（Knout）拷打和用火炙烤 —— 偵訊犯事士兵（其後大部分遭到處決），而且強迫許多貴族充當劊子手；翌年更正式解散全部火槍營。這樣，一個代表舊俄羅斯習尚，而且屢次捲入宮廷政變的傳統軍事體制就有計劃地摧毀了，而過程之酷烈，則起了絕大威儀作用。那比之奧圖曼帝國的馬穆二世在一個多世紀之後處心積慮將近二十年方才摧毀「近衛兵團」（Janissary Corps），真所謂談笑用兵，舉重若輕了。

精神的分裂

　　這土、俄之間的大差別與宗教有密切關係 —— 伊斯蘭教始終是獨立於蘇丹以外的一種民間力量，東正教則自始就是俄羅斯政體內的一部分，從來不曾發展獨立勢力。也不能說從來沒有這樣的企圖 —— 只是失敗了。在彼得前一代，身材魁梧、意志堅決的教宗聶康（Patriarch Nikon, 1652－1667）就一度親自釐定教會規條、改革崇奉儀式，爭取樹立教會權威，以求達到教皇與沙皇「並峙」亦即「共治」的理想。然而他的儀

式改革雖然得到教會大會和政府支持，卻被低級教士和一般信眾認為違反俄羅斯傳統，因而遭到堅決抗拒，最後導致教會的「大分裂」（Schism, Raskol）——數以萬計不屈的老派信徒（Old Believers）或被燒死，或在教堂集體自焚——1672－1691年那二十年間，有多達兩萬人參加多達三十七趟這樣的慘烈儀式，餘者則大量逃居西伯利亞，發展出另外一種傳統。另一方面，聶康提高教宗與教會地位的種種狂妄（最少在俄國傳統中如此）措施，則激怒沙皇而完全失敗，他自己也因此被流放。

　　所以，到了彼得的時代，作為俄羅斯靈魂的東正教會已經在精神和政治兩方面陷入困境。饒是如此，在極保守的教宗赫德里恩（Patriarch Hadrian）去世後，彼得也令遺缺空懸二十年之久，然後才廢除教宗的位置，以集體的「聖教會議」（Holy Synod）代替教會元首，那當然還是極為決斷和影響深遠的大變革。我們必須記得，土耳其一直要到二十世紀，待舊帝國覆沒之後，凱末爾才能斷然廢除教皇「加里發」（Caliph）的位置。而在彼得手下，象徵舊俄羅斯的火槍營與教宗這兩個體制之摧毀，卻顯得游刃有餘，好像是不費吹灰之力似的。

六、大革命：光榮與代價

　　提起大革命，我們自不免想起暴民攻打巴斯底大牢，或者布爾什維克黨人圍困冬宮，那些旗幟飄揚，慷慨激昂的場面——以及隨後的混亂、專制、審判、殺戮。相比之下，十八世紀初彼得大帝個人發動的大革命好像溫馴安靜得多。但其實它一樣充滿動人心弦的光榮事蹟——也一樣帶來不可避免的沉重代價。

北方之雄

　　為什麼彼得要發動這場革命？我們可以舉出許多不同理由 —— 對西方的欽羨、野心、爭勝好強、時代的驅使⋯⋯等等，但沒有哪一個理由最基本、最概括，因為它們全部都是互相牽連的。可是，為了方便，我們不妨說，理由就是為了渴望衝破大地的包圍，到達自由的海洋。可不是嗎？他親政後首先就是南下攻打克里米亞汗國，甚至不惜從頭建造艦隊，以求攻佔頓河口的阿佐夫城（Azov），以打通到黑海的出路（1695–1696）。跟着，他派遣數百人的龐大使節團巡迴拜訪西歐諸國，自己也微服相隨督導（1697–1698），表面上是為了考察、學習、延攬人才，實際上則是為游說各國聯合對付當時還十分強大的奧圖曼帝國，以求打開南邊大門，進入地中海。但如所周知，這是俄羅斯民族至今還未能實現的夢想。

　　聯盟的想法既引不起西歐的興趣（這位身高將近七呎的年輕君子雖然獲得禮遇，卻還沒有政治分量），彼得的眼光自然就只有從南方轉向西方，從地中海轉向波羅的海了。當時波蘭還相當強大，而新教國家瑞典則在十七世紀初的三十年戰爭中崛起。所以，很自然地，在十八世紀第一年爆發的所謂「大北方戰爭」，基本上就成為俄、波、瑞三國互爭雄長之戰了。這場前後延綿二十一年之久的大戰以瑞典擊敗波蘭，俄國又擊敗瑞典告終 —— 或更個人化地說，以彼得擊敗和他同樣堅毅、果斷、才華橫溢的查理士十二世（Charles XII），完成到達波羅的海的美夢而告結束。

理性的轉向

　　在十七至十八世紀之交，瑞典是歐洲最先進、強盛的一個國家 ——更何況，那時候荷蘭在獨立戰爭中發展出來的軍事革命已經傳到北歐。所以那瓦（Narva）河口之役（1700）查理士僅以四分之一的相對軍力就

把彼得打得落花流水是並不奇怪的。可是短短九年之後，彼得卻在波太華（Poltava）這場決定性戰役中徹底毀滅了瑞典軍隊，查理士竟至落荒南逃，去投靠土耳其人。自此以後，瑞典一蹶不振，俄羅斯則從歐亞邊緣上無人注意的一個半開化政治體，一躍而成為站在歐洲政治舞台中央的強大帝國。這戲劇性的轉變關鍵到底何在？恐怕不在於中國人最愛說的「發憤圖強」──「憤」的意味太主觀、太衝動、太情緒化了──而是在於冷靜、全面、有計劃、不受任何干擾地運用他所服膺的西方理性精神。

例如，為了攻打阿佐夫城，就退而建造艦隊；缺乏船匠、水師，就向西方和僑民招募，大規模就地訓練，同時派大量留學生到荷蘭、意大利學習。同樣，那瓦河口吃了敗仗，也是三管齊下，以改進士官質素，改良槍械和大炮。這些措施需人，需錢，就向全國各地、各階層徵召，任何人無論貧富、家世、職業，一律沒有例外，令俄羅斯人真箇「無所逃於天地之間」。資財不足，則一面加重賦徭、密織稅網，另一面開山闢林、發掘礦藏、獎勵實業、推動貿易，謀求富足。為了協調這全國性的總動員，他設立「元老院」（The Senate）和各「會議行政部門」（Colleges），訂定客觀的規程和集議制度。為了令這架龐大國家機器運轉，他更強迫貴族子弟接受教育，並且大量聘用西方（特別是鄰近的德國）教師，開設各式各樣學校、學術機構，臨終前還籌辦俄羅斯科學院。至於他為了移風易俗而親自剪掉貴族的長鬍子，和勒令他們穿著西服，就更是眾所周知，不必細說了。他大刀闊斧破除一切俄羅斯舊習樊籬以求創造的，就是一架完全依循固定秩序運作，能產生巨大財富和力量的國家機器。

理性的限度

然而，彼得的力量雖然強大，他所發揮的理性精神還是有限度。這限度首先來自他自己──他是整部國家機器中惟一不受制約，毋須服從

規條或者公議的非理性部分，他的自由意志往往成為問題根源。這「開明專制」的內在矛盾他雖然覺察，而且企圖解決，卻始終無法消除。在這一點上，他比之服膺「無我」精神的德川家康，顯然還有所不及。

限度的另一面，則在於社會結構。彼得所能夠動員和控制的，主要是佔總人口（約1300萬）只百分之一，即總數僅十幾萬的貴族和地主。從可怖伊凡時代開始，這一精英階層就已經常被徵召。彼得更變本加厲，嚴格規定他們全體必須終生自費在政府或軍隊中服役——事實上，貴族子弟在十餘歲就須在役冊上登記，甚至選擇進入修院也被禁止。

這恢恢「役網」造成了兩個不幸後果——第一，精疲力竭的精英階層再無餘力經營工商業，為自己累積財富，所以雖然彼得大力鼓勵，但社會始終沒有本身活力，資本主義更無法滋長。更糟糕的是，竭力奉公的「士紳」們被迫轉而用最原始、最無效率的方式從他們自己的田莊和佃戶身上搾取資源以自奉，由是必須不斷加強對佃戶的人身控制和勞力剝削，後果就是發展出愈來愈嚴密的農奴（Serf）制度。其實，彼得本人對「才能統治」（Meritocracy）有極其堅強的信念，而且，心底也頗富平等精神。但他以理性精神建造國家機器，卻完全忽略了其下的社會制度，這一方面固然由於萬機猬集，思慮不足，另一方面恐怕也顯示出他系統性理論教育之缺乏，以及他那一個時代政治、社會思想的限制吧？

但最深層的限制，當還是來自理性本身。因為真正能鼓動人心，激發才能的，自然不是理性甚至帝國光榮，而士紳們（更不必說廣大農民）也不會甘心做國家機器中的螺絲釘啊。

七、加德琳的兩個世界

預見俄國大革命和斯大林大整肅景象的雷迪雪夫（Alexander

Radishchev）並不是一個布爾什維克，也不是十九世紀虛無黨人，而是十八世紀末葉，加德琳大帝（Catherine the Great, 1762－1796）治下的一位海關總監。他在法國大革命那一年所寫，在翌年出版的《從彼得堡到莫斯科之旅》（*A Journey from Petersburg to Moscow*）雖然順利通過出版檢察官老爺的昏花法眼，可是它對農奴悲慘生活所表示的義憤，對俄國專制社會所提出的控訴，對改革社會制度的大膽建議，卻逃不過加德琳的敏銳觸角。像許多後繼者一樣，他雖然懺悔求饒，也被迫作了一次長達六年的西伯利亞之旅，其後自殺以終。[12]

啟蒙之君

至於我們這位飽讀洛克、孟德斯鳩、盧梭、阿當斯密著作，又被她的筆友和仰慕者伏爾泰尊為「聖君」的女皇，本來只不過是德國一位沒落貴族的女兒，可是由於種種機運，加上她自己的機智、果斷，居然在1762年的政變中廢黜（然後假手近臣除去）她近乎白癡兼且「無能」的夫君彼得三世，從而登上俄羅斯帝國的大寶。當然，這不值得大驚小怪：在她之前，打從彼得大帝的長姊蘇菲亞算起，俄國已經歷了四位女主，不知多少次宮廷政變，也摻雜了不知多少德國基因到皇室血液之中了。[13]

然而，加德琳和她之前那半打婦孺乃至彼得都不同 —— 她不但有才略，而且有學識、頭腦和理想，可謂徹頭徹尾的啟蒙運動產物。她的

---

12 有關雷迪雪夫，見 Avrahm Yarmolinsky, *Road to Revolution: A Century of Russian Radicalism* (Princeton University Press, 1986), Ch. 1。

13 有關加德琳大帝，見下列數種專著：Henri Troyat, *Catherine the Great*. Emily Read, transl. (London: Granada, 1981); David L. Ransel, *The Politics of Catherinian Russia: The Panin Party* (New Haven: Yale University Press, 1975); Isabel de Madariaga, *Russia in the Age of Catherine the Great* (New Haven: Yale University Press, 1981)。

雄心就是以法國的哲學、英國的經濟理論，加上瑞典和德國的管理，以把她看來那麼愚昧、落後、迷信的「祖國」改造成所謂「開明專制」（Enlightened Despotism）國家典範。她的努力對外是成功的。在她治下，經過兩次慘烈戰爭，奧圖曼帝國被打垮，彼得大帝到達黑海之濱的夢想終於實現；同時，經過三次瓜分，昔日死敵波蘭的大部分領土也併入俄國版圖。在彼得時代，俄國還只是新崛起的北方之雄，她則與英、法、德、奧等一流強國並駕齊驅，站到歐洲霸權前列來了。所謂「俄羅斯帝國」，在伊凡四世是夢想，在彼得大帝是可以企及的目標，到加德琳大帝則終於成為現實。

在國內，加德琳也是握髮吐哺，勤政愛民的。登基後數年，她就召集了一個由五百多位民選代表（委任的只有數十位）組成的立法會議，並親自起草洋洋灑灑的「指示」，要求他們遵循歐洲先進思想立法，以改造俄國社會。教育和文化也是她所長期關注的：在她治內，俄羅斯建立了幾百所普及學校，學生人數增加到兩萬；出版業開放了，書籍數目由幾百暴升到近萬；彼得堡很快有了驕人的大理石建築；音樂、芭蕾舞、歌劇、話劇等西方藝術，也都是在這個時候輸入，然後在俄國土壤生根發芽，形成深厚傳統。

她的開明統治沒有能再產生一位像雷蒙諾索夫（Michael Lomonosov, 1711－1765）那樣淵博偉大，可以與拉瓦錫比肩的百科全書式學者。但她立即為俄國科學院從海外請來了一位站在時代尖端的數學家──今天連中學生都會聽到過的歐拉（Leonhard Euler）。他在科學院的十七年間，不但為俄國數學奠定穩固基礎，而且和另一位外國科學家巴拉斯（Peter Pallas）共同推動了許多大規模地理探索和自然考察，使科學院躋身於真正的原創性研究機構。像下世紀出現的，發現非歐幾何學的陸白切夫斯基（Nicolai Lobachevsky）和發現元素週期表的門捷列夫（Dmitri Mendeleev），就都是這個科學傳統培養出來的人物。假如說彼得增強了

俄羅斯的體魄，那麼說加德琳啟迪了她的頭腦，培養了她的品味，大概
是不錯的。

遁脫之文

「世界追捕我，但沒有捉着我。」這是加德琳時代最有名的哲人，終
身浪跡天涯的史高伏羅達（Grigory Skovoroda）的話，它道出了俄國靈
魂深處對加德琳的西化和她所構築的那個光輝煜耀的上層社會之抗拒和
厭惡。作為自由自在的哥薩克人後裔，以及出世的神秘主義者和虔誠信
徒，史高伏羅達的「遁脫」（現在所謂 Opt-out）是一個雙重抗議：對無
休止的征役以及日益嚴酷的農奴制度的抗議，對教會地產被政府強制沒
收，神職人員被編入國家福利制度（這是加德琳登基後兩三年內的事）的
抗議。彼得和加德琳所那麼理性、無從抵擋、不可逆轉地建立起來的體
制籠罩了俄國人的軀體甚至思想，但捕捉不到他的性命與心靈。而且，
除了浪跡天涯的哲人、隱士之外，「異化」的還有「大隱於朝」的劇作家、
評論家、宗教家。例如，馮維辛（Denis Fonvizin）以諷刺劇《成長青年》
成大名，他的嘲弄對象就是以淺薄生硬的「優雅文化」掩蓋粗鄙本性的
鄉下暴發戶。

　　當時最有魄力的民間啟蒙家、莫斯科大學的出版社社長和公共圖書
館長、《雄蜂》諷刺周刊和《晨曦》哲學期刊創辦人諾維哥夫（Nicholas
Novikov），則加入了共濟會（Free Masons）並且深受法國「反啟蒙主義」
者聖馬丁（Henri de Saint-Martin）影響。像當時許多其他誠懇的文化運
動者一樣，他所渴求的是共濟會中親切的團契和通過儀式與神秘經驗而
來的性靈慰藉。他在《夕暉》雜誌創刊號上說：「若和世界墮落前沐浴在
智慧之麗日光芒中的先聖相比，我們的理性較之落日餘暉恐怕猶有所不
及。」這無疑是加德琳體制下培養出來的精英，對她和她所代表的理性

主義最嚴酷的評價了。[14]

農奴之國

　　俄羅斯社會史上最弔詭的，是在加德琳這麼一個追求啟蒙，號稱開明的賢君之下，自伊凡大帝以來一直在發展的農奴制度（Serfdom）反而達到嚴密、酷厲高峰，甚至接近於奴隸制度（Slavery）。1767 年的立法會議開始時陳義甚高，其後卻因為地主、貴族堅決捍衛他們的利益和特權而一事無成。

　　這樣，就導致了另一種形式的，也是俄羅斯所太熟悉的亡命與抗拒 —— 哥薩克人大暴動；和無可逃避的追捕 —— 一以當十的現代化軍隊對既無組織又無政治綱領的群眾的剿滅。像前此百年間的拉真（Stenka Razin）和布拉文（Condraty Bulavin）暴動一樣，1773 年由蒲格謝夫（Emelin Pugachev）領導的大暴動雖然蔓延到整個伏爾加河流域，牽涉十數萬人，但也僅僅一年多就平定了。而且，在隨後推行的地方自治法案中，又提高了地主的權威，剝奪了農奴僅餘的權利。致力於擴張領土和引進西方文化的加德琳也許並沒有太多選擇 —— 她統治的基礎是貴族與地主，而他們的教育、文化和優雅生活的代價，只有從屬下農奴身上榨取。[15] 在 1790－1794 年間，雷地雪夫和諾維哥夫流放西伯利亞，史高伏羅達溘然長逝，兩年後她的「啟蒙之治」也在日益增長的國債重擔下結束。[16]

14　有關上述多位知識份子對加德琳及其啟蒙運動的抗議和疏離，見前引 Billington, pp. 233-259。

15　有關 1767 年立法會議、1775 年自治法案，以及浦格謝夫大暴動，見前引 Riasanovsky, pp. 284-292; 對該三個問題，前引 de Madariaga 有更詳細的闡述與討論，分別見 Chs. 9-11, Ch. 18, Ch. 16。

16　關於十八世紀末的俄羅斯財政狀況，見前引 Riasanovsky, pp. 314-315。

八、人民的意志

政治合法性之所在，中國自古稱天命，西方近代曰民意。然而，
「天視自我民視，天聽自我民聽」，二者實有相通之處；並且也有共通的
難處，因為它不太容易確定，甚至是否真正存在，也往往成疑。在廣袤
陰沉的俄羅斯，這問題尤其嚴重。沙皇時代如是，列寧、斯大林時代如
是，到今日民選總統和國會對立的時候，也仍然如是。天命之顯現，或
真正人民集體意志之形成，都不是簡單的事情。[17]

麻雀山之願

赫爾岑（Alexander Herzen）是十九世紀俄國知識份子的典型。他生
於貴族世家，自幼生活優裕，從法國導師接受優良教育，十五歲那一年
和摯友奧加列夫（Nikolay Ogarev）上了莫斯科城外的麻雀山，俯瞰城中
千家萬戶良久，「突然間我們擁抱起來，當着整個莫斯科發誓，要為我們
所選定的鬥爭獻出我們的生命。」像許多貴族子弟一樣，他們所要獻身
的，就是對沙皇和他所代表的整個不公平社會（特別是農奴制度）的長
期鬥爭。而激發赫爾岑這種崇高情操的，則是他誓願之前兩年的「十二
月革命」。[18]

---

17 有關十九世紀俄國知識份子的革命歷史，最詳盡和權威的著作為 Franco Venturi,
 *Roots of Revolution: A History of the Populist and Socialist Movements in Nineteenth-
 Century Russia.* Frances Haskell, transl. (The University of Chicago Press, 1960)；有關
 十九至二十世紀俄國知識份子（包括大革命後流亡國外者）的思想，見 Frederick C.
 Copleston, *Philosophy in Russia: From Herzen to Lenin and Berdyaev* (University of Notre
 Dame Press, 1986)；至於以賽亞柏林的下列名著，則是對俄國知識份子的一部辛辣
 評論：Isaiah Berlin, *Russian Thinkers* (New York: Penguin, 1979)，此書有下列中譯本：
 Isaiah Berlin 著，彭淮棟譯：《俄國思想家》（台北：聯經出版事業公司，1987）。
18 見前引 Venturi, p. 2 以及赫爾岑的回憶錄：Alexander Herzen, *My Past and Thoughts*
 (Berkeley: University of California Press, 1982), pp. 58-65。

　　在那次作為俄國革命運動起點的事變中，由顯赫世家子弟所策動和帶領的三千官兵聚集在首都的上議院廣場，希望趁亞歷山大一世逝世，皇位繼承發生意想不到阻礙的時刻，迫使政府採取君主立憲政體。由於謀叛集團的幼稚、混亂，以及其缺乏組織、計劃和明確目標，這次事變在當天就被徹底敉平了。忠於政府的軍隊開炮轟擊，殺死近百叛徒，事後的逮捕、拷問、審訊把五個主腦送上已多時未曾用過的絞刑臺，還有好幾百人發配西伯利亞。這場革命是極端奇怪的。第一，自由和憲政思想之傳入俄國，是由於亞歷山大乘 1812 年打敗拿破崙的餘威，領軍深入歐洲參加「圍剿」這位混世魔王，最後凱旋進入巴黎 —— 以致他那些接受過西方教育，但來自閉塞、落伍社會的軍官看到了花花世界，體驗到了西歐的制度、生活，由是萌生強烈的理想和正義感。第二，「革命」之發生既非因為策動者受到壓迫（事實上他們是不公平制度中的得益者），也不是由於國家受到侵略 —— 恰恰相反，當時俄國代表歐洲最強大牢固的帝國勢力，而純粹是起於策動者的社會意識，以及受到當時波蘭、那不勒斯、希臘等歐洲其他弱小民族爭取自決的行動所激發。

　　所以這次所謂「革命」非常奇特：它和關乎群眾切身利害的英國清教徒革命、法國大革命，或者關乎國家存亡的日本明治維新、土耳其青年黨人革命和中國辛亥革命等等都完全不相同。它純粹是空中樓閣式理念所引發的抗議行動，既非出於切身利害關係，亦缺乏迫切訴求。十八世紀異化了的知識份子如史高伏羅達、諾維哥夫等遁脫於帝國之外，到十九世紀，他們要重新投入社會，這次「革命」便是一個訊號。

從高壓到解放

　　抗議和高壓往往相因而至。尼古拉斯一世在位的三十年（1825－1855）便是由革命刺激出來的典型專制時代，充斥着秘密警察、書籍和刊物檢查、對大學（特別是哲學系）的管制、逮捕、流放等等。同時，

在極度抑鬱之中，知識份子以宗教熱誠啃下（但不一定消化）英國浪漫主義文學、德國理想主義哲學和法國社會主義思想，由是產生了空前的文學與思想熱潮——中國人所那麼熟悉的果戈理（Nikolai Gogol）、屠格涅夫（Ivan Turgenev）、杜益妥爾夫斯基（Fyodor Dostoyevsky）等作家，就都是這一個時期的人物。

當然，還有像比林斯基（Vissarion Belinsky）那樣的文學評論家（他是「文學須以政治和社會標準衡量」思想的先鋒）；自我流放於倫敦，辦《警鐘報》（*Kolokol*）的赫爾岑，以及虛無主義者和革命家巴枯寧（Michael Bakunin）。他們可以說是渴待 1848 年歐洲革命大潮來臨以及馬克思《共產主義宣言》出現的一代。

可是帝國並沒有被最多不超過幾千人的言論和活動所撼動——雖然日後他們在歷史記憶中佔據了那麼多的空間。真正在帝國產生震撼的是克里米亞戰爭。1855 年塞瓦斯托普（Sevastopol）軍港的陷落第一次清楚展示，在英、法聯軍面前，這龐大帝國是如何蹣跚、落伍、無能。這嚴重挫折為尼古拉斯的統治打上句號，也促成了亞歷山大二世的改革，特別是他在 1861 年簽署的農奴解放令。這可以說是奧圖曼帝國、中國和日本都曾經歷的模式。換言之，俄國在歐洲列強中的地位開始動搖了。

怎麼辦？

但改革者永遠在和革命家賽跑，而且往往落在後面。《警鐘報》對解放令不太熱心，但這已不那麼重要。重要的是，意志更堅決，目標更明確，態度更激進的新一代革命家正在湧現。他們所追求的，不再是言論、思想，而是行動——有計劃、有組織，需要決心、勇氣與犧牲的行動。深受 1848 年浪潮和社會主義思想感染的車爾尼雪夫斯基（Nikolay Chernyshevsky）在獄中所寫，實際上相當於革命思想指南的寓言式小說《怎麼辦？》，便是革命家對農奴解放令的回應。它成了其後半個世紀間

所有俄國革命家包括列寧的聖經。

　　《怎麼辦？》的第一個後果是十年後的「到人民中間去」運動，那是「土地與自由」黨（*Zemlya i Volya*, 1874）發動的，第二個後果則是十五年後「人民意志」（*Narodnaya Volya*）革命黨的成立。但這兩次努力都徹底失敗了。正如屠格涅夫在《處女地》中所生動描繪，到農村中去宣揚革命的大群天真青年所遇到的，只是麻木、空虛、無動於中的農民。至於「人民意志」黨鍥而不捨的恐怖暗殺行動，在1881年達到他們最終目標即沙皇亞歷山大二世本人的時候，不但沒有觸發預期中的全國性暴動和革命，反而在公眾之間產生駭異，招來譴責。很明顯，人民的意志還未真正形成，還不能接受「人民意志」貌似瘋狂的行徑。[19] 就這樣，俄羅斯的民眾運動悄悄結束了，帝國大革命之來臨，還須等待更適合的社會環境，和更有力的革命理論和組織之出現。

九、革命的氣候

　　亞洲多個帝國——奧圖曼、中國、日本——的革命生於國家貧弱，俄羅斯的革命則生於國家富強——更準確地說，是生於國家浪擲財富，逞勝好強。1917年的大革命如此，1985－1991年的不流血革命也是如此。

　　面積佔全地球陸地六分之一，擁有無限豐富森林、農田、礦產、石油、水利資源的大俄羅斯，成為超級霸權的誘惑力委實太強了，而它沒入蒿萊的墨面萬家，對中央政權的制衡能力又委實太弱了，所以從彼得

19　見前引 Venturi, Chs. 21-23。

大帝、加德琳大帝、十九世紀的歷代沙皇，以至二十世紀的歷代總書記，都逃脫不了「帝國情結」。同樣，斯大林、赫魯曉夫和布列茲涅夫，也沒有能避得開亞歷山大三世和尼古拉斯二世的覆轍。從這個觀點看，也許帝國情結是俄羅斯歷史演進的真正動力，至於革命意識，則是這一動力系統的自然產物。

改革與反動

由於克里米亞戰爭失敗，尼古拉斯的高壓統治顯然破產。繼位的亞歷山大二世個性本來較為開明，他在 1860 年代推行了一連串「大改革」，包括廢除農奴、建立現代化司法、地方自治和徵兵制度，等等。一時間，歐洲最先進的政治觀念，好像都會在俄羅斯開花結果，階級間的鴻溝將會填平，一個公平、合理的社會也行將出現了。[20]

然而，農奴解放令並不徹底，解放之後的農民仍然隸屬於當地農民公社，受它監管，而並沒有獲得平等社會地位和完全人身自由；而且，還必須長期（原訂五十年）逐年償付撥歸他維生的土地。在這種情況下，離心的知識份子和革命家態度反而更為堅決，行動也更趨激烈。諷刺地，作為帝俄政治分水嶺的「大改革」以車爾尼雪夫斯基的革命指南《怎麼辦？》（1861）始，以亞歷山大被「人民意志」黨暗殺（1881 年）終。

這樣，很自然地，到了八十年代，政治鐘擺就從「大改革」盪向「反改革」。其實，對改革的反動在七十年代就已經出現，到八十年代更成為強大逆流。士紳在地方議會的比例增加了，他們作為軍政領導和社會楷模的地位由沙皇發佈宣言鄭重確定，最後更設立「區長」（land captain）制，以由內政部指派的士紳來統籌和督導一切地方事務。這樣就在最根

20　有關亞歷山大二世以至尼古拉斯二世的俄國政治，見前引 Riasanovsky, Chs. 29-30。

本的層面破壞了地方自治和司法獨立的原則。

　　說到底，彼得和加德琳的乾坤獨斷時代已經過去，十九世紀的沙皇無復這兩位君主的遠見、魄力，以及與天下爭先的氣概。亞歷山大的改革，只不過是戰爭失敗刺激下的產物，所以不旋踵就喪失動力、方向和道義精神。因此，從九十年代開始，社會裂痕愈發加深，雖然有能幹的官僚作出種種令人讚賞的努力，也無從彌補了。

工業與社會

　　「大改革」不能挽救社會的破裂，但仍然啟動了社會的整體變革。沙皇、守舊大臣（特別是主管東正教會的波貝但諾塞夫 Constantine Pobedonostsev）和內政部官僚對士紳階層的種種維護，適足以標誌這一階層緩慢，但無從逆轉的沒落。改革後三十年間，士紳佔有的土地減少了四成，許多不善經營的家族開始沒落，正如契訶夫（Anton Chekhov）在著名的話劇《櫻桃園》所刻劃的那樣。同時流動人口開始增加，並且向城市集中。在 1881－1905 年這四分之一世紀間，俄國鐵路里數增加三倍，工業以每年 6%－8% 的速率成長，城市人口從三百萬左右增加到八九百萬，而外國投資則從一億增加到十億盧布，足足躍升了十倍。在班治（Nicholas Bunge）、維殊納格拉斯基（Ivan Vyshnegradsky），特別是維特（Serge Witte）這連續幾位開明、切實的財相推動和領導下，俄羅斯終於慢慢擺脫大地和農民的籠罩，蓋起工廠，建立穩固的金本位金融體制，開始向工業社會轉化。

　　但也就因此闖進了馬克思所預見的經典困境。第一，在二十世紀之初出現的兩三百萬工人數目雖然不多，卻佔了城市人口的三分之一左右，足以構成一個集中、有共同利益的無產階級。而且，由於工業以國營為主，他們反抗的矛頭直指政府。第二，由於推銷工業產品和爭奪國際市場的需要，俄國銳意向中國東北發展。當時滿清政府抵抗無力，但

與另一個新興帝國日本的衝突則無從避免。這樣，涉及廣大群眾的「真正」革命所須的兩個條件，即社會動員和外來刺激，就都具備，只待星星之火來點燃爆炸性局面了。

血腥星期日

　　1905 年 1 月 2 日，經過日俄軍隊一年來的惡戰，俄佔旅順終於陷落。消息傳來之後一星期，彼得堡冬宮前面的廣場上就聚集了上萬高舉聖像的請願工人，向「聖父」沙皇提出種種改善待遇的要求。其後警察在近距離冷血地開槍射殺逾百群眾的血腥場面，瞬即成為俄羅斯民族意識深處的永恆景象。可怖伊凡在諾夫格魯的暴行，或者「人民意志」黨捨身刺殺沙皇的壯舉，都不曾做到的事，這一回卻由親自下令開槍的尼古拉斯二世完成。自此俄羅斯民眾對「聖父」的敬愛、忠誠被一刀斬斷，四個世紀專制政體（Autocracy）的道義力量也一朝摧毀。當然，這個大轉變之所以會出現，和社會工業化是分不開的。

　　正如克里米亞戰敗導致「大改革」，日俄戰爭的失敗，加上血腥星期日所產生的全國性震撼，則帶來整整一個世紀之前十二月黨人就已開始追求的憲政，以及首相史托里平（Peter Stolypin）的開明、合理農民政策。但一切都太遲了。就在沙皇由於全國大罷工而被迫宣佈召開具有立法權力的民選國會以及確定人權之後幾個星期，彼得堡和莫斯科街頭出現了持續激烈的暴動和巷戰。顯然，君主立憲已經過時，在車間、在陰暗的旅館房間裏用馬克思理論武裝起來的社會民主黨人（更準確地說，是其中的布爾什維克派）現在追求的，是無產階級專政了。但這夢想的實現，還有待第三次更災難性戰爭失敗的刺激，沙皇體制的堅韌是驚人的。

十、大風暴的來臨

在今日，在蘇聯帝國已經冰消瓦解的時候，來回顧當年慘淡創業的經歷，是令人不勝唏噓的。然而，這帝國之「邪惡」（借用索仁尼津的話來說），往往令人用同樣的憤慨、憎恨來評說它的開國前驅，那就不免掩蓋歷史真相，抹殺目標、意願與結果、現實之間的距離了。對最致力於消除理論與實踐，目標與方法之間差距的列寧來說，在大革命的當初意願與至終結果，竟然會如此之南轅北轍，那應該是最意想不到，最殘酷的歷史玩笑吧？

伏爾加河的革命兒女

像他的英雄，比他早幾乎半個世紀的車爾尼雪夫斯基一樣，原名符拉地米爾·尤里安諾夫（Vladimir Ulyanov）的列寧，也是在伏爾加河寬廣自由世界中成長的。[21] 把他和這位英雄連接起來的，是他大哥亞歷山大·尤里安諾夫，一位由於謀弒沙皇而問吊（1887）的聖彼得堡理科大學生，那可以說是「人民意志」革命黨最後一位傳人。

當時十七歲的符拉地米爾還只是中學畢業班的高材生，這突如其來的打擊令他在一夜之間成長。其後兩年，他重溫了車爾尼雪夫斯基的《怎麼辦？》，啃下了俄國還未曾有人注意（雖然俄譯本已出版將近二十年）的《資本論》第一卷，並因此從長兄亞歷山大所投身的群眾（Populist）革命運動轉向馬克思主義。他所讀到的，還有普列漢諾夫（George Plekhanov）的《我們的分別》（*Our Differences*, 1885），這位流亡瑞士的「人民意志」黨前輩和新的馬克思社會主義信奉者，正好作為這青年人的

21　列寧有下列標準傳記：Adam B. Ulam, *Lenin and the Bolsheviks: The Intellectual and Political History of the Triumph of Communism in Russia* (Glasgow: Collins, 1966)。

思想渡筏。

　　當然，從成長到成熟，還有好一段旅程。在十九世紀最後十年，符拉地米爾依次走過了所有革命家必須經歷的路途：自學（1891 年取得法律學位）；參加秘密團體、結識同志、組織工人、宣傳革命（1891－1895）；受逮捕、審訊和流放西伯利亞（1895－1900）。其實，對有辦法的中產者來說，當時所謂「自由流放」並不太可怕。他在葉尼塞河上游一個偏僻小鎮舒申思科耶（Shushenskoye）所度過的那三年，可以算是一生中最安定、健康、充實的時光。他的學養、筆鋒和名氣也都是在這三年間培養出來的。到二十世紀來臨的時候，流放期屆滿時他剛足而立之年，俄羅斯平原上的大風暴則正在慢慢形成。

流亡的革命先鋒

　　流放結束，也就是自我流亡的開始。在二十世紀最初十七年間，除了 1905－1907 年的短暫時期，列寧的革命生涯，都是在倫敦、巴黎、日內瓦、慕尼黑這些西歐城市度過。這流亡並非畏縮，而是有意識，有計劃，有理論根據的行動──甚至可以說是由他整個革命哲學所決定的。

　　這哲學可以從他在流亡生涯之始所做的三件大事看出來。第一，他在 1900 年與普列漢諾夫、馬爾托夫（Julius Martov）等前輩、同道共同創辦理論刊物《星火》（Iskra），以作為向國內地下組織宣傳和提供指導的工具。第二，他在 1902 年沿用車爾尼雪夫斯基名著的名稱，發表《怎麼辦？》這本表面上有類於與其他革命派別罵戰雜文，但其實是經過深思熟慮的革命理論著作。第三，是在 1903 年布魯塞爾和倫敦的俄國社會民主黨第二屆代表大會上，堅持強硬和嚴格的黨組織路線，結果造成他所控制的所謂「多數派」（布爾什維克）和馬爾托夫的「少數派」（孟什維克）的大分裂。換言之，通過建立宣傳工具、理論根據及嚴格組織這三方面的突破，他奠定了自己的革命領袖地位。

　　為什麼理論、組織與宣傳那麼重要？因為從群眾革命運動六七十年的失敗歷史，他得到了清楚的教訓：面對沙皇那麼鞏固的政權，革命成功的首要條件是穩定。所謂穩定，在思想上是必須有堅實、令人信服的道理，並且要令這道理廣泛深入人心，這是理論與宣傳的重要性；在行動上，則必須有具高度自覺和理論水平，與堅定不移意志的專業革命家，作為工人和群眾組織的先鋒，這是嚴密的重要性。換言之，革命不是放手槍、丟炸彈（雖然那有時也必要，但只不過是末節），也不是關心工人疾苦，與他們和陸、親善（雖然戰術上那十分重要，但也不可本末倒置），而是一種啟蒙，乃至傳教。

　　當然，所宣揚的，不復是洛克、伏爾泰、盧梭的思想，或者基督救世的教義。但社會民主黨人（毋寧是布爾什維克黨人）工作的性質、方式、環境，卻和羅馬帝國早期基督徒極其類似，甚至相同 —— 在大一統帝國嚴厲鎮壓之下，一小撮覺悟到另一種真理的先知先覺者嚴密地組織起來，向大眾傳播福音，並且堅信憑着真理本身的力量，只要它能深入人心，就能改變世界。而且，一點不錯，這兩者都的確以他們的信條，他們的教會或者黨，和他們的革命行動，深深改變了世界 —— 雖然改變的至終結果，同樣會令他們的前驅感到大大出乎意料之外。

大時代的降臨

　　我們已經說過，俄羅斯帝國亡於為了支撐霸權而產生的情結。1905年的「血腥星期日」幾乎就結束了帝國歷史，而且在各種自發革命勢力（特別是名為蘇維埃的公社式組織）同時並起的混亂局面下，令措手不及的列寧萬分困擾。[22]

22　有關俄國大革命的分析，見 Edward Acton, *Rethinking the Russian Revolution* (New York: Routledge, 1990)。

　　但史托里平的堅定手腕帶領尼古拉斯度過了難關。十二年後，當德國精銳之師令龐大但蹣跚、混亂的俄軍再也無法支撐，而史托里平實際上早已經被拉斯浦丁（Rasputin）取代的時候，三百年羅曼諾夫皇朝的氣數終於來到盡頭了。

　　諷刺的是，布爾什維克黨人在充滿信心的列寧帶領下伸手去摘取樹上早已熟透的蘋果時，他們立即就得面對那些產生沙皇制度的基本力量——外力干涉、內亂、農民反抗，並且就不得不一步步走向另一個高度集權，和使用鎮壓手段（例如 1921 年 3 月喀琅施塔得 Kronstadt 海軍基地士兵和民眾爭取成立自由蘇維埃和議會的暴動之被鎮壓）的制度了。但在這些力量已經被控制之後，為什麼「社會民主黨」人仍然繼續施行高壓（譬如在三十年代）——是列寧的革命精英必須領導一切的思想在作祟，還是政府結構的惰性使然，抑或是斯大林為了鞏固總書記位置而不得不繼續這帝俄傳統呢？那恐怕就不是任何人所能夠輕易回答的了。

十一、到鯨鯢之路

　　在今天，布哈林（Nikolai I. Bukharin）只不過是與斯大林政爭失敗而被犧牲的「右派」，亦即共產主義運動史上一個日漸被遺忘的名字而已。然而，在二十年代前後，他卻是社會主義理論的翹楚，煜煜光輝甚至浸浸然有蓋過列寧之勢。[23] 他在俄國大革命前夕研究資本主義最新發展階段，即所謂國家獨佔資本主義（那有異於馬克思理論中的無組織資本主

23　有關布哈林，見下列傳記：Stephen F. Cohen, *Bukharin and the Bolshevik Revolution: A Political Biography, 1888-1938* (Oxford University Press, 1980); Roy A. Medvedev, *Nikolai Bukharin: The Last Years*. A. D. P. Briggs, transl. (New York: Norton, 1980)。

義）時說：「這樣就興起了當代帝國主義掠奪型國家的最終形態。它是新式的鯨政之國（New Leviathan），一個以其強韌爪足包裹社會生命體的鋼鐵組織，一個『世上力量莫之與京』的政體。在它面前，霍布斯的幻想只不過是兒戲而已。」[24] 雖然它所描述令人不寒而慄的國家形態似乎更接近三十年代出現的極權國家 —— 斯大林治下的蘇聯或希特勒治下的德國，然而，與第二次世界大戰後出現，以大眾消費社會為特徵的超級強國美國，其實亦不無相似。在這一點上，馬庫斯（Herbert Marcuse）在三十年前出版的《單向人》（*One-Dimensional Man*, 1964）和察姆斯基（Noam Chomsky）近來發表的《製造同意》（*Manufacturing Consent: The Political Economy of the Mass Media*, 1988）已經為我們解釋清楚了。

　　布哈林的洞察力與學術真誠（這下面還要談到）為蘇聯何以至終走上「鯨鯢之路」提供了線索，同時也提醒我們，塑造乃至決定社會形態的，在洞見、決心與理想以外，還有其他力量 —— 例如潛伏在理性表面之下的個人野心和傳統思維模式。

修改馬克思

　　布哈林與列寧有許多相近之處 —— 他們都有在官僚體系中迅速冒升的父親，都受過優良教育，聰穎與勤奮過人，也都在中學畢業前夕遭逢改變命運的大震盪。所不同者，是列寧遭遇的震盪（兄長因為陰謀行弒而問吊）比布哈林在莫斯科遭逢的 1905 年革命早了二十餘年，所以前者成為社會主義革命運動領袖，後者只好安於首席理論家的位置。當

24　布哈林「帝國主義國家理論前言」，見前引 Cohen, p. 30。布哈林因為此觀察又在 1916–1917 年間發展出無產階級大革命成功後必須消滅國家機器的激進觀點，從而與列寧發生理論上的嚴重分歧，一度瀕臨決裂，他自己甚至移民美國，二月革命之後才返國；無論如何，最後兩人終歸和好，列寧反而接受了他的觀點，那成了正統馬列觀點。這一驚人轉折，見同書 pp. 38-44。

然，列寧也以革命理論知名，但作為領袖，他最關注的，是實際的「怎麼辦？」——怎樣令馬克思所預言的無產階級革命實現。學者氣質濃厚的布哈林雖然也不斷面對現實政治，卻從不迴避十九世紀馬克思理論到了二十世紀是否仍然適用，是否需要發展和修改這類根本問題。

弱冠之年流亡海外後，布哈林之所以聲譽鵲起，主要是因為他通過突出生產觀點與消費觀點的對立（並定其為客觀—主觀的對立），正面駁斥了維也納經濟學派從邊際效用（marginal utility）出發，對馬克思理論的基本批評，因而成為「正統」的捍衛者。然而，他卻絕非教條主義者。他目睹德國資本與軍國主義結合之後所產生的強大力量，開始感到馬克思所說，資本主義底下的自由競爭代表無組織力量，因而其發展最終必然導致自身的崩潰這一基本論點已經不復能成立；因此在隨後出版的《帝國主義與世界經濟》（1915）一書中提出「有組織資本主義」的觀念，認為與國家機器認同、結合之後的高度獨佔資本主義，也可能產生計劃經濟，從而逐步消除內在的無組織力量，長期穩定存在下去。

由此看來，馬克思預言的社會主義必將取代資本主義這一大前提，就並不一定能夠在個別國家範圍之內實現，而必須由資本主義國家之間的競爭，亦即是帝國主義戰爭催生。列寧所謂「帝國主義是資本主義最高發展形式」的思想便是由此觸發。俄國大革命成功之後，蘇俄社會主義是否能獨自生存，抑或有賴於國際上連鎖性革命運動之蔓延（這希望源於一次大戰後德國經濟惡化導致社會動盪，由是社民黨崛起）的爭論也是由此而起。在二十年代，布哈林能夠成為共產國際的首腦，不是沒有道理的。

當然，對暴力革命以及共產主義最後勝利的信仰，使他能「修正馬克思」（revise Marxism），而不像伯恩斯坦（Eduard Berstein）那樣，被目為「修正主義者」（Revisionist）。

道路是曲折的

在俄國十月革命之後，整整有十幾年時間，布爾什維克是一個相當實際、多元、有彈性與活力的黨，而不是我們心目中那部冷酷、缺乏人性、頑石似的專政機器。可以說，一個世紀之前「十二月革命」所激發的純真理想，多少還在列寧和布哈林這些飽經鍛煉的老布爾什維克份子身上起作用。

誠然，在 1918－1921 這三年內戰（也是禦侮）時期，俄共也曾全面實行工農業國有制，以強徵和統制方式來為戰爭動員──這就是所謂「戰時共產主義」（War Communism）。當時像布哈林這樣的理論家也一度天真地與之認同，並且認為雖然蘇俄的經濟落後，但國家可以採用強制方式來起到「經濟發展槓桿」的作用。

然而，在強制手段的嚴重弊病顯現出來，並且內戰勝利在望的時候，俄共就斷然捨棄「戰時共產主義」，轉向頗類於中共新民主主義的「新經濟政策」（NEP）了。這個前後實行將近十年（1921－1929）之久而且為全黨一致認同的政策，在經濟上以個體農業及農村城市之間的自由經濟交換為基礎，在工業上容忍小型私有企業存在，承認輕工業的重要，在社會上採取寬鬆政策，不但沒有嚴厲的文化檢查制度，而且並不在文學、藝術、音樂等領域樹立官方標準或意識形態──甚至在政治上雖然實行一黨專政，卻也並不在黨的各種會議乃至宣傳陣地中壓制或掩飾爭論和分歧，更沒有在各級選舉和政策的制定上拋棄公決原則。

在布哈林的思想中，這條自下而上，從小農合作社到社會主義之路是有理論根據的──根據就在於國家只要控制「經濟制高點」（先進的工業以及金融體制），就能逐步吸收和調節「無序的」小農與小資產階級經濟體，朝有序的社會主義前進，──「正如」資本主義之通過獨佔而成為「有組織」一樣！

深淵張開大口

　　在列寧生前和死後六年間（1924－1929），「NEP 到社會主義之路」是得到一般群眾乃至黨內大部分骨幹份子堅定支持的。可是，在十月革命之後十七年（也是十七年！）以基洛夫（Sergei Kirov）之死作為把柄，一個在兇殘、狡黠、才略上和可怖伊凡差可比擬的總書記，竟就摧毀了布爾什維克傳統，再一次把這苦難民族推入黑暗深淵。這是劫數，還是有某種內在的邏輯和必然性？那是十分發人深省旳。

十二、英雄豪氣黯然收

　　在「十月革命」之後整十周年，斯大林在「十四大」末屆中全會上的演說是布爾什維克歷史的轉捩點 —— 它釘死了托洛茨基（Leon Trotsky）、齊諾維也夫（Grigori Zinoviev）、卡門尼夫（Lev Kamenev）三巨頭被逐出黨的命運，鞏固了他自己總書記的地位，化解了列寧政治遺囑中對他的不利指責，為他三年之後打倒布哈林，七年之後發動大整肅，從而摧毀整個布爾什維克黨，建立絕對效忠、服從於他個人的專政機器，邁出決定性的一步。這個令人震駭莫名的戲刻性變化，到底是怎麼發生的？

不幸的結合

　　不但在今天，即就在俄國大革命前後，約瑟夫・朱格舒維利（Josif Djugashvili）都被看作是一個意志堅決、有野心，但說不上什麼才華的外高加索人。這其實不大公平 —— 和比他大九歲的尤里安諾夫（列寧）或者小九歲的布哈林一樣，斯大林在少年時代也是聰穎勤奮，全校首屈一指的高材生。他之轉為沉鬱、暴躁、內向，甚至顯露出一種陰鷙、報復

的性格，是十五至二十歲這段關鍵時間，在嚴厲、僵化，沒有一絲時代氣息的神學院之中激壓而成。這可能是他身上隱伏的蒙古、土耳其等粗獷遊牧民族基因，和東正教不那麼可愛的層面的不幸結合吧。[25]

然而，在（畢業前一年）脫離神學院，投身革命之後十幾二十年間，這潛伏在斯大林精神深處的病毒，卻沒有顯露出什麼表徵。大家所見到的，只是他對列寧以及其革命思想的熱切信仰與忠誠──當然，還有那日益增加的倔強、偏執和自以為是。但作為列寧信徒，這恐怕多少可以視為正常吧！無論如何，他參加革命（1899）之後六年開始得到列寧賞識，十三年後受拔擢（而非被選）進入俄共中央委員會以及其下的「俄羅斯局」，成為布爾什維克核心領導一員，那都是以一個堅定不移（特別是 1907－1912 年革命低潮時期）的地方實幹份子姿態出現的。

隨即，像列寧一樣，他由於流放西伯利亞（1913－1917）而得到長期韜光養晦的機會，直至「二月革命」把他召回火熱的革命行動中去。不過，「十月革命」和其後三年內戰時期是托洛茨基的光輝時刻──他和列寧有無數糾纏離合關係，到了大革命前夕才從孟什維克黨投入布爾什維克懷抱。他的演說、煽動天才和卓越軍事領導才能，在這號稱為「英雄時代」的關鍵性三年，得到充分發揮機會，為革命黨奪取與鞏固政權立下不世功勳，聲望之隆直追列寧。而多次希望能夠獨當一面立下戰功的斯大林，卻屢屢遭到挫折與失望。

黨政機器人

像後來的邱吉爾一樣（多麼不正規和奇怪的並列），托洛茨基也是在

25　有關五十歲以前的斯大林，見 Robert C. Tucker, *Stalin as Revolutionary 1879-1929* (New York: Norton, 1974); 此外尚有下列根據蘇聯內部檔案撰寫的傳記，作者為原列寧軍事學院教授：Dmitri Volkogonov, *Stalin: Triump and Tragedy.* Harold Schukman, ed. & transl. (Rocklin, Ca: Prima, 1988)。

危難中英發，在勝利中沉淪的人物 ── 這是天才的悲劇吧！

布爾什維克黨從「英雄時代」過渡到「組織時代」，其實從大革命前夕，中央委員會成立書記處，由謹慎不知怠倦的史維洛夫（Yakov Sverdlov）出任總書記那時已經開始了。其後組織局、政治局這些核心小組出現，已經成為列寧副手的斯大林雖然廁身其中，但地位仍未顯得突出。黨內形勢第一次大逆轉出現於 1921 年 3 月的第十次黨代表大會。當時內戰勝利在望，但民眾對「戰時共產主義」的高壓統治正醞釀爆發。經過會前和會上激烈拉票與辯論，列寧的溫和路線擊敗了主張全面直接統制工人的「托派」以及主張允許工人自治的右派，從而為新經濟政策的實施鋪平道路。

就黨組織而言，這次大會也是轉捩點。第一，此時史維洛夫已去世，屬於托派的科勒廷斯基（Nikolai Krestingsky）等三位主將失去中委位置，所以也被迫離開書記處和組織局。其時剛剛壯大的黨政機器控制權因此易手；一年後，斯大林終於坐上總書記席位，從此可以施展手段，有意識地逐步安插親信了。第二，大會決定整肅黨紀，嚴禁以政策作為號召的派系出現。第三，在上述形勢下，發生了大規模清黨，取代進入中委的，是許多斯大林的鄉親和朋儕：莫洛托夫（Vyacheslav Molotov）、基洛夫（Sergei Kirov）、伏洛希羅夫（Kliment Voroshilov）、奧壯尼紀茲（Sergo Orzhonikidze）等都是在這個時刻崛起的。

「十大」標誌列寧、斯大林重新取得黨的控制權，它也是一班桀驁不馴的革命志士所組成的「布」黨轉變為日益講究紀律與組織的共產黨的起點。對一個理論上須要長期執政，甚至專政的黨來說，這轉變恐怕是無可避免的吧？

定於一尊

「十大」之後不及兩年列寧中風，黨內繼承之爭爆發，它持續直至

1929 年底，亦即斯大林年及知命的時候，才以他的全面勝利宣告結束。
這勝利，有人全歸之於他能掌握黨政機器，那對他恐怕是不完全公平
的。其實，他腦子裏「天下烏乎定？定於一」的強烈意識，以及能夠靈
活地應用理論、歷史和政策作為黨內鬥爭工具，才是制勝關鍵。[26]

　　例如，列寧甫一逝世，他就發表《列寧與列寧主義》，強調在帝國主
義下無產階級革命與專政的重要，從而間接駁斥布哈林着重十九世紀傳
統的觀點，以及齊諾維也夫農民革命為中心的觀點，由是建立自己作為
列寧主義權威的地位。在隨即展開的黨內鬥爭中，他推尊列寧，以踵武
其後的弟子自居，恰與處處自命不凡，隱然和列寧分庭抗禮的托洛茨基
成為強烈對比，從而贏得多數黨代表認同。可是，從 1928 年開始，他又
通過對「新經濟政策」的阻撓、破壞，以及「一國之內的共產主義」思
想，開始對布哈林等還未識透他真正意圖的溫和派發動猛烈、多層次和
絕不放鬆的攻擊，至終逼使他們被逐出政治局，簽下承認政治錯誤的「降
書」。

　　可以說，把階級鬥爭意識與心態在黨內也發揮到淋漓極致，就是斯
大林能摧毀「布」黨，把俄國帶回專制政治傳統的秘密吧？

26　有關斯大林取得最高領導權和「大整肅」的歷史與分析，見 Robert C. Tucker,
　　Stalin in Power: The Revolution from Above, 1928-1941 (New York: Norton, 1990); Rober
　　Conquest, *The Great Terror: A Reassessment* (Oxford University Press, 1990); G.R. Urban,
　　ed., *Stalinism: Its Impact on Russia and the World* (London: Wildwood House, 1985)；此
　　外並見奧爾洛夫（Alexander Orlov）在投奔西方之後撰寫的《斯大林肅反秘史》（斯
　　仁翻譯，澳門：星光書店，1988）。

十三、五百年夢魘

在六十年代，麻省理工學院氣象學研究生羅侖茲（Adward Lorenz）發現了「蝴蝶效應」──大氣系統是有高度內在不穩定性的；南美叢林中一隻蝴蝶撲動翅膀那樣微細的擾動，也有可能對一星期之後太平洋西岸某個颱風的途徑產生決定性影響。這就是「紊亂」（Chaotic）系統研究的開端。可是，早四十年列寧在病榻上，似乎就已經意識到「布」黨治下的蘇聯也是具有高度內在不穩定性的紊亂，而斯大林「性格粗暴」這麼一個「細節」，就足以決定性地把它推向災難性深淵。所以研究斯大林的專家特克（Robert C. Tucker）說：「我深信，假如為了某些理由，在 1919 年西班牙流感疫中去世的，是斯大林而不是史維洛夫，那麼在三十年代使得蘇聯愈來愈相似於納粹德國的那些因素，可能永遠不會出現。……一個因素本身可能並不重要，但它在眾多因素之中卻可以起決定性作用，令歷史走向某個方向。他（列寧臨終）所預言的，只不過是：斯大林的性格可能是帶有決定性的『細節』而已。」

當然，有些人會認為，列寧所信奉的馬克思主義，和他所建立的「布」黨專政體本身，就已經隱含日後的斯大林恐怖屠殺和獨裁 ── 二者是有「必然」因果關係的。例如，斯大林在二十年代初期的私人秘書巴贊諾夫（Boris Bazhanov）後來離開蘇聯，在 1930 年出版《斯大林：紅色獨裁者》一書，預言日後的大整肅，大屠殺，他就持這種「因果關係」的看法。假如我們聯想到毛澤東，想到中共建國之後相類於蘇聯「NEP時期」的「新民主主義時代」，以及建國後十七年（斯大林發起整肅，恰好也是「十月革命」之後十七年）的文化大革命，和文革中第一代老幹部之被全面鬥垮，許多折磨致死，恐怕也就不得不承認，中、蘇兩國的發展，有驚人的相似，而「因果說」不無說服力。

不過，更客觀，更平心靜氣一點來分析的話，也許亦不必將類乎自

然定律那麼死板，那麼一成不變的因果關係，強加之於歷史發展過程之上吧！假如能夠承認，一個不受一般民眾和成文法律約束的永久執政黨，無論其成員的理想或純潔性如何，或者其內部的開放程度如何，都必然會有高度的內在不穩定性，都可能由於個別人物或事件這樣的「細節」，而決定性地出現災難後果，那也不就是夠我們去反省了嗎？況且，絕大多數人（例如以波普為代表的言論）對馬克思主義所感到最荒謬，最不可接受的，不正就是它的歷史決定論嗎？這不也是一個應記取的教訓嗎？

從鬥爭到獨斷

　　的確，在其始，斯大林黨內鬥爭的勝利似乎是正常的，和西方議會之出現一個新的多數黨領袖差不多。說到底，托洛茨基鋒芒太露，太驕傲自大，他那個全面統制工人的極左方案也實在太不得人心了。列寧之後，布爾什維克黨可期待的，是一位領導同志（最多比別人稍稍佔先），而不再是高高在上的「大宗師」。至於資歷最深，也同樣有野心的齊諾維也夫，眾所周知是怯懦（這在大革命前後表現得太清楚了）而又自大的人，聲望極差；另一方面，同樣資深但循謹有為的卡門尼夫，卻不幸跟定了齊諾維也夫。這三位巨頭在 1927 年「十五大」與穩健的斯大林鬥爭失敗，實在是由人心趨向所決定的。更何況，黨內最早孚人望的年青理論家布哈林，還有政府首腦力可夫（Aleksei Rykov）和工會領袖湯姆斯基（Mikhail Tomskii）這些實力開明派人物，當時也都站在斯大林這一邊。

　　當然，在其後短短兩年間，斯大林的黨政機器竟然能將穩穩掌握了黨校、黨報、行政機構、莫斯科黨部，還有全國各級工會的布、力、湯集團，連同他們代表的溫和開明新經濟政策（NEP）路線，一併全面打倒，那就令人大惑不解了。這恐怕只能歸之於兩個關鍵發展。第一，經過處心積慮的安排，斯大林在九人政治局中拉攏了加里寧和伏洛希羅

夫，從而取得微弱的優勢，因此在 1928 年夏天的中全會上能夠瓦解右派
的反攻。第二，他跟着利用政治局和書記處對黨務的絕對控制權，全面
撤換敵對派系在各主要機構和城市的黨組負責人。這樣，在 1928－1929
短短一年間，他利用核心對基層的控制，反過來由基層去影響中全會，
將以布哈林為首的右派逐出政治局。這應該視為在「民主集中制」之下，
所難以避免的一種獨斷局面吧。

從整肅到清洗、消滅

　　然而，通過槓桿式操縱來控制相當於議會的中全會和相當於內閣的
政治局還只是第一步。而且，這種控制是有可能被逆轉的。要真正鞏固
權力，只有徹底改變政治權力基礎，也就是摧毀「布」黨以及它取決於
多數的原則，代之以在背景、文化、理念上與黨政機器以及專制政治相
配合的另一個黨，這才是決定性的，在三十年代完成的第二步。

　　第二步也分兩個階段。其始，從 1929－1934 年，主要是經濟政策
的激烈左轉：新經濟政策取消了，以鋼鐵、水電為主而忽略輕紡、農業
的第一個五年計劃出爐了，在消滅富農（所謂 de-kulakisation）的口號
下，農民被雷厲風行地強制趕進集體農莊，舊知識份子被清汰，由是令
執行政策的黨員和其下的民眾在層層高壓之下失去抗爭意志和獨立判斷
能力，重新造成專制氣氛和文化。在這種日益增加的恐怖氣氛下，甚至
斯大林在政治局中原來的親近盟友，諸如基洛夫（Kirov）、奧壯尼紀茲
（Ordzhonikidze）、科比雪夫（Kuibyshev）等也開始起來反對他，阻止他
向黨內溫和派採取更激烈的行動。而大概亦正是這一反抗，使他意識到
「布」黨老同志畢竟不可靠，畢竟還有反側的可能，遂生出了用秘密警察
（當時稱為 NKVD）清屠「布」黨的決心。這就帶來四百年前伊凡式恐怖
統治重臨的第二階段。

　　這階段以 1934 年基洛夫被暗殺為開端。其後四、五年間，通過誣

告、指控和酷刑，斯大林以抄瓜菱的方式將「布」黨三百萬黨員近四分之一「消滅」，而 1934 年的中委會委員更百分之八十被消滅 —— 在列寧當年二三十位親密戰友之中，斯大林成為碩果僅存的一位！至於一般民眾，在這期間被處決、流放、監禁的，則有上千萬之數。到了 1939 年的黨大會，只剩下百分之三代表還是五年前的舊人，而且，足足百分之七十黨員已是 1929 年之後入黨的了！

　　就這樣，從伊凡大帝和可怖伊凡開始，經過了彼得改革和加德琳啟蒙，經過「十二月革命」、「人民意志」和列寧、布哈林的終生奮鬥，俄羅斯歷史繞了一大圈，又回到出發點來。

十四、以天地為洪爐　造化為大治

　　十九世紀初，法國政治家托克維爾所欽慕的是美國和它的民主政體，但拿破崙的失敗則令他見到地平線上另一個巨人 —— 俄國。可是歷史洞見有時是要經歷十分漫長時光才能顯明正確的；美國和蘇聯一直要等到二次大戰之後，才成為地球的「兩極」，那已是托克維爾之後一個多世紀的事情了。在這一個世紀間，俄國曾經歷多次改革和引進西方思想、制度，可是正如克里米亞戰爭、日俄戰爭和一次大戰證明，這歷次嘗試都不甚成功，未足以令俄國躋身真正的霸權前列。反而是到了斯大林時代，當十六世紀伊凡式的邪暴重新降臨，並且發揮到極致的時候，蘇俄才陡然釋放出巨大潛能，一躍而成為超級霸權，實現了從彼得以來歷代沙皇的夢想。這吊詭的發展不禁令人懷疑，是否斯拉夫民族的精神裏，有某種與邪暴相契合，與專制相共鳴的質素使然 —— 例如，許多文獻提到，俄人有難以想像的忍受肉體痛苦的能力，他們甚至以此為榮，為之結社集會，互相比試。當然，這種離經叛道的想法，恐怕是既難討

好俄國國粹派如索津尼辛（他堅決認為整個列寧—斯大林傳統都是西方事物，與俄羅斯文化毫無關係），也不易見容於底子裏信奉「制度決定論」的西方自由主義者。

大逆轉的關鍵

　　我們所熟知的二十世紀標準形態社會主義基本上源自蘇聯，而蘇式社會主義則是斯大林在 1929－1939 這十年間的鑄造。它主要的特徵，例如通過黨政與意識形態來全面控制社會，直到最低層與個人；大力發展重工業，而忽視輕工業與農業；經濟的國有化、計劃化、非市場化等等，都是在這一個時期出現與定型的事物。

　　我們在上面討論從列寧主義到斯大林主義的演變，重點在政治，難免予人以經濟政策只不過是爭權藉口的印象。這其實並不完全正確：對斯大林來說，極權統治、經濟發展和個人野心是三位一體，互相膠結配合的，很難強為之分出因果。其實，在他這種蓋世梟雄的腦袋中，高度理性思想與強烈非理性衝動，總是緊密糾結，無從劃分界限的吧！

　　例如，向來緊緊追隨列寧的斯大林，第一次顯出強烈集權和獨裁傾向，並且因此不惜與列寧公開對立，便是由於對蘇聯聯邦政制的嚴重分歧，以及他對格魯吉亞以及其他外高加索地方黨部的強力壓制所引起。這是 1922 年間的事，它多少表明，對斯大林來說，大俄羅斯中央統制主義既是真誠政治信仰，亦復是性格使然。至於斯大林與布哈林的衝突，也是在推倒托洛茨基、齊諾維也夫、卡門尼夫等三人之後，由經濟政策分歧引起。1928 年初市場貨物供應短缺，而且有災荒跡象，農民開始囤積，以致糧食收購計劃不能完成，行之已有七年的溫和「新經濟政策」遂面臨困境，蘇聯政治、經濟路向亦因而達到主要分叉點。在這關鍵時刻，斯大林以總書記掌握了實際運作的控制權，不但全力推行強制徵購糧食，並且親自率領部下到烏拉山和西伯利亞一帶，坐鎮督促實施

層層下壓，絕不稍假寬貸的嚴厲政策。這樣富農（Kulaks）、同情富農的地方幹部，甚至鎮壓不力的司法人員大批遭到逮捕、撤換、監禁命運。這種做法自然帶來反抗，但早有準備的斯大林則施用更狠辣和強硬手段對付。「坐而論道」的中委會對這些偏離既定政綱的做法束手無策，最後只有承認既成事實，即農民與黨政機器之間的激烈對立，與黨之邁向專制。這可以說是蘇聯從務實轉向「斯大林化」的關鍵。

社會主義洪爐

　　在將布哈林逐出政治局之後，斯大林的強硬與急進社會主義路線可以暢行其道了。經過四年苦鬥（1929－1933），付出最少千萬以上農民餓死，超過一半牲口被憤怒農民屠宰（以至到五十年代畜牧業還未復原）的慘痛代價之後，斯大林終於勝利了；絕大部分農民在經過短短二十多年（1906－1930）的自由之後，又被趕回集體農場（kolkhoz），自此不但產品受國家控制，實際上人身亦失去自由，幾乎淪回農奴地位。

　　當然，「集體化」的目的是利用所謂「剪刀差」（即低價收購農產品，高價出售工業產品予農民）來累積大量資金，以投入當時認為可以體現社會先進性的重工業，求其以前所未見的高速發展，這就是 1928－1937 年第一和第二個五年計劃的重點所在。

　　在這些計劃最初三、四年，農民和工人被壓榨的程度大體上可以從他們的實際平均收入幾乎減少一半，以及國民總產值竟有百分之二十至三十用於再投資窺見。但不能否認，在付出這些沉重代價之後，全面改造社會和急速工業化的目標也的確達到了。在十年期間，工業產值的年平均增長率雖然沒有達到宣傳的百分之二十以上那麼驚人，但肯定不少於百分之十二至十四。也就是說重工業產品如鋼鐵、水泥、煤炭、石油、發電、母機等等增加了三至六倍；大學畢業生、工程師、技術員數目也以相若甚至更高倍數增加；至於城市人口比例則從百分之十八增加

到百分之三十三，倘若把人口總數的增長計算在內，則實際數目增加超過一倍了。同時，在國家的強力推動下，各種科研機構也如雨後春筍般出現，成為繼續高速工業化的穩固基礎。毫無疑問，以「鋼」為名的斯大林，憑着鋼鐵意志和嚴酷如洪爐的手段，在短短十年之間，把一個落後、散漫的農民之邦，鍛煉成紀律森嚴的強大工業國家。這是自彼得大帝以來，俄羅斯社會最根本、最翻天覆地的大變化。

血與火的試煉

斯大林成功（無論是如何邪暴的成功）的至終試金石，是希特勒在1941年夏天的全面進攻。雖然整個三十年代斯大林都小心翼翼希望避免與德國衝突，雖然入侵的消息令他措手不及，意志癱瘓數日之久，雖然「大整肅」令紅軍喪失無數優秀將領，但他頑強的意志、靈敏的計算，還有前十年奠下的工業基礎，卒之令俄羅斯民族團結和奮發起來，通過了這場長達四年之久的血與火的試煉，從而躍登超級霸權地位。

不，無論如何不願意，我們都不能夠不承認，就俄國所面對的傳統大問題即秩序與安全而言，斯大林要算是成功，是能夠掌握斯拉夫之魂的。他和他的蘇俄所通不過的，是完全不同的，另一個世界中的另一種試煉。

十五、結語

歷史功過，到底應當如何評說？剝人之皮，剜人之目，剖人之心，然後又跪在聖壇前虔誠懺悔、祈禱的「可怖伊凡」為俄羅斯席捲了東方萬里河山。他的一生是功是過？清洗了上千萬富農，上百萬「布」共黨員，把全國造成一座大集中營，全民變為一部大機器的斯大林洗雪了蘇

俄百年來受制於西歐列強的屈辱，令列寧手創的第一個社會主義國家在短短二十年內攫取超級霸權地位。他為蘇聯帶來的，又是禍是福？這兩個極端例子所展示的性格與行為中的深刻矛盾，在彼得、加德琳，甚至亞歷山大、尼古拉斯這些君主身上，也同樣明顯地表現出來。聖潔與邪暴，獻身理想與縱肆意欲，可以說是蘇俄政體乃至俄羅斯靈魂中，如形影一般不可分離的雙元存在，也是貫穿帝俄與蘇聯歷史的一條金線。

俄羅斯傳統的烙印

蘇聯著名導演愛森斯坦（Sergei Eisenstein）在拍攝《可怖伊凡》這齣電影時，直接向斯大林請示如何為伊凡塑造形象。根據當時在場的主角卓克索夫（Nikolay Tcherkassov）回憶，斯大林完全同意把伊凡演成一位英明神武，開疆拓土的愛國君主，把屠殺貴族的黑衣騎警演成進步政治力量。他甚至說，伊凡美中不足之處就是心軟，所以他跪下懺悔的時候，一些貴族漏網溜脫了！[27]

這個斯大林本人批准出版的故事，不但說明他怎樣向後世交代1934－1937年的恐怖清黨行動──他可沒有讓一位老「布」黨貴族漏網，連已流亡墨西哥的托洛茨基也不曾放過！而且，也連帶把他和俄羅斯政治大傳統的認同表露無遺。其實，早在1926年這認同已經可以由他在老友基洛夫一個慶功宴上的表現看出來。當時列寧逝世未久，大家都認為他的地位只能由集體領導取代，斯大林卻站起來，邊繞桌子行走邊說：「可是別忘記，我們是在俄羅斯，沙皇的國度。俄國人是喜歡國家頭頂上有一個元首的。當然，他所執行的，將會是集體意志。」很可惜，在座袞袞諸公沒有人想到，他所指的，其實就是自己。[28]

27　見前引 Urban, pp. 154-155。
28　見前引 Tucker, *Stalin as Revolutionary*, p. 312。

不僅如此，俄國的宗教傳統也不可能不在這位格魯吉亞神學生乃至他所建立的體制之上打下烙印。列寧死後，斯大林的祭文就是一篇充滿東正教氣息的禱誓詞：「列寧同志離我們去了，他命令我們保護黨的一致猶如自己眼睛的瞳孔。列寧同志，我們向您宣誓，一定服從這條戒命⋯⋯他命令我們保衛和加強無產階段專政⋯⋯列寧同志，我們向您宣誓⋯⋯。」他保存列寧遺體和在紅場營築列寧陵墓的主張，正是從東正教崇拜聖地和聖徒遺體、遺物傳統而來。更重要的，則是把列寧主義定型和簡明化、程式化的努力。這不但見之於他的《列寧主義基礎教程》，而且明顯表現於他的《列寧主義答問》那種為了便於學生記誦所採取的方式，例如「農民支持十月革命是明智的嗎？⋯⋯對，是明智的」之類，那簡直就是用教會的《教義問答》改編而成——內容雖異，形式則一。[29]這正好應了麥魯恆（Marshall McLuhan）的名言「媒介就是信息」（Medium *is* the message）！

甚至，三十年代大清黨的方式，即是用盡威迫詞誘，以求犯人在公開審訊中徹底承認種種莫須有的叛黨賣國罪行，然後定讞處決，也不正是和西班牙宗教審裁所的規矩以及歷代沙皇務令叛徒「懺悔」然後處決的老辦法，一脈相承嗎？

疲乏體制的極限

1956 年 2 月，赫魯曉夫在蘇共「二十大」會上正式揭發和攻擊斯大林的暴行，震驚了世界。然而，這沒有成為一個新開始：沒有斯大林的斯大林主義是行不通的。赫魯曉夫是少了殘忍和冷酷，但獨裁和「帝國情結」傾向則和前任並無二致。事實上，他不久就發現，在斯大林體制

---

29 分別見前引 Urban, pp. 23, 211。

下，沒有簡單地改進經濟特別是農業效能的良方，也沒有有限度放鬆控
制而不引起衛星國家如波蘭、匈牙利等藉機反抗的可能。更要命的是，
帝國情結帶來與美國的衝突和緊張——以及政治局同事的不滿，而缺少
殘忍、冷酷和陰鷙，則無法把同僚壓成下屬（更不要說奴才），如他在
1964 年所發現的那樣。赫魯曉夫所證明的是，斯大林和他的主義有內在
邏輯結構，不是可以隨便修補改動的。

　　布列茲涅夫和柯西金吸取教訓，企圖用集體領導方式重新建構強
大、富裕、沒有個人色彩的社會主義體制——也許，是一個可以稱為客
觀的斯大林式體制。經過二十年努力，他們又發現，這樣一個體制雖然
可以非常之強大——到了七十年代末期，蘇聯在整體軍事力量甚至遠洋
海軍方面都已經追上美國，非復 1962 年古巴飛彈危機中受辱的「吳下阿
蒙」了。然而，它卻似乎沒有辦法富裕起來，更不可能消除民眾甚至許
多精英份子的離心離德和憤懣之情。這種情緒正日復一日，不可逆轉地
齧蝕斯大林所建造的那部佔據了地球表面六分之一的龐大機器，正如過
度的高頻振動（這往往是由於內部摩阻力和巨大應力 stress 所產生）在飛
機的關鍵部位產生金屬疲勞一樣。布列茲涅夫證明的是，在蘇俄大傳統
下發展出來的極權體制已走到極限，再無發展活力了。

新生事物

　　七十年代「氫彈之父」沙哈洛夫的公開抗議和索津尼辛的《古拉格
群島》，是彌漫全國憤懣情緒的巨大冰山一角，正如早十餘年巴斯特納克
的小說和詩篇是另一種念頭，另一種渴望的萌芽。基本上，不是饑荒，
不是戰爭失敗，不是新暴民領袖，甚至不是新一代赫爾岑或列寧，而只
是這樣一種情緒、一種念頭、一種悄悄的共同願望，最後摧毀了這座社
會主義大廈的基礎。

　　「作為核和常規武器霸主，蘇聯和美國最少是相等的。……但我所

見到的蘇聯社會，內部卻極為脆弱。誠然，它還未曾有 1905 年式的革命……但它其實脆弱不堪 —— 這脆弱是由於喪失了信心，由於其體制已再也不能激起國民的忠誠，除了統治者苟延殘喘再也不能代表任何理念，這樣來的。」這是歷史學家特克在 1981 年，即戈爾巴喬夫上台之前四年的說話，它已經準確預言了十年之後蘇聯帝國在自身重量所造成的壓力之下，逐步分崩瓦解的命運。[30] 一個龐大、嚴密、強有力的政治體，在沒有外力衝擊或內部動亂的情況下，和平、有序地逐步自動解體，這在人類歷史上是空前，假如不是絕後的。也許，只有恒星在耗盡內部核子燃料之後，慢慢地在自身巨大重力擠壓下，塌縮成一顆所謂白矮星（white dwarf）的過程，差可比擬吧。

當然，歷史的魅力在於它總是充滿未知與意外。目前正在醞釀，正在掙扎誕生的新俄羅斯同樣是充滿未知。它的未來是否將會令我們覺得意外呢？它是否終於已經世俗化，已經「解魅」，從而超越聖潔與邪暴的緊張對立了呢？那仍然是誰都無法預言的。

原刊《信報》（香港），1993 年 2 月 1 日－5 月 17 日，分 16 篇連載，其中部分嗣收入《站在美妙新世紀的門檻上》（瀋陽：遼寧教育出版社，2002），第 174－200 頁。此處依照原文，惟經補充與修訂。

30　見前引 Urban, pp. 173-174。

對三個現代化歷程的反思

一、俄羅斯：對現代世界本質的錯誤判斷

在十六至十七世紀西歐崛起之後，其他古老帝國相繼受到強烈衝擊，因而必須改弦更張，大事革新，以應付前所未有的變局。在這些「後進現代化國家」之中，最幸運、最值得土耳其、中國、日本等豔羨的，無過於俄羅斯帝國了，因為前者所必須面對的許多難題，對它而言都根本不存在。

首先，由於地緣相接，俄國很早就直接感受歐洲變革的強大衝擊，在十七世紀之初更幾乎由於波蘭和瑞典入侵而亡國。很自然地，到十七至十八世紀之交，飽受刺激的俄羅斯就銳意革新，走上現代化道路，這比諸上述三個古舊帝國足足早了一個半世紀。在這時，它所須彌補的落後差距還相當小，而對許多其他國家來說，如何在短短數十年間完成歐洲經歷數百年功夫才逐步完成的變革，正是最大難題。

其次，具有悠久淵源和強固政治、社會結構的古舊帝國，要破舊立新還有另一個難題，即缺乏領袖，因為有新思想、新眼光的人才往往不在其位，即或一時蒙君主破格擢用，也不免受盡舊勢力梗阻、攻擊，難以充分施展抱負。俄國則全然不同：它的革新動力正來自獨攬大權的沙皇本人。十八世紀的彼得大帝和卡特琳大帝雄才偉略，見識超邁，自不待言，即使其後的亞歷山大一世、二世和斯佩蘭斯基（M.M. Speransky）、韋特（Serge Witte）、斯托里平（Peter Stolypin）等，又何嘗不是明君、賢相，何嘗不是有魄力、有作為的政治家？終帝俄二百餘年之世，改革

和現代化可以說幾乎從來沒有停頓過，也沒有碰到任何重大政治或宗教阻力。相比之下，土耳其和中國的現代化歷程就坎坷艱苦得多了。

第三，俄羅斯雖然有別於西歐，但兩者的根源卻十分相近。就民族而言，俄國雖以斯拉夫民族為主，但創建它第一個政治體即基輔公國的，則是來自斯干的納亞半島的華朗根武裝移民集團；就宗教而言，東正教和羅馬天主教同源；就政治而言，俄羅斯承襲了拜占庭即東羅馬帝國傳統，並且在君士坦丁堡覆滅之後，以「第三個羅馬」自居。因此，對於接受西方事物，引進西方思想、文化，俄國民眾雖然也一樣有抗拒情緒，但比諸土耳其教士和中國士大夫階層那種強烈的憎惡與排斥心態，則相差甚遠。

最後，俄國由於進行改革較早、較全面，所以很快就建立了強大軍事力量，不但在西歐浪潮衝擊下足以自保，而且還有餘力干涉歐洲事務，被承認為所謂「歐洲協同國」（European Concert）成員。所以，它的種種革新措施和建設得以在不受外力干擾的情況下從容構思和推行。對它來說，租界、治外法權、關稅自主、外國資本佔據市場等等天大問題壓根就不存在。在後進現代化國家之中，它是惟一不必應付帝國主義侵略的——其實，如所周知，它自己就已經是帝國主義的一部分。

從以上四點看來，俄國佔盡了現代化的有利條件，在所有歐洲以外的國家之中，它的改革無疑應該最成功，最能帶領它進入現代。從某些角度看，這的確也是事實。在二十世紀初，它在軍事、文學、科學、音樂、藝術乃至都市建設和工業生產等各方面的成就已經接近歐洲先進國家，在有些領域甚至領先了。然而，也不可否認，從最基本的層次，即建立一個健全、整合、蓬勃有生機、能適應現代世界的國家這一點來看，俄羅斯長達兩個世紀之久，在最理想條件下銳意推行的現代化卻徹底失敗了。它畢竟不能避免大革命、大動亂和社會的整體崩潰；而且，經過國家和社會全面重組之後，仍然未能解決帝俄時代遺留下來的癥

結，例如農業生產落後和社會、民族對國家缺乏認同等問題，因此在大革命七十餘年之後，又再要忍受另一次整體崩潰的打擊。俄羅斯這種弔詭的失敗其基本原因到底何在？俄裔哥倫比亞大學教授拉伊夫（Marc Raeff）這本篇幅不多、但灌注了多年研究和思考結晶的著作《獨裁下的危機與嬗變》，便正是企圖通過分析其國家與社會之間的互動關係來找到答案。[1]

　　拉伊夫的基本觀點是：在帝俄，以沙皇為首的國家是主動的，是改革和現代化的原動力，但它以獨斷、強制方式改造龐大、頑惰社會（包括農民、小地主、小商人和逐漸興起的官僚階層）的努力卻往往落空，甚至產生意料之外的相反效果。因此，他對彼得大帝的雄圖偉略頗有保留：「全面看來，國家有關服役貴族和知識精英的目標是達到了，但就平民而言，則直至十八世紀中葉為止，可說是徹底失敗。」[2] 對尼古拉一世時代興起的著名知識份子如赫爾岑（Alexander Herzen）、巴枯寧（Mikhail Bakunin）、奧加列夫（Nikolay Ogarev）等他評價更低，認為只不過是十分孤立的一小撮人，自命「能為大眾指示前途的激進意識形態宣道家：這是他們為自己界定的角色，也是在現代世界自我認同的功能」。在他看來，他們對實際改革沒有，也不願意作出任何貢獻，而選擇成為死硬反對派，從而造成俄國政治的兩極分化。正是這牢固、不可改變的兩極化，阻止了具有自主性的俄國公民社會出現。[3] 他所讚賞的，是十九至二十世紀之交出現，他稱之為「有根」的專業知識份子：他們代表「獨

1　Marc Raeff, *Understanding Imperial Russia* (New York: Columbia University Press, 1984). 拉伊夫著，蔣學楨、王端譯：《獨裁下的嬗變與危機》（上海：學林出版社，1996）。此書出版於戈巴喬夫出任總書記之前，所以它的討論只及於蘇聯所面臨的困境，而與其崩潰、解體無關。

2　上引 Raeff, p. 53;《嬗變與危機》，第 40 頁。

3　上引 Raeff, pp. 163-171;《嬗變與危機》，第 119－124 頁。

立的宣言,從意識形態糾纏的擺脫,以及回到現實,認真面對現實的決心」。在這一大批才華橫溢的音樂家、藝術家、科學家、文學家、哲學家身上,他看到了真正的文化果實。

然而,柴可夫斯基、托爾斯泰、羅巴切夫斯基、巴甫洛夫、康丁斯基等天才人物雖然個別成就輝煌,卻並沒有對社會整體發生指引作用,也未能幫助俄國社會找到「一套完整,能指導它參與政治運作和經濟發展的價值、原理和行為標準」。也就是說,俄國社會沒有能力建立真正屬於自己的意識形態:這就是它失敗的根源。[4] 拉伊夫認為:真正的現代化必須是自發的、連鎖反應式的社會蛻變,是其本身規範的建立和意志的表現。因此,是不能從外部加以領導和控制的,無論領導和控制者多麼開明、睿智、有遠見。所以他說:「(亞歷山大二世的)改革計劃的致命傷在於它是基於一個靜態世界觀,這是對現代世界本質的錯誤判斷,因為它忽視了現代化過程所釋放出來的動態力量。」[5] 也許,俄羅斯長達兩個世紀(還應當包括蘇聯長達七十年)之久的現代化,在最理想的條件之下仍歸於失敗,就是由「對現代世界本質的錯誤判斷」而產生的吧?

把中國過去一百五十年的現代化歷程與俄國對照,也許我們不必再為林則徐、曾、左、李、康、梁等政治家、改革家之生不逢時,或者頑固的慈禧太后之對改革橫加阻撓而扼腕長歎,更不必為康熙皇帝錯過了東、西方文化在近代第一次接觸這一早期現代化契機而感到惋惜了。因為,以中國歷史之悠久、傳統文化之深厚,以及與西方事物之隔膜,希望碰上或創造比俄羅斯更優越的改革條件顯然是不現實的。更何況,到頭來這些條件對現代化成功與否其實並沒有太大關係!值得我們關心和審慎思考的,更當是過去二十年間,在一個新的政治環境中逐漸出現的

4　上引 Raeff, pp. 151, 221-225;《嬗變與危機》,第 110,160－163 頁。
5　上引 Raeff, p. 180;《嬗變與危機》,第 130 頁。

社會自發性蛻變，和它所連帶推動的現代化進程，要怎樣才能夠穩健地持續下去吧。

二、西班牙：惶惑的旅程

現代化從西歐開始，但歐洲並不是一個單純整體，而是許多不同政體、國家的集合。這些國家之中最特殊的，也許要算西班牙了。在十六世紀，無論從政治、軍事、海外殖民的角度看，它都是歐洲最先進、最強大的帝國。然而到十八世紀，這個現代化的先驅卻已經沒落，成為歐洲邊陲一個沒有活力，不受尊敬，甚至不受注意的二流國家。到十九世紀下半葉，當革命和自由思想終於傳到西班牙，並且產生政治影響的時候，它好像應該能趕上中歐的「遲現代化國家」──意大利和德國了。意想不到，那只不過是它在政治曠野中長達整一個世紀的飄泊之開始。這我們稱之為「惶惑的旅程」的，便是雷蒙德‧卡爾（Raymond Carr）這本現代西班牙史[6]的主題。

要了解現代西班牙，必須稍為回顧它前四百年的歷史，因為困擾這個國家的，正是歷史和傳統遺留下來的問題。在歷史上，塑造西班牙性格，激發它輝煌成就，同時也決定它淒涼沒落的，是三個相關主題：宗教、民族和征服。1469 年伊比利亞半島上最強大的兩個王國加斯底（Castile）和亞拉岡（Aragon）締姻，揭開了近代西班牙的序幕。在隨後半個世紀（1469－1516）間，伊莎貝拉和法迪南這兩位年輕有為、信仰虔篤的「公教君主」攜手成就了三件大業：統一半島上林立的基督王國；

6　Raymond Carr, *Modern Spain 1875-1980* (New York: Oxford University Press, 1980)；卡爾著，許步曾、林勇軍、鄭風譯：《惶惑的旅程》（上海：學林出版社，1996）。

攻下南方的格拉納達（Granada），也就是盤據在半島上已達七百年之久的回教徒最後一個據點；資助哥倫布西航，並且在他發現的新大陸開拓殖民地。隨後，在雄才大略的查理士五世（Charles V, 1516－1558）治下，龐大的美洲殖民帝國建立起來，數以噸計的黃金和白銀源源不絕地從新世界流入半島。作為西班牙、美洲，還有大量歐洲領土的統治者以及神聖羅馬皇帝，查理士在位四十年的夢想就是克服各種（特別是法國的）阻力，一統基督教世界。繼承他的腓力二世（Philip II, 1556－1598）是一個謹慎、勤奮而具有熾熱宗教信仰的人。父親要建立大帝國，他則致力於維持教會正統和信仰純潔。不幸，和時代背道而馳的這兩項大計都徹底失敗了：查理士沒有打敗法國，腓力二世也不能征服信奉新教的荷蘭，更不要說已建成強大海軍的英國。父子二人數不清的戰爭沒有帶來任何成果，只是使國庫虛竭，社會貧困離心而已。

　　到十七世紀，歐洲迅速走向世俗化、資本主義和高度中央集權政治，西班牙則仍然停留在中古形態：一個只知追求宗教正統和大帝國夢想的僵化指令性政治結構沉重地壓在具有不同語言、風俗和法制特權的許多民族之上；商業、民生、科學、新思想都為一個世紀之前的宗教理想和征服者形象所窒息，都不能發芽、生長。正如著名西班牙史家比森斯比韋斯（Jaime Vicens Vives）一針見血地指出：「加斯底不了解資本主義世界，所以無法與歐洲競爭。這就是今日西班牙歷史中心問題的關鍵。」[7]

　　處於緊貼歐洲心臟的位置，而又不了解迅速興起的資本主義和它所帶來的變化與力量，是十分危險、要付出沉重代價的。腓力三世（Philip III, 1598－1621）和四世（Philip IV, 1621－1665）這兩位繼位君主沒有

7　Jaime Vicens Vives, *Approaches to the History of Spain*. Joan Connelly Ullman, transl. (Berkeley: University of California Press, 1970), p. 98.

意識到這危險，只是盲目地背着歷史枷鎖掙扎，企圖恢復上一世紀的光榮。結果到十七世紀末葉，帝國的歐洲屬土就輕易為列強所瓜分，西班牙王位本身也為法國波旁族系（House of Bourbon）所奪去。雖然它的海外殖民地要到十九世紀才相繼喪失，但叱咤風雲的西班牙帝國則隨着十七世紀而終結了。在其後一個半世紀間，波旁王朝把理性改革和歐洲思想引進西班牙的努力並不成功。法國大革命、拿破崙入侵、自由思想的傳播和多次民眾起義對政局造成了衝擊，但也都沒有產生任何深遠、持久影響。

　　所以，當進步黨人獲得軍方支持，在 1868 年發動不流血政變和革命，為民主憲政揭開序幕的時候，西班牙在思想、社會和政治等各方面，都是極度混亂、分散、缺乏一致性和凝聚力的。這種混亂反映於它五花八門、令人迷惑的許多政黨和政治團體。例如屬於左派的有社會黨、工團主義和無政府主義；屬於右派的，有保守黨、長槍黨、軍隊勢力、王黨和種種天主教組織；至於中間派則有進步黨、自由黨、共和黨等等。除此之外，還有各種激烈的地方民族主義政黨，它們全部加起來，總數恐怕有二三十個之多。這樣，在隨後漫長的百餘年間（1868－1975），西班牙要經歷兩度共和、兩度內戰、長時期腐敗不穩定的君主立憲，和兩度軍事強人獨裁的煎熬，是很自然的。

　　在十七世紀，西班牙的崩潰是由於十六世紀傳統與新時代精神相違背造成，那麼它在十九至二十世紀的惶惑旅程又當如何解釋呢？它並非缺乏接受新思潮感染的機會——社會主義、工團主義、無政府主義、自由主義、憲政思想都從只隔着比利牛斯山的法國和只有數百哩水程的英國迅速傳入，而且生根發芽。它也絕非激進、拋棄傳統——正相反，教會勢力始終根深蒂固，而除了軍人獨裁和其他短暫時期之外，波旁王室穩如磐石。它更沒有摧毀民間社會：地方民族主義不但強大，而且直接影響全國政治。

也許，答案在於西班牙的保守力量太強太牢固，所以無論從天主教會內部，抑或從社會其他部分，都不能產生與傳統決裂的力量，從而形成政治突破。這一點，可以用兩個例子來說明。第一，像宗教審裁所這麼一個制度，要一直到十九世紀初才初次正式受到挑戰，而教會還堅決反對廢除。第二，要到 1898 年美、西戰爭的時候，因為一下子喪失了古巴、波多黎各、菲律賓等三處海外殖民地，西班牙才初次感到全國性的危機與震撼。然而，由此激發出來的所謂復興運動（Regenerationism）在極大程度上仍然只不過是一系列缺乏思想內涵的政治口號，對國民意識並沒有產生真正的衝擊。在這個時期西班牙最出色，最有深度的文學家，也是最能捕捉民族靈魂的思想家要數烏納穆諾（Miguel de Unamuno）了，但他的《生命的悲劇意識》這本名著卻是對文藝復興、宗教改革、科學、理性的嘲諷，對羅耀拉、特倫特會議、救贖和永生（他稱之為「超越經濟學」）的頌揚，和對現代的憤怒與蔑視：「我們沒有科學精神？那又怎樣？我們有其他精神……讓其他人去發明好了……我們有自己的工作。」魯迅剖析狂人心理，創造阿 Q 典型，為的是對「吾國與吾民」作無情鞭撻。烏納穆諾則恰恰相反：為了伸張西班牙在失敗中的不屈氣概，他倔強地說：「吉訶德先生正是把自己弄得滑稽可笑，因而不朽。」[8]

是的，在走向現代之前，英國有過它的議會造反和清教徒革命；日本有過它的雄藩內部政變以及幕藩戰爭；荷蘭、美國都曾經獨立戰爭洗禮；至於法國、俄國所經歷的思想劇變和大革命，以及土耳其在凱末爾時代所經歷的猛烈政治、宗教和思想革命就更不必說了。這和中國之必須經歷辛亥革命和五四運動，是一樣的。所有這些國家，都是在和傳統決裂之後，才能夠向新時代、新體制邁出第一步。而對於西班牙來說，

8　Miguel de Unamuno, *Tragic Sense of Life*. J.E. Crawford Flitch, transl. (New York: Dover, 1954), p. 305-306.

也許是由於與回教徒七個多世紀的艱苦鬥爭，以及十六世紀帝國成就之輝煌在民族心理上所產生的自信與偏執，正統天主教意識無論在政治抑或思想上都變為牢不可破，因而這一關鍵性決裂姍姍來遲。它的初次出現，恐怕要算是 1936－1939 年那一場震驚全世界的酷烈內戰了。沒有三十年代那一趟憤怒、拼命的血與火之洗禮，那一場對全體西班牙人「存在承擔」的考驗，那末在七十年代中期佛朗哥漫長的專政結束之後，穩定的民主立憲政體是否能那麼自然、順利地出現，而且為絕大多數人接受、擁護，恐怕還是有疑問的。

三、競逐富強：現代化的熔爐

十六世紀中葉葡萄牙人到達九州南部的種子島（1543）之後，日本軍事史上發生了一個重要但鮮為人注意的變化。當時正值中央政權崩潰的所謂「戰國時代」（1467－1600），各地群雄並起，爭奪「天下」霸權。因此剛剛傳入東洋的火槍迅速為軍隊採用，它的研製、改良、操練成為藩主、將領、武士悉心探究的要務。當時公認為最偉大的天才軍事家武田信玄就是受火槍的長距離狙擊喪生，而織田信長在著名的長篠之役（1575）能夠徹底擊潰武田勝賴，主要是得力於埋伏在河邊的上萬名火繩槍手。這說明在短短一代之間，火槍就已經能夠左右日本的軍事與政治了。根據貝林（Noel Perrin）在《放棄槍械》這本小書發表的研究，這時日本陸上火器之精良和應用之普遍，已經超過英、法等西歐先進國家。[9]

然而，令人驚訝萬分的是，兩個半世紀之後美國人以武力打開日本

9　Noel Perrin: *Giving Up the Gun* (Boulder: Shambala, 1980).

大門的時候，卻發現它的一般民眾對槍械感到十分陌生，甚至茫然。事實上，從十七世紀中葉開始，槍械就逐漸從日本社會消失了，原因是已經一統「天下」的德川幕府有意識、有計劃地把槍械製造技術和人才集中起來，收歸國有，然後任其萎縮、廢棄、失傳。這個政策一方面是為了維持武士這一龐大統治階層的社會地位，因為用槍比用武士刀容易得多，一般民眾可以輕易掌握；另一方面則是因為戰亂已經平息，一個統一、和平、沒有嚴重外患的國家根本不需要太犀利的武器，反而要防止它在社會上流傳。因此，在維持穩定的大前提下，已經發展起來的先進科技被壓制，萌芽中的軍事鉅變以小小一段插曲告終。

　　這段史實可以為了解洋務運動提供一個新角度：以器械為急務的「船堅炮利」政策也許並無不妥，它的失敗，只不過是因為主事者力量不夠強大，意志不夠堅決，因而無從「動搖國本」，迫使中國的政體、社會、意識形態去適應發展先進武器的需要，甚至產生本身的蛻變罷了。換言之，「西用」的邏輯不足以改變「中體」的結構，因此研製和改良器械所必須具有的心思、資源始終無法集中、調動，所得的結果也就無從與歐西、日本比拼。日本在德川家康統一「天下」（1600）之前和之後對火器態度的大轉變，正好說明：體、用二者孰為優先的選擇，是決定於政治形態的。

　　麥尼爾（William H. McNeill）的《競逐富強》[10] 所為我們帶來的，是這觀點的更深一層論述：即歐洲的長期分裂造成劇烈軍事和政治競爭，由此產生的巨大壓力迫使各國必須不斷變革以求生存，從而為軍事體制（包括武器和軍隊組織）的改進和資本主義的發展提供自然環境。因此，西歐並非先有現代價值觀、人生觀才產生現代政治、社會制度，才出現

10　William H. McNeill: *The Pursuit of Power* (The University of Chicago Press, 1984). 麥尼爾著，倪大昕、楊潤殷譯：《競逐富強》（上海：學林出版社，1996）。

工業文明。實際上，它在思想、宗教、軍事、經濟、政治等各方面的急劇變化，是通過這些領域彼此之間的強烈刺激與相互作用而同時發生、同時進行的。

要說明這種動態連鎖反應，西班牙和荷蘭在十六世紀末的衝突是一個好例子。當時連同荷蘭在內的所謂「低窪國家」（Netherlands）還隸屬於剛剛征服美洲的強大西班牙帝國，但為了新、舊教之爭，兩者斷斷續續打了將近八十年的仗（1570－1648）。這長期衝突激發了荷蘭的民族主義，促使它成立歐洲第一個共和國；跟着，為了抵抗西班牙人大舉入侵，這似乎弱小的民族國家在毛里斯親王（Prince Maurice of Nassau）領導下完成了整一套軍事革命，它涉及軍隊組織、訓練和作戰方式，其嚴格方法、理性精神乃至系統教材和軍校制度都是劃時代的，因此迅速傳遍歐洲，為所有先進國家所仿效。更驚人的是，在南方移民大量湧入和維持海外貿易的需要這雙重刺激下，荷蘭不但從一個繁盛的轉口港發展成為國際商業中心，並且更建立強大海軍，取代葡萄牙的遠洋殖民帝國地位。可以說，為了抗衡西班牙，荷蘭在政治、社會、軍事、經濟上都發生了整體性鉅變。事實上，相類的蛻變不斷在不同時代發生於其他許多不同國家：歐洲的現代化就是這樣在衝突、競爭的熔爐中熬煉出來的。

麥尼爾這本醞釀、用功達二十年之久的著作還另有一個鮮明主題，那就是「富」和「強」之間不可分割的密切關係。用他的話來說，「市場化的資源調動緩慢地發展，逐漸證明它比指令（command）能更有效地把人的努力融成一體」，因此「到十六世紀，甚至歐洲最強大的指令結構在組織軍事和其他主要事業時，也要依賴國際貨幣和信貸市場」——以商業為基礎的荷蘭之所以成功，以帝國官僚結構為基礎的西班牙之所以失敗，就是明證。在十八至十九世紀，大英帝國的成功和同樣優秀的法國之所以失敗，關鍵也基本相同。以海軍和海外貿易為本的英國始終嚴格遵從市場原則，所以能夠藉英倫銀行建立牢固信貸機制，並通過全球性

經濟網絡來為戰爭調動資源。至於以陸軍和大陸官僚架構為主的法國，則始終未能完全擺脫指令經濟的干擾，因此動員力量相對減弱許多。英國之所以能夠在七年戰爭（1756－1763）中擊敗法國，囊括後者在北美洲和印度的殖民利益，關鍵正在於此。

這可以說就是資本主義的秘密：只有通過它的非強制性，但又無孔不入的「無形之手」，才能籌集發展先進軍備所需的龐大資金；另一方面，軍備所提供的強大武力，和戰爭的巨大消耗，又反過來保證和加速資本主義的發展，兩者之間形成互相加強的正反饋循環。因此，軍備和戰爭是資本主義發展的主要（雖然並非全部）機制。麥尼爾把本書的目標界定為「試圖彌合分隔軍事史和經濟史以及編史工作的鴻溝」，是再恰當沒有了。

當然，歐洲的分裂狀態與資本主義—軍備發展紐帶這兩個主題，也是密切不可分割的。在大一統政治格局之內，指令型經濟可以輕易壓倒市場經濟，把它局限於細小規模之內，而且軍備發展也沒有迫切性。因此，兩者之間的正反饋循環是無從建立的。本書用相當篇幅討論宋代商業，以及當時為了抵抗北方民族入侵而出現的冶鐵工業飛躍發展（神宗時代中國的鐵年產量已達十二萬噸，超過工業革命早期的英國 50% 以上），目的正在闡明當時資本主義之所以不能進一步發展，是受到中央官僚政府基於道德理念和本身穩定要求這兩個原因的抑制。反之，「只要沒有單一政治指令結構能夠把手伸向拉丁基督教世界的每一個角落，從而把資本主義累積消滅於萌芽狀態，那麼基本現實就是市場會凌駕於當時（歐洲）最強大統治者的君權之上。」[11] 所以，「富」與「強」的紐帶，必須在容許不斷「競逐」的政治環境之中，才能牢牢建立起來。

---

11 前引 McNeil, p. 114;《競逐富強》，頁 114。

　　然而，狂熱、不受控制的競逐富強造成了人類前所不能想像的效率，帶來了空前的力量和財富，卻也同時把人類推到受核子戰爭毀滅的邊緣。政治分裂、軍備競賽和資本主義果真是人類之福嗎？歷史學家無法預言未來，但省察過去和展望將來，又可說是他辛勤伏案之餘的自然權利。麥尼爾並沒有放棄這權利。而且，他對二十一世紀的看法可能令讀者十分驚異：「展望未來幾百年，我想後人很可能將本書論述的一千年看作是一個不尋常的動亂時期。」到了那時候，全球性政府可能出現，個人利潤的追求會抑制在一定限度，競爭和攻擊只能在體育活動找到出路，社會變革會慢下來……，總之，「人類社會又回到正常狀態」。[12] 這樣一個美好的願望是否會實現，能在多少個世紀之內實現，自然沒有人知道，但這本書那麼客觀和深入的剖析，以及書末所表達的這一願望，應該是可以為中國今後的發展道路提供一個平衡觀點的吧。

　　本文原為「現代化衝擊下的世界」叢書（上海：學林出版社，1996）中《獨裁下的嬗變與危機》、《惶惑的旅程》、《競逐富強》等三部譯著序言的集合，刊《二十一世紀》（香港），1996 年 6 月號，第 102－110 頁；嗣收入《站在美妙新世紀的門檻上》（瀋陽：遼寧教育出版社，2002），第 201－216 頁。

12　前引 McNeil, pp. 385-386;《競逐富強》，頁 420－421。

第三輯

在現代化的背後：
中西傳統文化的比較

中華與西方文明的對比

──有關科學與宗教的一些觀察

　　八十年前陳寅恪說過一段很有名的話，即王國維是以地下實物與紙上遺文相證，取異族故書與吾國舊籍補正，取外來觀念與固有材料參證，也就是說，應用了大量新材料和新觀念。這就是他所謂「赤縣神州數千年未有之鉅劫奇變」在學術上所迎來的新風氣、新氣象，它至今仍然在發生強大影響。當然，所謂「鉅劫奇變」其實是個全球性現象：它至終為中國帶來了一個新時代，新開端，也為世界帶來了一個新局面，那就是人類文明融合的大趨勢。在這新開端，新趨勢之下，把中華文明和西方文明來比對、比較，是很自然，也很重要的。這是一項龐大的工作，需要許多代人的長期努力。我們在這裏，只不過是作一些粗淺零碎的觀察而已。

一、中古教士的夢想

　　讓我們從西方中古一件小事情說起。在十三世紀有一位醉心自然哲學的聖方濟各教士，他孤耿高傲，處處碰壁，飽受打壓，但至終時來運轉，老朋友當上了教皇，於是應邀將平生所學，熔鑄為兩部著作呈獻。他的書開宗明義這樣說：「憑藉知識的光芒，上主教會可得以統治，信眾的國度可得以節制，尚未信教者將會歸宗，而超卓的知識足以制服怙惡

不悛者，基督徒再不必流血犧牲，就可以將他們驅逐至教會境外。」[1] 這裏所謂「超卓的知識」，是指當時剛剛從阿拉伯人傳入西歐的古希臘和伊斯蘭科學，但也包括從中國間接傳入的新事物，例如火藥。當時歐洲的「黑暗時代」已經過去最少兩百年，但比起伊斯蘭世界來，它在文化、科學、經濟等各方面仍然落後很多，所以上述這番話是為歐洲力爭上游的一個建議。

　　那位教士就是有名的羅哲培根（Roger Bacon，約 1215－1292），他呈獻給教皇的著作名為《主集》和《別集》。[2] 不幸他的好運很短促：書籍上呈之後，教皇還未及寓目就駕崩了，因此它們並沒有發生什麼影響，很可能根本還未有人閱讀就已經束之高閣。此後他雖然繼續勤奮著述，但並不得志，甚至還可能因為政見而一度遭受監禁，最後鬱鬱以終，直至十七世紀方才廣為人知。不過，上面那幾句話還是很重要的：它揭露了自然知識在西方文明中的根本重要性 —— 即使在宗教精神高漲，甚至淹沒一切的「中古盛世」（High Middle Ages）。當時，即使在教士心目中，它仍然是能夠和語言、文法、道德訓誨分庭抗禮的。而且，從它在羅哲培根的書中所佔分量看來，實際上比後數者更為重要。對於中古歐洲而言，這些自然科學知識雖然源於古希臘，從阿拉伯人那裏學習它們卻算不上「禮失求諸野」，而是追求風聞已久，「恨未識荊」的新事物，因為古羅馬人雖然聽到也接觸過古希臘科學，卻從未真正了解它或者有系統地翻譯過它：此時它方才初次從阿拉伯文轉譯成拉丁文，並且還夾雜了許多伊斯蘭文明的增益。

———

1　Roger Bacon, *Opus Majus*. 2 vols. Robert Belle Burke, transl. (Philadelphia: University of Pennsylvania Press, 1928), p. 3.

2　有關羅哲培根，見 Stewart C. Easton, *Roger Bacon and His Search for a Universal Science* (Oxford: Blackwell, 1952)。《別集》即 *Opus Minus*；他第三部著作《三集》(*Opus Tertium*) 始終未曾完成。

二、宋儒的振興之道

　　這樣將來自域外而又關乎自然界的知識視為強盛邦國的根本大道，在中華文明觀念中是不可思議的。作為對比，十世紀的大宋皇朝也同樣是經歷大亂之後積貧積弱，面臨北方強敵，也同樣發憤圖強。那麼當時潛心思索振興之道的有識之士，例如胡瑗、孫復、石介等大儒，所講求的又是何種道理呢？余英時在《朱熹的歷史世界》一書中說得很清楚：「他們三人都篤信聖人之道，致力於重建一個合乎儒家理想的秩序。他們研究經學的主要動機是追求一種文化理想」，那也就是他引孫復所說的「所謂夫子之道者，治天下、經國家大中之道也」。在他們影響、激發之下，所出現的最有遠見和魄力的大政治家是范仲淹和王安石。他們同樣也是以儒家的禮樂、道德理想，即所謂「詩書史傳子集，垂法後世者」，「古代聖王之道的文字記錄」為求治根本。[3] 統而言之，宋儒的振興之道以古代經典為依據，那都是與政治、社會、文化理想直接相關的。

　　以上的說法很粗疏，因此需要作兩點補充。首先，羅哲培根是走在時代前面，他的話並不能夠代表十三世紀歐洲的政治與文化理念。當時基督教觀念籠罩一切，自然哲學被視為神學的婢女，它最主要的功能在於闡釋自然萬物，從而彰顯上主創造天地之大能與精妙。可是，也不能忽視：他重視自然知識效能的觀念卻仍然頑強地存在 —— 在另一份手稿中，他還生動地想像起重機、汽車、輪船乃至潛艇、飛機的發明和製造，宛如預見二十世紀來臨一樣，而且這些夢想也為他同時及其後許多

3　分別見余英時：《朱熹的歷史世界》（台北：允晨文化實業股份有限公司，2003），上篇，第 395、392、412－413 等各頁。

教士分享。[4] 他們之中有不少位至主教乃至大主教，卻仍然潛心科學，作出重要貢獻。其中如牛津大學第一任校長，後來成為林肯郡主教的格羅斯泰特（Robert Grosseteste, 1168－1253）；研究光學的坎特伯雷大主教配卡姆（John Peckham, 卒於 1292）；德國第一所座堂學院創辦人，曾經出任拉提斯邦（Ratisbon）主教的大阿爾拔圖（Albertus Magnus, 約 1200－1280）等等都是傑出例子。他們努力的結果是，到了十七世紀之初，另外一位培根即法蘭西斯培根（Francis Bacon, 1561－1626），就鮮明地提出「知識即力量」的觀念，那到十八世紀為啓蒙思想家接受，從而成為西方文明的主流思想了。追源溯本，這觀念最早就是由羅哲培根提出，而他的思想則可以追溯到古代希臘。

其次，北宋其實也有許多重要科學家，例如發明所謂「增乘開方法」的數學家賈憲、撰寫《夢溪筆談》的沈括、編校《本草圖經》和造「大水鐘」的蘇頌等等。當時中國的技術和工藝非常先進，對促進經濟起了很大作用，導致北宋人口在一百五十年間（約 960－1100）增加六倍，突破一億的歷史性關口。[5] 所以，在中古，中華文明不但具有豐富自然知識和技藝，而且能夠很充分地利用它。可是，中國士大夫所搜集、發展的自然知識都是零碎分散的，不能夠構成完整理論體系和學術傳統，所以不可能有長遠、累積性的發展。在他們的觀念中，這方面的知識屬於形而下的「器用」範疇，和形而上的，具有經天緯地功能的「道」不可同日而語。像南宋的秦九韶是大數學家，他的《數書九章》是傳統數學的

4　見 Lynn Thorndike, *A History of Magic and Experimental Science during the first thirteen centuries of our era*, Vol. 2 (New York: Columbia University Press, 1923), pp. 654-655。此鉅著共八大卷，其中提供大量歐洲中古實驗科學與魔法的資料與闡述。

5　見葛金芳：《宋遼夏金經濟研析》（武漢：武漢出版社，1991），此書已吸收更詳盡的漆俠：《宋代經濟史》，上下冊（上海：上海人民出版社，1987－1988）中之資料。

高峰。然而，說來奇怪，他本來熱衷仕宦，潛心數學只是元人入侵，丟掉官職，顛沛流離，「心槁氣落」之後的事情。與他同時代的李治、劉秉忠也都是在金人朝廷做官，元滅金之後方才隱逸山林，潛心數學。劉秉忠後來更為元帝忽必烈徵召而放棄數學出山，官至太保。這種風氣是有悠久傳統的。如所周知，孔子所重視的是禮樂仁義政事，至於「性與天道」、「怪力亂神」、稼穡農圃等等問題他不但不願意講，甚至被問到也不願意回答。「君子不器」就是不做「專家」，不鑽牛角尖，那可以視為他對具體自然知識的基本態度。這種態度一直延續到近現代。例如翻譯《幾何原本》的徐光啟是最早接觸西方科學，對其精妙讚歎備至的傑出士大夫，他卻從未動念探究西方科學的全貌與根源。雄才大略如康熙皇帝雖然對「西學」發生極大興趣，卻也從未想到派專人到海外留學和搜求典籍。在他們心目中，這些知識雖然神奇，卻無與於經國大業，其定位恐怕仍然是「珍玩」、「絕學」而已。

　　錢穆先生對這種心態有很深刻的觀察。他說，中國學者「始終不走西方自然科學的道路……總看不起像天文算數醫學音樂這一類知識，只當是一技一藝，不肯潛心深究。這些，在中國學者間，只當是一種博聞之學，……，聰明心力偶有餘裕，始一氾濫旁及。此在整個人生中，只當是一角落，一枝節，若專精於此，譬如鑽牛角尖，群認為是不急之務。國家治平，經濟繁榮，教化昌明，一切人文圈內事，在中國學者觀念中，較之治天文算數醫藥音樂之類輕重緩急，不啻霄壤」。跟着他論天文、數學如何被應用到曆法乃至被「強挽到實際政治上應用」，音樂如何被用作「以人文精神為中心嚮往之工具」，結論是「在中國知識界，自然科學不能成為一種獨立學問」。[6] 這些話是很值得深思的。

6　錢穆：〈中國知識分子〉，《民主評論》（香港，1950），收入《國史新論》（香港：求精印務公司，1955），第 67－68 頁。

　　統而言之，中華與西方文明對自然知識的觀念自古以來就有非常深刻的分歧。西方把它視為宇宙奧秘，值得終身探索、追尋，因而發展成高度理論性的學術，即上通「天道」的「自然哲學」。當時它的實用價值並不彰顯，也不重要，直到羅哲培根方才出現轉變的朕兆，以迄十七至十八世紀脫胎換骨，發生革命性的巨大變化。中國人看自然知識，則脫離不了實際和淺近的「器用」觀念，所謂「醫卜星相、天文曆數」向來是學術旁支，不入「大道」。目前所謂「科教興國」反映了表面態度的改變，底子裏卻仍然未曾跳出原來思想框架。但在今天，科學和技術改變人類社會的結構，甚至人的思想乃至身體，已經非常全面和深刻，可以說無孔不入，無微不至了。而且，這種改變可以說是不斷加速，沒有止境的。那麼，如何來梳理、認識、扭轉中華文明對科技根深柢固的傳統觀念，自然是我們今天所亟須面對的大問題了。

三、流亡教徒的夢想

　　現在讓我們談一點宗教問題。在路易十四治下，有位胡格諾教徒（Huguenot，也就是法國新教徒）為了求學而改宗天主教，後來又秘密重投新教，因此被迫流亡多年，最後到了荷蘭鹿特丹，在那裏獲得固定教席。當時哈雷彗星剛好掠過地球上空，得此靈感，他在 1682 年發表了第一部著作《彗星隨想》[7]。它宣稱：彗星是自然現象，當時卻視為厄運預兆，那其實是迷信，也是教士和主政者藉以迷惑民眾的手段。由此出發，他展開了對基督教會（包括天主教和新教）與絕對王權的全面批

7　Pierre Bayle, *Various Thoughts on the Occasion of a Comet*. Robert C. Bartlett, transl. (Albany: State University of New York Press, 2000).

判，其核心論據是：除了上帝無人能夠判斷宗教真理究竟為何，而且道德意識和社會穩定性也根本與宗教信仰毫不相干，因此每個人都有權憑良心來選擇信仰，包括無神論；所以宗教迫害是無理而邪惡的，只有全面的宗教寬容方才是唯一合理政策。此書立論大膽，辨析深入周全，鋒芒直指過去一個半世紀以來連綿不斷的宗教戰爭與迫害之根源，因此出版後大受歡迎，迅即奠定了作者的地位。此後他辛勤著述，又撰成了五大卷，約五百萬字的《哲學與批判辭典》[8]，以辛辣筆觸和堅實詳盡的歷史考證，為西方文明中大量古今人物作傳並加評論，亦即寓思想於史實之中。這位新教徒就是培爾（Pierre Bayle, 1647－1706）。[9] 他的自由、寬容觀念和大量著作全面影響了伏爾泰，《哲學與批判辭典》更成為《百科全書》的原型，所以他被尊為啟蒙運動之父。

我們在今日提到啟蒙運動，往往只會想到科學革命、光榮革命、洛克的政治著作、盧梭所提倡的民主，而多數忽略了它的宗教向度，也就是對基督教的批判和攻擊。為什麼呢？很可能因為在中國人觀念中，由宗教來主宰整個文明（例如基督教之於歐洲），或者在不同教派之間，單純由於信仰義理的差異而發生戰爭、殺戮，歷數十百年不息，是不可思議的。因此我們不太了解，甚至有意忽略或者乾脆否認，歐洲進入「現代」的先決條件，是對基督教發起全面的、猛烈的批判，來掙脫它的精神和政治桎梏 ── 那就是韋伯所謂「解魅」（disenchantment）。這樣，對於啟蒙運動，就不免產生極大誤解和歪曲，認為它基本上只有正面，只是一個講究理性和爭取自由民主的運動。觀念上之所以會出現如此巨大偏差，基本原因就在於，在中華文明之中，任何一種宗教都從來沒有獲

8　Pierre Bayle, *The Dictionary Historical and Critical of Mr. Peter Bayle*. 5 vols. A reprint of the 1734 English edition (London: Routledge, 1997).

9　Elisabeth Labrousse, *Bayle*. Denys Potts, transl. (Oxford: Oxford University Press, 1983)，是一部有關貝爾的簡明介紹。

得獨佔的、排它的、宰制性地位，各種宗教大體上是共存的。

四、在中華文明中的宗教

如所周知，漢武帝「罷黜百家，獨尊儒術」，以後歷代君主也大多跟隨。然而，儒家卻沒有成為中國的宰制性宗教。這有兩個原因。首先，它的理想扎根於「現世」，基本上是一套文化與政治理念，而並沒有任何關於「來生」的應許。因此它對「統治精英」有號召力、說服力和實際意義，但就大眾百姓而言，卻難以和佛道競爭，即所謂「儒門淡泊，豪傑多為方外收盡」。其次，中國人善於調和融合，而不喜歡辨析細節。因此儒釋道三教表面上彼此競爭、排斥，甚至借助君主力量相互鬥爭、傾軋、迫害，背後的真正動機都不在於思想、理念，而是為了發展政治經濟勢力，其所憑藉的力量也不外君主好惡。有名的「三武滅佛」，以及至元年間的釋道激烈鬥爭，都沒有脫離這個模式。

因此三教之間相互影響，相互滲透，具有不同信仰者密切交往，切磋講論，或者士大夫以一身兼容不同信仰，都是常態。像道教從老莊哲學和佛教吸取教義和儀式；禪宗深受老莊和儒家影響；宋儒理學吸收佛道兩家的形而上學觀念、術語、修煉功夫，那都是大家熟知的。在這方面余英時和柳存仁兩位有很詳細深入的論證。余英時指出，一方面「北宋名僧多已士大夫化，與士大夫的『談禪』適為一事之兩面……北宋不少佛教大師不但是重建人間秩序的有力推動者，而且也是儒學復興的功臣」；反過來，北宋大儒如張載、二程、司馬光、王安石等，也普遍深受佛教影響，無從擺脫：「佛教儒學化和沙門士大夫化畢竟也讓禪宗的『道

德性命』普遍進入了儒家士大夫的識田之中。」[10] 柳存仁說，宋儒「出入釋、老，入其室而操其戈，既得釋、老一部分之精旨，又引儒門經典或經疏中若干文字，或以彰儒教之盛足以苞外教之內容，或利用儒家一二語其跡與釋、老近似者以打擊異教，蓋已數見不鮮」。至於明儒，則「能夠起重大作用、放一異彩的是受道教及禪家影響的、大批的提倡『王學』的人」。而王陽明這位一代大儒，「五十幾歲的生涯中，自稱有三十年在道教書籍和修持方法中過活」，「所受道經之影響既深，……謂其能完全廓清道家之影響而可以無損於其學術系統之完整，實難令人置信……良知之說，則又惟道教金丹導引之說是求，謂此而可以比附良知，則致知之學之說之駁而不純，亦可知矣。」而且，「王學之包融佛教者其事多方，固不止修持功夫一端。抉其大而可尋者，竊以為實有（五事）……。五者皆佛也」，王學缺少這五項，則不免「大為減色，即其體系亦將受影響」。因此，陽明屢言「二氏之學其妙與聖人只有毫釐之間」，實不足為怪，「在這樣的情勢之下，王陽明實在不能不承認三教在某一個意義上說，只是一家」。[11] 所以，到了明代，儒釋道三教雖然仍然竭力保存各自面貌，實際上已經水乳交融，密不可分了。

五、宗教與今日世界

明白了儒學的駁雜本質，那麼在二十世紀初，在它顯然已經再不能

10　見前引《朱熹的歷史世界》，上篇，第 116 及 142－155 頁。

11　見柳存仁的〈明儒與道教〉(1967)、〈王陽明與道教〉(1970)、〈王陽明與佛道二教〉(1981) 等三篇論文，俱收入其《和風堂文集》（全三冊，上海：上海古籍出版社，1991），第 809－923 頁。以上七條徵引依次見《和風堂文集》，第 897、818、816、866－867、900、869、834 諸頁。

夠作為應付「數千年未有之鉅劫奇變」的根據之際，大儒如章太炎之轉向諸子學，志士如譚嗣同之轉向佛學，來為中國尋求出路，那是很自然的。新文化運動興起之後，不到十年間儒學就已經被新思潮所淹沒，反而基督教、伊斯蘭教、猶太教、佛教，甚至道教，卻都能夠在現代化的大浪潮中倔強地生存下來，也就不難得到解釋了。關鍵就在於：儒教的立足點是在「現世」而非「彼世」，所以當年為釋道二教影響、滲透很深，在社會的影響力已經大幅度下降。晚明的林兆恩創立「三一教」，致力於儒家的宗教化及大眾化，正是見及此趨勢而圖力挽狂瀾之舉，然而未能成功。[12] 自二十世紀初以來，新科技革命和政治理念對它所產生的衝擊，自然更是猛烈而無可迴避。

因此，儒家的本質一方面使得中國不致如西方那樣，飽受宗教鬥爭和戰爭的煎熬，另一方面，又註定了今日復興儒家，試圖使它成為凝聚中國人的精神力量之努力很難成功。有人認為，努力的可能出路在於私人而非公共領域，也就是在倫理道德範疇。[13] 但個人道德不能夠與政治─社會─經濟結構脫離關係，當代世界是不斷劇烈變動的，要從傳統儒學提煉出一套適應其結構的行為規範，來推行於大部分中國人，似乎也很艱難。事實上，同樣問題也正困擾所有傳統宗教 ── 只不過立足於「彼世」的宗教還能夠對「現世」種種與之矛盾的理念與準則採取「視而不見」的迴避策略而已。[14]

---

12 此事余英時和柳存仁皆曾論及，見余英時：〈士商互動與儒學轉向 ── 明清社會與思想史之一面相〉，載郝延平、魏秀梅主編：《近世中國之傳統與蛻變》（台北：中央研究院近代史研究所，1998）；以及前引《和風堂文集》，第 835－836 頁。

13 余英時對此論述頗多，例如見其《現代儒學論》（River Edge, NJ: 八方企業公司 1996），特別是第 171－179 頁，在此他將現代儒學比作「遊魂」。

14 伊斯蘭教的教義特別細緻而具體，事實上是一整套政治、社會、經濟綱領與法規，因此有更強大的力量抗拒改變和再詮釋，也就是無法採取迴避政策。這是它至今尚未曾經歷諸如啟蒙運動或者五四運動那樣性質的現代化洗禮的原因，也是它與西方國家不斷發生無法緩解的劇烈衝突的根本癥結。

　　最後，也許還值得一提的是，在國際政治理念上，中國以互相尊重，互不干涉為圭臬，歐美等西方國家卻認為本身理念放諸四海而皆準，因此有將之宣揚、輸出，甚至不惜大動干戈以求其伸張的強烈傾向。這理念上的分歧固然包含了很多實力與權謀的考慮，但不能忽略的是：這種思想的深層，恐怕也還沒有脫離基督教根深蒂固的傳道與拯救觀念。也就是說，培爾所痛心疾首地抨擊的那種宗教鬥爭與不寬容，正以另一種面目在全球化的國際政治上出現，成為新的，雖然是隱秘的十字軍精神。

　　原為上海復旦大學「價值與意義：中華文明的再認識」論壇（2012）上的發言稿，前半曾以「中古教士的夢想」為題發表於《南風窗》（廣州），2012 年 6 月 20 日，第 92－93 頁。

中國與歐洲高等教育傳統比較初探

　　在 1901 年 9 月，經過了忍辱負重的談判，李鴻章終於與西方各國簽訂和約，贏得八國聯軍退出北京城。此時倉皇出奔西安的慈禧太后也終於做出明智決定，批准張之洞、劉坤一的變法奏摺，頒詔將書院改為學堂，以及在各省城、州、府、縣設立新式學校；四年後即 1905 年，已經有千多年悠久歷史的科舉考試制度也同樣被廢除。自此中國拋棄傳統教育模式，引進西方體制：教育理念從培育道德轉變為開拓知識，教育內容從儒家經典擴大到各種不同學科，學生前途也從考科舉入仕拓展到社會上多方面的事業。中國能夠在此後一個世紀內發展成現代國家，這教育體制的根本改革無疑是關鍵之一。其實，在此前不足一個世紀，西方教育體制也曾發生決定性變化。當時拿破崙東征西討，對德意志諸邦產生了前所未有的強大衝擊。無獨有偶，在普魯士新敗於耶那之役（Battle of Jena, 1806），其領土仍然為法國軍隊佔領的關頭，國王威廉三世（Frederick William III）也以極大勇氣與遠見決定成立嶄新的柏林大學以求振興國家，這是 1810 年的事情。柏林大學的重要在於，今日被奉為圭臬的「學術自由」與「學術研究」原則，是由它首先正式提出來並付諸實行，其影響以後逐步及於德、英、法、美和其他西方大學。所以，它就是現代高等教育的開端。

　　當然，西方大學本身的歷史要長得多：它的淵源可以上溯到十世紀；至於中國的書院、太學、國子監等傳統教育體制則歷史更為悠久：它們起源於漢唐，到北宋即十世紀已經有上千年歷史。然而，為什麼到了二十世紀之初，中國和西方教育體制之間卻出現巨大差距，以致中國

教育體系顯得那麼落伍、不合時宜，非加以徹底改革不可呢？這差異到底是在起點上就已經存在，抑或是在其後某個階段的突變所引致？是由於政治制度還是由於文化思想的差別造成？這些雖然是歷史問題，但在中國亟於發展高等教育，號召「打造世界一流大學」的今日，當仍然值得回顧與探究。本文所要嘗試的，就是以中國和西方的中古教育體制作起點，為兩者當時之異同以及其後各自之發展之大概勾勒一個輪廓，並且對兩者之所以出現巨大差異提出一些初步看法。

　　具體而言，以下我們將以十世紀中葉為探究起點。在中國，那是殘唐五代之後北宋（960－1126）皇朝重新建立政治秩序之際，也是書院與官學相繼興起時期；在歐洲，那是自五世紀開始的大混亂結束，政治秩序重新建立，各地教會的「座堂學校」興起，取代眾多修道院教育功能的時期。在此起點上，無論就政治或者教育而言，中國與歐洲都頗為相似。但短短兩百年後座堂學校即蛻變為「中古大學」這更有活力、發展更迅速的體制；此後六百年間大學體制進入緩慢演變乃至逐漸停滯的階段，以迄十八至十九世紀之交，當時的政治劇變再度觸發大學的鉅變，由是導致現代大學體制出現。相比之下，中國的官學和書院在南宋、元、明、清數代雖然蓬勃發展，但主要變化是在於數量穩定上升，和逐步深入民間和偏遠地區，至於體制、性質、功能等等卻沒有發生基本變化。即就學術內涵而言，書院雖然先後受程朱理學、陽明心學、清代樸學主導，好像經過多番巨大轉折，但萬變不離其宗，也始終未曾脫離儒家經典與思想的範圍。那麼，中國與西方教育體系實際的發展過程到底如何，觸發西方大學出現與蛻變，使得它迥然相異於中國教育體系的機制、動力，又到底是什麼？本文所要試圖探究的，主要便是這兩個問題。

一、偃武修文的新時代

　　宋代教育的發展基本上是儒家理念得到落實，和傳統體制延伸的結果。如所周知，宋太祖鑒於前代兵驕將悍，因此以杯酒盡釋諸將兵權，朝廷自此「恢儒右文」，奉行尊重儒生，「與士大夫共治天下」的國策，士人也生出強烈政治主體意識，慨然以天下為己任，[1] 在此政策下，私辦書院與官辦學校蓬勃發展，開科取士制度不斷擴大。當然，書院、官學、科舉這三者並非宋代新生事物。具有「國立大學」性質的太學出現於漢初，它是漢武帝「獨尊儒術」和設立「五經博士」政策的自然延續，也是實現遠古教育理想的象徵，自此之後官學亦逐漸在地方上出現。同樣，所謂「察舉」即推薦各地「賢良方正」和「孝廉」予朝廷，也是漢初制度。東漢順帝年間（公元 132 年）以尚書令左雄建議，被薦者須通過考試方得入選，這成為日後科舉考試的濫觴。[2] 至於所謂「書院」，則原為唐開元年間（713－741）宮中抄錄和收藏圖書之所，但同時亦已經有稱為「書院」的私人讀書、講學場所；五代時南唐（937－975）君主雅好儒術，在其鼓勵下出現了匡山書院、梧桐書院、屬於家族義學性質的東佳書堂，以及日後演變為白鹿洞書院的官辦「廬山國學」等等。因

1　宋代君主與士大夫在政治上緊密合作的共識，在余英時：《朱熹的歷史世界：宋代士大夫政治文化的研究》，上篇（台北：允晨文化實業股份有限公司，2003），特別是第二、三、四章有深入討論。

2　有關中國傳統教育與科舉制度歷史概況，見李國鈞、王炳照總主編，喬衛平等著：《中國教育制度通史》，四卷（濟南：山東教育出版社，2000）。有關宋代教育，尚有李弘祺：《宋代教育散論》（台北：東昇出版事業公司，1980），他的下列專著對中國傳統教育的思想、體制、社會關係有整體和詳細論列：Thomas H.C. Lee, *Education in Traditional China, a History* (Leiden: Brill, 2000)，其中 Ch. 2, 6 對本文頗有參考價值。

此，到北宋書院傳統也已經有兩百年歷史了。[3]

當然，儒家以「教化」和「舉賢」作為建立政治秩序基礎的信念在漢代已經出現，甚至也為個別州牧、郡守所認真推行，但它之發展成普遍和具體社會－政治制度，則是個漫長過程。這主要因為門第觀念不但在魏晉南北朝佔壓倒性地位，而且直至唐朝末年還與科舉處於對立和競爭狀態，[4] 只是到了宋代文人地位才大幅度提高，「文治」觀念與相關的開放教育、公平考試制度才真正確立。這一發展是由君主統治思想的轉變，以及文士的政治自覺特別是儒家「內聖外王」理念所共同造成。像「投澗十年」的胡瑗、「先天下之憂而憂」的范仲淹、堅定地推行新政的王安石等政治家亦復是教育家，就是這種自覺與理念的最佳例證。[5]

不過，除此文化因素之外，宋代教育發達還有技術和經濟上的因素，那是同樣值得注意的。所謂技術因素主要指印刷術。雕版印刷術最早出現於隋末唐初（613－626），最早的確切記載（636－650）為太宗詔印《女則》及玄奘印普賢像，但最早實物則為唐咸通九年（868）發現於敦煌之整部《金剛經》（現存大英博物館）以及武則天時代（751）之印刷品，即發現於南韓之《陀羅尼經》——其實，這些都已經是成熟時期

3　有關書院歷史的論著頗多，見吳萬居：《宋代書院與宋代學術之關係》（台北：文史哲出版社，1991）；樊克政：《中國書院史》（台北：文津出版社，1995）；章柳泉：《中國書院史話 —— 宋元明清書院的演變及其內容》（北京：教育科學出版社，1981）；盛朗西：《中國書院制度》（上海：中華書局，1934）等。

4　唐代士族與通過科舉而產生的新興政治階層之間的緊張表現為牛李黨爭，其論述與分析，見陳寅恪：〈政治革命及黨派分野〉，《唐代政治史述論稿》（香港：中華書局，1974），第 71－127 頁。

5　「慶曆」和「熙寧」這兩趟興學，便是分別由范仲淹和王安石所大力推動，而「熙寧興學」規模宏大，歷時長達十五年（1070－1085），影響尤其深遠。至於胡瑗則長期在蘇州、湖州的書院任教，最後被聘請到太學推廣他「明體達用」以及「分齋（即分科）講授」的所謂「蘇湖教學」方法。有關士大夫的政治自覺，見前引《朱熹的歷史世界》，上篇，第一至三章。

的產品了。因此，到北宋雕版印刷術已經有三百多年歷史。[6] 宋初書院多次蒙朝廷頒賜經書以示獎勵，所賜之書便都是雕版印刷的標準版本。從十一世紀中葉開始，太學和地方官學成為定制而且不斷擴張，其所以如此，書籍能夠按照官定標準大量生產是重要原因。而且，由於書籍需求殷切的刺激，慶曆年間（1041－1047）畢昇發明了活字版，這更進一步推動書籍的普及。

在印刷術以外，經濟之繁榮也同樣與教育有根本關係。宋代在農耕、漁牧、陶瓷、紡織、開採冶煉、貿易、金融等各方面都非常發達。例如，其農業生產率在十一世紀估計為 7106 斤／人－年，分別超過漢、唐 70% 和 50%；生鐵年產量達到 15－17 萬噸，與十八世紀即工業革命之初歐洲整體（包括俄國的歐洲部分）的 15－18 萬噸相若。經濟繁榮導致了大規模人口增長：在殘唐五代的戰亂之後，北宋初期（十世紀中葉）人口僅得 1652 萬，但到末期（十二世紀初）則增至 10440 萬，也就是一百五十年間增長六倍，相當於在此長時間內每年穩定增長 1.2%，從而突破一億的歷史性關口；此數倘若與遼、西夏合計，則更達到 1.1 億，超過漢唐一倍。[7] 人均和整體經濟力量這兩方面的提高，無疑為教育發展提供了堅實的社會和物質基礎。[8]

就實際進程而言，北宋（960－1126）一百六十年間的教育，恰好以處於中間的 1043 年為轉捩點。前此八十年是國家從殘唐五代大亂逐漸恢

6　有關印刷術的歷史，見羅樹寶：《中國古代印刷史》（北京：印刷工業出版社，1993），第 61－71 頁；曹之：《中國印刷術的起源》（武昌：武漢大學出版社，1994）對印刷術起源有詳細考證，結論與前書相同，見該書第八章。

7　以上各項估計，見葛金芳：《宋遼夏金經濟研析》（武漢：武漢出版社，1991），第 121－124，137－143，185－188 等頁。此書已吸收更詳盡的漆俠：《宋代經濟史》，上下冊（上海：上海人民出版社，1987－1988）中之資料。

8　李弘祺：《宋代教育散論》，第 73－95 頁對於北宋國子監和太學的經費有詳細研究，從中可見這兩機構在相當長時期（特別是熙寧和元豐年間）享受了十分充裕的經費。

復過來的時期，府庫空虛，生口未蕃，而且直至「澶淵之盟」（1005）為止，朝廷忙於應付北方大敵，因此雖然數度推動地方教育，但從「國子監」以至州縣官學都始終處於不穩定狀況。在此時期，已經具有悠久淵源的私辦書院在官方鼓勵下迅速發展，其中如嶽麓、白鹿洞、應天府（睢陽）、嵩陽、石鼓、茅山、東佳、華林、雷塘、泰山、徂徠等書院聲名昭著，領前的數所還有「四大書院」之稱。不過，即使如此，根據粗略估計，北宋書院數目也可能只在五十上下，倘若以每院平均百數十人計算，則學生人數大概僅在三五千之間而已，即使加上官學生，在北宋人口中恐怕還只佔極小比例。[9] 在上述轉捩點之後的八十年則反是：由於慶曆、熙寧、元豐三趟大規模興學（分別在 1043－1044，1070－1085，1102－1126 三個時期），中央與地方官學都大事擴張，制度亦日趨細密和規範化，影響所及，書院開始萎縮、式微，甚至有相當部分轉變為或者合併於官學。這非常自然，因為書院經費有限，對學生只能夠酌量補貼，但官學則由國家撥出學田和多種利益（例如撥予可出租收利的房產、坊場、池塘，以及各種地區性專賣權利）以為經常性支持，因此能夠定額負擔學生的生活費。[10] 國子監之下的太學在全盛時期達到 3,800 人，至於地方官學人數則達 17－20 萬人之譜，可能達到適齡人口的 1% 以上了。[11]

9　有關兩宋書院數目的估計，見前引章柳泉：《中國書院史話》，第 26 頁所引數據，即總數大約為二百，其中 25% 左右建於北宋；前引吳萬居：《宋代書院與宋代學術之關係》附錄一考據更詳細，其所表列的書院達到四五百之譜，但有些值得名字，有些只是某某人讀書之所，其中略具規模，並且長期有教學活動的，恐怕只佔一小部分。

10　宋代官辦教育經費的制度，見前引《中國教育制度通史》，第三卷，第 117－134 頁。

11　數目出於《續資治通鑑長篇》及葛勝仲《澹陽集》，轉引自前引李弘祺：《宋代教育散論》，第 63 頁。

二、教育與政治體制的結合

宋代教育的兩個主要特徵是：在體制上它與政府緊密結合，在內容上則為儒家學術所全面宰制。首先，就體制而言，雖然書院與官學是宋代教育的兩根支柱，而且民辦書院曾經有獨領風騷時期，但作為一種制度，書院只是官學的補充，它的立足和發展都有賴朝廷認可、鼓勵乃至資助。況且，它們和地方官學之間並沒有清楚界線，兩者可以輕易互轉或者合併，因此呈現互為消長之勢。歸根究底，書院是自發性民間組織，並非得到敕令而特許建立，所以沒有長遠和鞏固法律地位，這和佛道等主要宗教的寺廟是不一樣的。至於官學，則是政治體制不可分割的一部分。這最少可以從四個方面看出來。首先，中央官學（太學和國子監）與地方官學（州府縣學）都是由各級政府全面支持、辦理和控制，無論就房舍建築、財政來源、教師聘任、學生錄取而言都是如此。其次，官學生的前途全部通過貢舉或者科舉考試而引導進入政府，也就是以官職為至終目標。第三，學生所用書籍由國子監統一編輯、甄定、印刷和分配。最後，官學中所教授課程與科舉制度中各科考試對應，而且其內容、重點、思想趨向、科目設置也都由朝廷釐定、頒佈。所以，官學和書院在教育體制上的地位有主從之分，這是很清楚，不容混淆的。

其實，即就教育理念而言，官學也更為重要。誠然，孔子是私家講學的開創者，這為書院的設立提供了依據。然而，在儒家理想政治秩序中，教育自始就是政府主要功能的一部分：「庠序設教」、「學在官府」的思想遍見於《禮記》、《周禮》等儒家經典，《孟子》亦盛為稱道。漢初（公元前 136）武帝接納董仲舒建議，「罷黜百家，獨尊儒術」，那和羅馬帝國的君士但丁大帝（Constantine the Great）改宗基督教（312）有相同意義，都是東西文化史上具有決定性意義的大事。此後中國歷代中央政府最少在表面上都以儒家理念為治國原則，而在此大原則下，設立學校、

興辦教育成為國家長遠政策。在漢唐時代教育體制未備，資源不足，「唯才是用」的理念也尚未確立，因此官學比較簡陋。到了宋代，由於前面提到的各種因素，以官學為主體的教育制度得以全面發展，那既是儒家治國理念的落實，也是士大夫「得君行道」的應有之義。

傳統教育體制既然根源於儒家理想，教育內容自然也就同樣以儒家經典為主，這不僅僅是抽象理念，更是由士人的晉身之階即科舉制度所支配。事實上，官學的分科和課程設置都與科舉考試的科目對應，這在唐代已經相當明顯，到宋代仍然相沿不替。[12] 所謂「常科」即經常舉行，取士名額也最多的進士、明經兩科，其主要考試內容都離不開《五經》、《九經》、《三禮》、《三傳》、《論語》、《孟子》等經典。當然，這是就其大體而言，在科舉考試中到底以何經何典為主，該經典又以何種版本、註釋、指導思想為準繩，那才是核心問題所在。在北宋，王安石盡廢漢魏以來諸家註疏，代之以自己講求實踐、實用的《三經新義》，那影響學校、科場很長時間。繼起的程朱理學或曰道學雖然聲勢浩大，但由於政治原因一直受壓抑，以迄南宋所謂「嘉定更化」（1208）才迎來轉機，理宗親政以後，朱熹和周、張、二程等理學大師終於得受褒獎和從祀孔廟（1241）。程朱理學在元代的學校和考試中繼續佔主導地位，但當時科舉興廢不定，仕途並不真正開放，它在教育體系中得以完全確立其正統地位，亦即成為官學的核心部分，已經是永樂十五年（1417），明成祖將《五經大全》、《四書大全》、《性理大全》等三部根據理學家著作敕修的大書頒佈於六部、兩京國子監和地方官學時候的事情了。

儒學為官方壟斷的自然後果，是具有獨立思想的學者轉向私立書院求發展。其實，宋代書院蓬勃發展的原因之一，正就是理學家在官方渠

12　唐代學校與科舉的對應關係，在前引《中國教育制度通史》第二卷第 445 頁有綜合圖解說明。

道以外尋求講學空間所致。在明代，程朱理學成為官學而日趨僵化，新興的心性之學繼起，大批學者如王陽明、湛若水等同樣轉向書院宣揚其學說，至嘉靖年間而達於極盛。這轉而觸發朝廷四度下令禁燬書院，其中以張居正的禁燬（1579－1582）和魏忠賢之打擊東林書院（1625－1627）為最嚴重，但整體而言，則因為禁令時間短暫，所遭遇阻力亦大，所以效果不彰。到了清代，其初朝廷仍然壓制書院，但自雍正十一年後，則改為大力鼓勵、資助與發展官辦，這樣書院亦基本上為官方所控制了。值得注意的是，和宋之理學、明之心性學一樣，清代的樸學也同樣憑藉書院傳播。其中阮元所創辦的杭州詁經精舍和廣州學海堂是影響最大的。總體而言，歷代書院數目不斷增長：從宋代的二百餘所發展到元代的四百餘所，以至清代的二千餘所。但隨着教育普及，官方控制也不斷加強，這從新建書院之中屬官辦的南宋只佔少數，元代已經過半，清代則將近八成，即可見一斑。[13]

三、儒家學術以外的教育

不過，儒家學術雖然在教育上具有強大地位，其宰制卻也非絕對。事實上，在宋代官學和科舉這兩個龐大系統中，經常存在儒家以外的學術、技藝乃至宗教科目，這可能是為了實用所需，也可能是出於君主特殊好尚，不一而足。例如，宋朝歷代君主崇奉道教，因此曾經有所謂「道舉」，考試道教經典和《黃帝內經》等醫書，以為道宮、道觀選拔道士；又例如，宋代對軍事人才需求孔殷，因此在官學和科舉系統中有所

13　見前引樊克政：《中國書院史》，第 116，246－247 頁。

謂武學和武舉，雖然其效能、存廢不斷惹起爭議。更重要的是，除了上述特殊科目之外，教育體系還存在儒學以外的固定學術科目。這主要有四類：一、文學即詩賦詞章之學，它可以再細分為三種。首先，如所周知，唐代以詩賦取士，宋初秉承唐風，考試亦注重詩賦，但王安石視為靡事奢華，浮誇不實，因而廢止，此後時存時廢，但清乾隆以後試帖詩則成為定制。其次，為了選拔草擬詔誥文書的人才，科舉中有所謂詞科（其下還細分為四科），考試各種實用文體。最後，徽宗出於個人愛好，官學中又曾經有畫學和書學之設。二、屬於國子監系統的律學，其生員主要來自在職官員，因此具有培訓和在職進修的意義；此外科舉中的明經科也包括「明法科」，考試律令、刑法、斷案等。三、醫學，它其先屬於太常寺，後來改隸太醫局。四、最後，還有屬於司天監系統的算學，包括算術、天文、曆法、術數等等。從以上四種特殊科目在官學－科舉體制中的長期固定地位看來，可知由於實際需要，儒家學術的確無法完全主宰教育領域。但是，總體而言，除了文學自有其獨立強大生命力以外，醫學、律學、算學等三種學科在官學中名額既少，出路又狹隘，不可能帶來顯貴地位，因此它們只不過是進士科以外的補充、陪襯，對於絕大部分士子是沒有吸引力和影響力的。

　　說來奇妙，以上四方面的科目和歐洲中古大學課程（詳見下文）大體上可以一一對應。文學相當於「三藝」中的修辭學，算學相當於「四藝」中的算術和天文，那都是「文學院」課程；至於醫學和律學則分別相當於中古大學的醫學院和法學院課程。當然，中古大學還有神學院，它位置最高，應該說是相當於太學、國子監中的進士科，兩者所講授的課程都是在中西兩大文明中各被視為最根本的「大經大法」。但是，這所謂對應只是就大體而言，它無法掩蓋中西教育體系之間的多個巨大差異。首先，神學院雖然地位崇高，生員眾多，出路寬廣，但畢竟還是與法、醫兩個學院並列，而且要進任何上述三個專業學院之一，都必須先通過文

學院這一關，因此神學遠遠不如進士科那樣是唯一的「正途」。其實，
以上四個學院都各自有其悠久學術淵源，其中神學反而是根基最淺的。
第二個重要差異是：歐洲中古大學的課程、學問完全向民間開放，但由
於資料限制和傳統，中國的「律學」在民間並沒有私自研習的動力和可
能，「算學」則根本不允許民間私習──司天監是唯一可以合法教授此科
目的機構。因此，能夠在民間自由開拓天地的學科，僅有文學和醫學。
這也正是宋代醫學特別發達的原因：它在民間有強大研習傳統，甚至太
醫院的醫官、醫學博士也往往延聘民間名醫擔任。由此，也就凸顯了第
三個差異，即官學乃至書院基本上都是為國家教育人材，課程、教學方
式也都以朝廷意向為依歸。歐洲中古大學卻是高度國際性的體制，它雖
然同樣受社會需求影響，並且在教義問題上受羅馬教廷制約，但學生畢
業後卻散佈於全歐洲，進入羅馬教廷、各國各級宮廷、修道院、地方教
會、大學等許多不同機構任職。這也就充分說明，為什麼歐洲大學具有
高度自主和自治的可能性了。這自主性還表現於個別大學乃至個別學院
擁有頒發畢業證書，即對學生成績作最終評估之權；在中國則此權已經
從教育體制中剝離出來，由官方考試制度控制，也就是成為朝廷專利。
這是東西教育體制的第四個大差異，它帶來的嚴重問題曾經為論者反覆
指出，是眾所周知的了。

四、歐洲教育傳統的梗概

　　現在，讓我們將眼光從中國轉到十世紀歐洲。歐洲的奧托帝國
（Ottonian Empire）和宋皇朝是同時開始的：奧托一世（Otto I, the Great,
962－973）稱帝就在宋太祖黃袍加身之後兩年，即公元 962 年。這時西
羅馬帝國滅亡（476）已經將近五百年，其間蠻族的多次入侵造成大混

亂，九世紀之初查理大帝（Charlemagne, 800－814 在位）建立的卡洛琳帝國（Carolingian Empire）橫跨西歐，文化上也頗有建樹，但不久即分崩離析，直至號稱為「神聖羅馬帝國」的奧托帝國出現，方才是歐洲重建政治秩序的開端。這新秩序和古代羅馬帝國不一樣：它是高度分裂的，不但英、法、布根地、西班牙、希臘、小亞細亞不在帝國版圖內，而且其內部也為無數大大小小不同層次的封建領主所分割。其次，倘若和中國相比，差別就更大了，因為當時歐洲並沒有文官系統，所有民事管理和教化功能都倚賴基督教會。宋朝皇帝與士大夫共治天下，中古歐洲君主、領主則與基督教會、教士共治國家；而且，教會雖然和俗世政權合作，卻自有組織和理念，並非後者的一部分。

　　基督教會變得如此重要，是歷史發展的結果。西羅馬帝國滅亡後，教會成為歐洲僅存的文化力量。它在羅馬主教亦即日後的教皇領導下，展開了長期、廣泛、有系統的宣教運動，逐步將基督教傳播到全歐洲；並且在信仰確立地區致力於地方教會的組織和發展，以主持講道、醫療、救濟、婚喪齋節儀禮等工作來教化、組織和親近民眾；至於它的修道院系統，則成為動亂中保存學術、文化、信仰的避難所，也成為教會培育和儲備人才的溫床。因此查理大帝要謀求長治久安別無它策，只有和根深蒂固的教會合作：他接受羅馬主教加冕為皇帝（800），和倚重英國教士阿爾庫恩（Alcuin, 732－804）發展宮廷學校，就是這合作的象徵。到了一個半世紀之後的奧托大帝時代，政教更合作無間：帝國各地區主教（bishop）都由皇帝挑選、培養和直接委任，膺此位者自動成為當地最高行政長官，大主教甚至可以具有相當於公爵的封建領主地位。

　　在上述背景下，自中古以迄近代上千年間（800－1800），歐洲教育體系與教會出現密不可分關係是再也自然不過的事情。不過，與中國「政教相倚」體制大不一樣的是，這關係始終在緩慢但不斷的蛻變之中，其整體趨勢是教育體系逐漸從教會獨立出來，至終變為全然俗世

化（secular）。這演變大致分為四個階段：一、公元 800 − 1200 年是宮廷學校（palace school）和座堂學校（cathedral school）時期，即學校由宮廷或者教會設立、管轄、發展的階段；二、1200 − 1500 年是中古大學（medieval university）時期，在此期間大學體制出現並且取代座堂學校，然後在教會認可和支持下，發展成為具有獨立地位的體制；三、1500 − 1800 年是中古大學逐步脫離教會，蛻變為俗世社會一部分的時期；四、在此之後，則是現代大學（modern university）發展時期了。

這四個截然不同階段之所以出現，是由政治變化和相應學術發展造成。座堂學校起源於奧托大帝委託教會為宮廷培養政治和宗教領袖，內容以古希臘的博雅教育（liberal arts education）為主，但當時希臘原典已失，只能夠以羅馬帝國末期所編纂的百科全書式手冊為教材。下一階段的中古大學則是由錯綜複雜的多階段歷史發展刺激而產生，這包括：一、基督教會在十至十一世紀的自強運動和「教皇革命」；二、它同時在幕後策劃的對伊斯蘭教徒之軍事反擊；三、由是激發的十二世紀歐洲翻譯運動，以及四、經院哲學、神學和法學研究之興起。經過長時期醞釀，中古大學至終發展成為多學科和具有高度自主權力的獨立法人團體，其地位是由君主（或者城邦）和羅馬教廷所共同授予並確立的。然而，傳統與自主權令大學逐漸故步自封和僵化，從十六世紀開始的宗教改革、科學革命、啟蒙運動、法國大革命等連串鉅變，令保守的大學全然無法適應，因此到十八世紀末「廢除大學」之聲已甚囂塵上，在此巨大危機下，新型柏林大學的建立為此體制帶來生機，也指明了出路，自此大學即朝俗世化和學術研究的現代方向轉型。

五、座堂學校傳統

　　座堂學校是皇權與教會密切結合的產物。[14]「座堂」（cathedral）指位於各地區首府，由主教親自主持的大教堂，它設立附屬學校本來是為培養教士，以使他們能夠協助主教佈道、施政，日後成為教會高職人選。這類學校的淵源可以追溯到阿爾庫恩所主持的卡洛琳宮廷學校（以及同時的教堂和修道院學校），但那並無直接記載，更說不上固定體制，而很可能只是在查理大帝周圍的一群學者和貴族子弟之集合。[15] 它真正的原型當推大主教布魯諾（Bruno I, 925－965）所主持的科隆（Cologne）座堂學校。布魯諾生性謙讓好學，深受兄長奧托大帝器重，先後被委以大主教、公爵和攝政王重任，隨着帝國擴張，他的門生更紛紛被擢升為各地主教，科隆亦因此成為帝國的學術文化中心。這融合政教兩方面權力的「皇族教士」（royal priest）觀念是奧托治權的核心，而座堂學校則是發揮此觀念的體制。在布魯諾門生的推動下，德國其他城市如希爾德海姆（Hildesheim）、沃爾姆斯（Worms）、梅因茲（Mainz）等也紛紛發展座堂學校。與此同時，法國出現了見識超凡，以精通算術、天文知名的學者葛柏特（Gerbert of Aurillac, 945－1003），他和多位後代門生在萊姆斯（Rheims）、夏爾特（Chartres）、圖爾（Tours）等地發展的座堂學校也名聲鵲起，吸引了大批學子。因此到十一世紀之初即公元 1000 年前後，全歐洲總共已經有十二所著名座堂學校出現。葛柏特不但協助奧托帝國的三代開國皇帝，促成法國卡佩皇朝（Capetian Dynasty）的崛起，最後還榮陞聖彼得寶座，成為教

14　關於座堂學校淵源、歷史、課程內容與發展的專書，有 C. Stephen Jaeger, *The Envy of Angels: Cathedral Schools and Social Ideals in Medieval Europe, 950-1200* (Philadelphia: University of Pennsylvania Press, 1994)。

15　關於庫恩和卡洛琳宮廷學校的深入討論，見 Heinrich Fichtenau, *The Carolingian Empire.* Peter Munz, transl. (Toronto University Press, 1991), pp. 79-103。

宗西維斯特二世（Sylvester II, 999－1003）。在布魯諾和葛柏特身上，十世紀歐洲皇權、教權和教育三者密不可分的關係表現得再清楚沒有了。

　　和卡洛琳宮廷學校一樣，座堂學校也施行「博雅教育」，亦即古希臘自由民所接受的教育。它大體上分為「三藝」（*trivium*）和「四藝」（*quadrivium*）兩部分。三藝指言語和思考能力的訓練，包括文法（grammar）、修辭（rhetorics）和辯證法（dialectic）等三科，其起源可以追溯到公元前五至前四世紀的希臘「智者」（Sophists）運動。他們被認為是西方最早的教育家，但著作已經湮沒，只有思想片段留存於同時哲學著作如柏拉圖《對話錄》中。[16] 到了羅馬時代，三藝觀念繼續存在，但內容則大幅度改變，例如修辭學就變成以政治家西塞羅（Cicero）的作品為主。座堂學校的教育基本上承接羅馬傳統，這主要是由五至六世紀編纂家如卡佩拉（Martianus Capella）、麥克羅比烏（Macrobius）、卡西奧多魯（Cassiordorus）、伊西多爾（Isidore of Seville）等建立，例如卡西奧多魯為修士所編的手冊《神聖與俗世學術》（*On Training in Sacred and Profane Literature*）影響力就特別大。至於四藝，則是指算術、幾何、天文、音樂這四門數理科學，它起源於古希臘畢達哥拉斯教派（Pythagoreans），後來發展成為亞歷山大城時期（約公元前三世紀至公元後三世紀）光耀輝煌的希臘科學。然而，羅馬人對此既不了解，也不感興趣，除了極少數例外並沒有將之翻譯為拉丁文，因此只有其最粗淺部分得以被吸收進入上述編纂家的作品。[17] 到了中古時期，四藝更加不受重

16　有關智者與希臘教育特別是三藝的關係，見 Werner Jaeger, *Paideia: the Ideals of Greek Culture.* Gilbert Highet, transl. (New York: Oxford University Press, 1945) Vol. 1, pp. 286-331。

17　有關這些編纂家的工作，見 William H. Stahl, *Roman Science: Origins, Development, and Influence to the Later Middle Ages* (Westport, Conn: Greenwood Press, 1978), Ch. 10-12。

視，可以說是精華盡失，僅存糟粕了。

座堂學校的目標在於培養教會與行政領袖人才，因此教育方式並不注重思考和學術訓練，而主要以通過教師的言行身教亦即其個人魅力來發展學生品格，這包括舉止、容貌、行動之威儀合度，書信言辭之得體、有理、有節和動人，以及思慮之周詳縝密，與人為善，等等，這可以稱為「道德理念籠罩下的博雅教育」。至於古希臘的「七藝」，雖然科目結構猶存，內涵則大部分已經為羅馬的實用精神和政治需要而變更了。[18]

六、大學體制的興起

就體制而言，座堂學校與宋代官學、書院迥然不同，但就精神與目標而言，則兩者頗為近似。不過，座堂學校只是西方教育體制發展史上的序曲：它在十二世紀衰落，為新興的大學所取代，全盛時期不足兩個世紀（約 960－1130）。大學之興起是由多方面新學術的湧現所激起，而這些新學術的發展則是由政治鉅變所觸發。這是個相當複雜的連鎖反應，下面只能夠為其整體過程勾勒最粗略的輪廓。

所謂政治鉅變，是指十一世紀的「授職權之爭」（Investiture Contest）。這發端於羅馬教會自從十世紀初以來的勵精圖治，整肅綱紀，奮發自強。此運動以 910 年在法國東部成立，直屬羅馬主教的龐大克呂尼修道院（Cluniac Monastery）為起點。由於歷代院長的才幹與不懈努力，一個世紀後它的分院就散佈全歐洲，所培養的人才亦遍據要津，成

18　這方面的開創性研究，見前引 *The Envy of Angels*，其中 Ch. 4-5 對於座堂學校中七藝的實際內涵有詳細論述。

為教會中堅力量。[19] 當時神聖羅馬皇帝掌握廢立羅馬主教大權，視教會不啻下屬機構，因此支持教會改革和發展。孰料教會羽翼豐滿之後不但要掙脫皇權的桎梏，更反過來宣稱，有權干涉全歐洲各國有關教規的事件，甚至可以廢黜君主、皇帝。這樣，在 1073 年以封立主教大權的歸屬為導火線，在教皇格列高里七世（Gregory VII）和神聖羅馬皇帝亨利四世（Henry IV）之間爆發了猛烈的政治、軍事和意識形態衝突。這場「教皇革命」在半個世紀後以雙方暫時妥協告一段落，但自此羅馬教廷不但獲得獨立，更取得了凌駕於各國君主之上的政治地位。[20] 與此同時，通過隱秘策劃，教會藉着諾曼（Norman）武士的力量大事擴張勢力，也就是對英國的衰敗和伊斯蘭教徒自八世紀以來的擴張、侵略分別發起征伐與反擊，由是導致「征服者」威廉一世（William I）於 1066 年征服英國；諾曼武裝移民於 1060－1090 年間收復西西里島；利翁（Leone）基督教王國於 1085 年重新奪取西班牙中部重鎮多勒多（Toledo），以及整個歐洲於 1099 年發動第一次十字軍東征等連串重大勝利。自此教會的道義力量和地位急速上升，教皇作為精神和政治首領的地位也被廣泛承認。[21]

　　但歐洲在軍事上雖然獲得重大勝利，在學術上其實尚遠遠落後於伊斯蘭文明。這原因要追溯到羅馬帝國的文化傾向：它雖然武功輝煌，征服了希臘和埃及的托勒密王國，但並不重視古希臘文明特別是其科學，而只通過編纂之學得其皮毛，反而是伊斯蘭帝國崛起之後通過長期的（約

19　有關此修院的歷史背景、發展過程、制度、影響以及最初幾位院長，見 Noreen Hunt, *Cluny under Saint Hugh* (London: Edward Arnold Publishers, 1967) 以及 Noreen Hunt, ed., *Cluniac Monasticism in the Central Middle Ages* (London: MacMillan, 1971)。

20　有關授職權之爭，見 Uta-Renate Blumenthal, *The Investiture Contest: Church and Monarchy from the Nineth to the Twelfth Century* (Philadelphia: University of Pennsylvania Press, 1988)。

21　有關諾曼人在十一世紀歐洲軍事擴張中的作用，見 David C. Douglas, *The Norman Achievements 1050-1100* (London: Eyre & Spottiswoode, 1969)。

750－1000）翻譯運動，將大量希臘典籍翻譯成阿拉伯文，並且在此基礎上繼續發展，產生大量原創性科學與哲學成果，因此到十一世紀就在學術上遠遠超過剛從大混亂中恢復過來不久的歐洲了。不過，上述多勒多之光復卻成為歐洲學術復興的轉捩點，因為這使得許多阿拉伯學者和大量阿拉伯典籍落入西方手中，由是在西班牙掀起了一個廣泛、歷時將近一個世紀之久（1120－1200）的拉丁文翻譯運動──其實在西西里、安提俄和君士但丁堡也有同樣運動，不過規模稍遜而已。這就是所謂「十二世紀文藝復興」。[22] 在此運動中大量古希臘科學與哲學典籍連同許多伊斯蘭文明產生的原創性著作被翻譯成拉丁文，西歐因而開始吸收古希臘與伊斯蘭文明的精華，其學術視野與水平亦因此全然改觀。這最少導致了三方面的發展：以亞里斯多德與阿威羅伊（Averroës ibn Rushd）哲學為底蘊的經院哲學（scholasticism），以及在此基礎上發展出來的系統神學；由格羅撒提斯特（Robert Grosseteste）、大阿爾拔提（Albertus Magnus）和羅哲培根（Roger Bacon）等教士在十二世紀開展的中古科學；以及在沙倫奴（Salerno）、蒙泊利爾（Montpellier）等地發展的醫學。此外，還有第四方面發展，那是由教皇革命直接觸發的。在這個巨大衝突中，教皇與神聖羅馬皇帝雙方都通過宣諭、通告、檄文來爭取帝國內部各地主教、各級藩屬的支持，而這些文告又都必須訴諸法理，因此法學（包括古羅馬法規與教會法）研究受到強烈刺激而蓬勃發展，其中心就在仍然維持古羅馬法學傳統的北意大利城邦，特別是波隆那（Bologna）。

　　歐洲最古老的大學就出現於巴黎和波隆那。巴黎大學是由巴黎聖母院（Notre Dame）座堂學校發展出來的，其契機是威廉香普（William of

---

22　有關十二世紀文藝復興與歐洲翻譯運動，見 C. H. Haskins, *Studies in the History of Medieval Science* (Cambridge: Harvard University Press, 1924)，以及同作者的 *The Renaissance of the Twelfth Century* (Cambridge: Harvard University Press, 1993)。

Champeaux）、阿布拉（Peter Abelard）、彼得隆巴德（Peter Lombard）等名學者雲集於此講授聖經、哲學和神學，由是從全歐洲吸引大批學子前來就學，這樣就出現了雛型中古大學（當時稱為 *studium generale*，至於 *universitas* 則指學生按不同族群組織的聯合會），其特點是師生自由聚合，整體規模遠勝以前的座堂學校。這種學術上的熱情大致上由兩個因素推動：首先，亞里斯多德辯證法與基督教的結合產生了系統神學，這門嶄新學問不但具有思想深度，並且被視為一切知識之根源，因此對當時學者構成富有吸引力的挑戰。其次，教廷地位之急速上升，使得受過高深教育特別是通曉教會法（canon law）的教士需求大增。所以大學中最重要的專科是神學和法律，醫學猶在其後，至於被歸入七藝的哲學與科學，則屬於準備課程性質而已。

　　令人意想不到的是，這樣自發形成的師生聚合雖然好像是烏合之眾，但由於教師的巨大聲望和學生的熱誠、人數以及整體經濟能力，大學整體獲得了前所未有的集體力量。通過先後與座堂監督（chancellor）、市政府監督（provost）、國王，乃至羅馬教宗等各個權力中心的長期抗爭和談判（這主要是以罷課、集體遷徙 secession，乃至自我解散 dissolution 等手段作為要脅），巴黎大學至終被承認為獨立法人團體，並且獲得高度自主地位，實際上可以說是成為「國中之國」。至於波隆那大學則是由當地的法律專科學校發展出來，其契機為伊內利斯（Inerius）與格拉提安（Gratian）這兩位著名法學教師和編纂家的出現。此大學的發展經歷與巴黎大學大致相同，基本差別在於巴黎大學以教授為權力主體，波隆那大學卻以學生為主體，教授只是處於僱佣地位，這就是所謂「教授大學」

和「學生大學」兩種不同基本型態的分別。[23]

　　巴黎大學在 1200 年左右正式獲得法國國王承認，此時它已經發展成為具有雙層結構，四個不同學院的綜合性大學：基本課程由「初等學院」（inferior faculty）即文學院提供，其課程以七藝為主，學生畢業後取得「文科教授」（master of arts）文憑，一般有義務視乎大學需要留校任教兩年；有此資格的學生方可進入神學院、法學院或者醫學院之一，修習這些「高等學院」（superior faculty）的專科，畢業後成為該科教授。[24] 這就是阿爾卑斯山以北所有中古大學的原型，其中最早也最著名的如牛津大學也是在十二世紀中葉出現。

　　至於波隆那大學則由於原來的法學院名聲高，力量大，所以一直維持「法律大學」的體制，文學院只是其預科，醫科則獨立於其外，要到十三世紀末期法學、醫學這兩所專科大學才合併成為像巴黎那樣的綜合大學。[25] 意大利、法國南部和西班牙的大學體制上大體就以波隆那為原型。到了十三至十四世紀之交，歐洲總共已經有 15 所大學，在 1378 年

23　歐洲中古大學的歷史以 Hastings Rashdall, *The Universities of Europe in the Middle Ages*, 3 Vols. F. M. Powicke and A. B. Emden, ed. (London: Oxford University Press, 1958) 為最詳細和全面的標準論述；此外尚見 Hilde de Ridder-Symoens, ed., *A History of the University in Europe*, Vol.1, *Universities in the Middle Ages* (Cambridge University Press, 1992); C. H. Haskins, *The Rise of Universities* (Ithaca, NY: Cornell University Press, 1957) 則為簡明的綜述。

24　現代大學頒授學士（bachelor）、碩士（master）、博士（doctor）三個等級的學位，但在中古大學 master (*magister*)、doctor 乃至 professor 等三個稱謂意義相同，都指文科或者某專科畢業，有權在相應學院任教的資格；不過在波隆那大學，地位最高的法律學院畢業生則多數稱為 doctor 或者 professor，這後來也影響到巴黎大學。見前引 Rashdall, *The Universities of Europe*, i, p. 19。

25　波隆那直到十四世紀中葉方才成立神學院，但它基本上是獨立的，其為波隆那大學所吸納已經是十五世紀的事情了。這主要因為意大利人和古代羅馬人一樣，對於理論性的哲學不感興趣，因此連帶不注重神學，有意投身教職者或在法學院研習實際教會法，或在修院研習具體教務。見前引 Rashdall, *The Universities of Europe*, i, pp. 250-253。

增加到 27 所，到中古末期即 1500 年則已經有 62 所。據粗略估計，巴黎和波隆那的大學生人數在十三世紀初可能已經各有六七千之數，牛津當也達兩三千，到了十五世紀，全歐大學生總數當有好幾萬了。[26]

　　座堂學校和中國官學一樣，都是由人才需求所帶動，是自上（君主、教會）而下建立的體制，因此無論目標或者運作模式都頗為相似。中古大學則完全不一樣。首先，它起源於大量學生願意遠道負笈，自費求學，在性質上是由教育需求所帶動，是自下（學生）而上所自然形成的學術市場。在此情況下，大學沒有亦不需要資助：教師薪酬由學生直接支付，授課則假座教堂、廣場、租賃的教室，乃至私人住宅舉行。經濟上的自足使得大學的高度獨立成為可能，也使得大學課程和考試基本上由教師，而非由王室或者教會決定，這是它與中國官學和科舉體制之間出現根本分別的原因。第二，中古大學雖然以神學（這可以比擬於中國的官立儒學）為尊，但它與法律、醫學、文科（包括科學亦即四藝）相比，也只不過是「位居前列」而非「獨佔鰲頭」。至於在中國官學系統中，則如前面一再強調，律學、醫學、算學、詞科等無論人數、聲望、地位都遠遠不能夠與進士、明經科分庭抗禮。因此，知識、學術傳統的多元並立是西方教育體系的特色，也是它與中國絕大不同之處。

　　不過，這兩個中古教育體系其實仍然有十分相似之處：在言語（拉丁文）、文化理念（基督教）以及大學立校權力的至終根據（羅馬教會）這三者上，歐洲仍然和中國一樣，都是統一的；而且，對於學問的態度，中古大學也同樣以古為尚，為已臻完整。換言之，在建立一元普世性體制和接受靜態學術觀念這兩方面，無論中西都還是相同的。

26　以上大學數目的統計是根據前引 Ridder-Symoens, *Universities in the Middle Ages*, pp. 69-74 的地圖計算，學生數目的估計則根據前引 Rashdall, *The Universities of Europe*, iii, Ch. 13。

七、從中古到現代的蛻變

中古教會的一元體制到十六世紀就隨着宗教改革而結束，自此大學體制也進入過渡與蛻變時期，以迄十九世紀才重新建立相對穩定的現代模式。在此漫長三百年間（1500－1800）歐洲經歷了翻天覆地變化，它們對於大學的衝擊在其初是間接和緩慢的，但至終則導致極其深遠和根本的蛻變。[27]

在此時期的前半（1500－1700）促成歐洲從中古進入近代的主要因素包括：人文主義興起與文藝復興運動、火器普遍應用所導致的民族國家之出現、遠洋探險與新大陸的發現、馬丁路德革命與宗教版圖之分裂，以及科學運動與牛頓科學革命。在這些變化的衝擊下政府與大學關係日見密切，而教廷權威則逐漸衰落。其實，這變化在中古已經開始：波隆那城邦在十四世紀前後就已經撥公款成立帶薪教授席位以吸引名學者，中歐早期大學如十四世紀的布拉格（Prague）、維也納（Vienna）、海德堡（Heidelberg）、克拉考（Cracow）等已經是由皇帝、君主、領主所頒令創辦。到了十六世紀，英國的亨利八世與教廷決裂，自立為英倫教會首腦，自此牛津劍橋的師生被迫宣誓效忠國王，大學內不再講授教會法（canon law），專業律師的教育也由於普通法（common law）日趨重要而從大學轉移到倫敦的四所法律學院（Inns of Court）。同樣，新教國家的大學如荷蘭的萊頓（Leiden）、德國的偉騰堡（Wittenberg）、瑞士的日內瓦（Geneva）等也理所當然脫離教廷或者帝國管轄。另一方面，在反改革運動（Anti-Reformation）號召下，天主教的耶穌會（Jesuit Society）在

27　有關此時期歐洲大學的綜述，見 Hilde de Ridder-Symoens, ed., *A History of the University in Europe*, Vol. 2, *Universities in Early Modern Europe* (Cambridge University Press, 2003)。

高等教育領域發動了全面反擊：它銳意培養學者，設立大量神學院與大學，一時也表現出充沛的活力。然而，以維護羅馬教廷的正統地位為至終目標的大框架限制下，這些院校進入十七世紀以後就趨於嚴重僵化，甚至與社會完全脫節了。

人文主義意味拋棄以亞里斯多德為基礎的經院哲學，轉向古代希臘、羅馬原典，包括《聖經》的深入研究，因此希臘文與希伯萊文的研習風行一時，各大學紛紛設立相關講座。這風氣最初是由於奧圖曼帝國攻陷君士但丁堡，大批希臘學者攜同典籍遷徙到北意大利所造成。它不但促成人文主義，而且再次激發對於數學和天文學的熱情，那實際上成為十七世紀科學革命的起點。在此時期，大學裏面開始設立古代語文、數學、天文學等新科目的講席，使得這些專科從籠統的「文科」獨立出來。不過，基本上大學是個極其保守的體制，因此它仍然為亞里斯多德傳統與經院哲學籠罩。所以，十六七世紀的原創性科學研究絕大部分是在大學以外完成。[28] 從十七世紀開始，大學的落伍遂促使眾多以發展科學為目標的「學會」出現，例如意大利的「科學協進會」（Academia dei Lincei）、法國的和普魯士的「皇家科學院」（Royal Academy of Sciences）、英國的「皇家學會」（Royal Society）等等。到了十八世紀，這更導致許多其他類型教育機構的爆炸性增長，例如教授文法、修辭的「文法學校」（grammar school）和「書院」（college, Gymnasium），它們後來發展成為中學和大學預科；此外還有稱為「高等學校」（*Hochschule, haute école*）或者「學院」（academy，這往往是為貴族子弟開設，或者帶有軍事訓練意味）的專科高校。1781 年成立的史圖噶（Stuttgart）大學就

28　不過這有兩個顯著例外：伽利略和牛頓分別在巴度亞（Padua）大學和劍橋大學渡過半生並且作出輝煌發現，但他們只是藉此棲身，其開創性工作和大學並無密切關係，而且一旦成大名就各自離開大學，略無留戀。不過，大學也的確為科學家提供了高等教育（包括科學方面的教育），這是不可忽略的。

改以「高校」為名，它又拋棄了傳統的四學院，代之以法律、軍事、公共行政、林業、醫學、經濟等六組現代課程。[29]

　　繼宗教改革和科學革命之後，對大學造成猛烈衝擊的，還有十八世紀的啟蒙運動。它以激烈攻擊基督教本身為開端，然後發展到鼓吹以理性來改造社會所有體制，由是間接促成美國獨立和法國大革命，也連帶引致拿破崙徹底改造歐洲的雄心。不可思議的是，直至大革命爆發為止，歐洲大學仍然暮氣沉沉，對周圍有如狂飆激流的思潮無動於衷，以致社會上徹底改革乃至廢除大學的呼聲日益高漲。這樣，在爆發大革命之後不久，法國大學系統就隨着王室和教會的崩潰而陷於癱瘓、停頓（1793），它後來雖然恢復過來，並且屢經改革，但始終未能重新建立昔日崇高地位。事實上，拿破崙所設立的眾多專科高等學校，基本上取代了大學為精英階層提供高等教育的功能。[30]

　　然而，德國大學的演化卻依循了完全不同途徑。[31] 其實，在十八世紀它們也同樣由於教會和政府的共同控制而顯得非常僵化、不合時宜，因此學生人數不斷大幅度下降。在十八九世紀之交，也就是拿破崙的軍隊席捲歐洲之際，許多德國大學為了各種原因被關閉。和法國不一樣的是，德國大學有少數成功改革的先例。這最早可以追溯到 1694 年在普魯士成立的哈雷（Halle）大學，但真正重要的則是 1737 年在漢諾威（Hannover）成立的哥廷根（Göttingen）大學，它的特點在於：壓制

29　新型院校的出現反映於大學數目的增長：在 1500－1800 年間有將近 190 間大學先後存在，也就是三倍於 1500 年之數，但其中有許多是性質已經分化了的。見前引 *Universities in Early Modern Europe*, pp. 46-47, 90-94。

30　有關法國大學在大革命前後的蛻變，見 R. R. Palmer, *The Improvement of Humanity: Education and the French Revolution* (Princeton University Press, 1985)。

31　有關德國大學在十八九世紀的發展，以下兩本專著有深入討論：Thomas Albert Howard, *Protestant Theology and the Making of the Modern German University* (Oxford University Press, 2006)，以及 Charles E. McClelland, *State, Society and University in Germany 1700-1914* (Cambridge University Press, 1980)。

神學以避免內部爭端,例如教授規定不准攻訐彼此的宗派立場,容納天主教徒(大學本身宗奉新教),這成為宗教容忍與學術自由的濫觴;通過向全德國招聘學者,以及大幅度提高其教授的薪酬,來大力發展法學與哲學;在傳統科目以外開設政治、物理、自然史、應用與純粹數學、歷史、現代語言等新興科目;更提供騎術、劍擊、舞蹈等訓練課程,以適應貴族子弟(那是在人口中佔相當比例的中上階層)需求和提高聲譽——可以說是無所不用其極以求趕上時代精神,和吸引教師與學生。這樣,在很短時間內它就聲蜚全歐,被視為「現代型」大學了。

但第一所真正的現代大學,則無疑要推 1810 年成立的柏林大學。它是出任普魯士教育局長的著名語言學家洪堡(Karl von Humboldt)在國王威廉三世(Frederick William III)和內政部長史坦恩(Karl von Stein)授權下創辦的。這不能不說是個奇蹟,因為當時普魯士剛剛為拿破崙打敗(1806)並接受了極其苛刻的和約,法國軍隊也尚未撤離國土,而洪堡出任教育局長卻不到兩年,大學尚未正式成立他就去職。他之被尊為此大學創辦人,主要是因為當時負盛名的哲學家、神學家如康德(Immanuel Kant)、費希特(Johann Gottlieb Fichte)、謝林(Friedrich Wilhelm von Schelling)、斯萊艾爾馬赫(Friedrich Ernst Schleiermacher)等發表了眾多有關大學改革的文章,當中重要觀念、思想都為他所吸收和熔鑄於此大學的創校憲章中。其中最重要的,也許可以歸納為三條原則。首先,是尊重傳統,但要徹底改革,這表現為大體上維持大學的傳統四學院結構,但神學院則不再享有任何特殊地位;第二,教師和學生都有學術上的自由,即教授在研究、教學上的自由,和學生選課不受干涉的自由;第三,學術研究亦即新知識的探求是大學首要任務,這表現於教授的遴選標準上。在此世俗化、自由化和學術化的三大原則下,大學理念從崇尚傳統轉變為發現和擴充知識,從強調集體的團結一致轉變為尊重個人選擇與個別學科發展,然而它在體制上卻無所變更,也就是以舊瓶裝新

酒的方式維持了舊有架構。因此歐洲中古大學與現代大學之間的關係，是既連續但又有劇烈變革。在整個十九世紀，德國和英美大學的發展，基本上都是朝這新方向邁進的。[32]

　　不過，柏林大學雖然脫離教會和神學籠罩，卻又落入國家控制：不但它的教授委任大權為政府掌握，而且政府官員還得以經常列席大學教務會，後來甚至教授的言論也規定不得涉及現實政治問題。因此柏林大學在學術上名重一時，但它的自主地位和學術自由卻仍然受相當大限制。西方大學在這方面的進步，主要是由英國大學的榜樣而來。在其初，牛津與劍橋大學擁有大量資產與土地，不需政府資助，又與英格蘭教會關係密切，宗教方面亦不受干涉，因此長期享有近乎獨立的地位，而此傳統亦為十九世紀成立的倫敦大學與中部地方大學所仿傚。到了二十世紀，由於科技的飛躍進步，政府資助研究工作成為不可避免，這在第一次世界大戰中變得非常明顯。大學如何能夠接受資助但仍然保持獨立的問題，是由大戰後（1919）成立的「大學資助委員會」（University Grants Committee, UGC）解決的。它基本上是由獨立學者所組成，處於政府與大學之間的中間機構，一方面負責向政府提供有關資助的意見，另一方面每隔若干年（一般以五年或者三年為期）將政府撥款以整筆方式分配予全國各大學。在政府資助日益增加，乃至成為大學最主要經濟來源的情況下，英國大學始終能夠保持高度獨立性，主要就是得力於此

32　有關十九世紀西方大學，特別是德國典範對其他歐洲國家的影響，見 Walter Rüegg, ed., *A History of the University in Europe*, Vol. 3, *Universities in the Nineteenth and Early Twentieth Centuries* (Cambridge University Press, 2004)，特別是 pp. 44-80。有關德國大學對美國高等教育的影響，見 Hermann Röhrs, *The Classical German Concept of the University and its Influence on* Higher *Education in the United States* (Frankfurt am Main: Lang, 1995)。有關英國大學在十九世紀的改革，並見下列原始文獻輯錄：Michael Sanderson, ed., *The Universities in the Nineteenth Century* (London: Routledge & Paul Kegan, 1975)。

機制所發揮的功能。[33]

八、總結

　　無論從體制、理念、或者科目上看，座堂學校比起宋代官學和書院來，都顯得簡陋、落後。但短短兩百年後，在巴黎、波隆那和牛津這幾所大學開始形成的時候，歐洲高等教育體系就表現出巨大生機、活力與發展潛力，浸浸然超越南宋官學和書院了。從十四以迄十八世紀，也就是明清兩代，中國的官學、科舉和書院體制仍然蓬勃發展，而且日臻普遍、細密、完備，但同時也趨於停滯、僵化，失去其原來（譬如說胡瑗、范仲淹、王安石諸大儒所表現）的理想與活力。另一方面，在此階段差不多相同的痼疾也正在感染、侵襲、困擾歐洲大學，而且到了後期其情況日趨嚴重，大有病入膏肓之勢。所截然不同的是：大學並非歐洲唯一學術教育體制，歐洲社會、政治、文化的發展也並不受制於大學 ── 遠洋探險、發現新大陸、宗教改革、科學革命、啟蒙運動等等基本上都是發生於大學以外的事情。而且，正是大學的停滯、僵化刺激了新體制如學會和不同類型院校的誕生。這樣，在法國大革命摧毀舊體制的前後，新思潮終於在大學內部找到立足點，由是導致了第一所「現代大學」的出現，它又迅速為其他大學仿傚，從而改變了西方高等教育的整體面貌。

　　然而，為什麼從十三世紀開始，中西方教育體制的發展會如此之不同？一言以蔽之，我們也許可以說，這就是社會、政體、文化上的單元（unitary）和多元（pluralistic）之分別所造成的後果。歐洲整體自古以來

33　見前引 *Universities in the Nineteenth and Early Twentieth Centuries*, pp. 61-64, 645-647。

就是多元、分裂的。這多元首先表現於歐洲文明中保存了希臘、羅馬、希伯萊等三個截然不同傳統，中古大學的文、醫、法、神學四個學院就是承接這些不同傳統而來，而並非如國子監、太學中的特殊科目只是基於實際需要。而且，這三個傳統的精神雖然因緣際會，一度糾合於天主教會之中，但它們仍然各自保持強韌生命力：宗教改革的基本動力是回歸《聖經》原典亦即原始希伯萊精神，那就意味着這糾合之解體；[34] 至於科學革命與啟蒙運動為希臘重智精神之重新伸張，那更不待言了。除此之外，中古歐洲的多元性更反映於其政體在地域上和政、教之間的高度分裂。這導致了長期戰爭，卻也產生了不斷的競爭與蛻變：宗教改革之所以能夠立足和發展，正是拜德國各邦林立所賜；科學革命之所以不致為教廷扼殺，也是由於後者勢力無法伸展到英國、荷蘭；至於哥廷根大學和柏林大學之能夠出現，自然更是由於個別小邦國就有力量將學者、君主的新理念逕自付諸實施所致。

　　中國自宋代以來在許多方面的停滯往往被歸咎於科舉制度，或者宋明理學，或者陽明心學。這恐怕都不甚公平 —— 至少應該說是未曾觸及問題底蘊。從歐洲中古大學與羅馬教會的發展可見，任何教育體制或者文化精神無論如何高明，都必然有其內在限制，因此經過長時期的實施、發揮之後，就必須有根本和斷然改革才能夠重新適應時代，而這種改革力量不大可能從該文化教育體系本身出現。中國很早就形成文化與政治上的同質（homogeneous）和單元格局，其後吸收的外來文化因素例如佛教也基本上被徹底消化、同化，因此其逐步的停滯成為難以解脫，

34　嚴格而言，基督教和《新約聖經》並不代表原始希伯萊精神：它實際上已經是滲透了大量古希臘宗教觀念（例如永生、聖靈與三位一體觀念），但仍然以希伯萊一神教為底蘊的宗教。我們在文中所採用的是比較粗略的說法。至於天主教會為三個文明之糾結是很顯然的：系統神學為亞里斯多德思想與基督教觀念的結合，羅馬教廷的組織特別是「教會法」則是羅馬法學與基督教會的結合。

幾乎是無可避免的惡性循環，只有在外來力量猛烈衝擊下方才能夠有所改變。在過去三十年間，由於改革開放的新政策，中國逐漸脫離了經濟上的單元、同質格局，因此取得了飛躍進步。不過，它兩千年來的大一統政治格局卻始終未曾改變。而且，這格局不但帶來龐大集體力量，更可能成為比較公平、和諧社會的基礎，因此是為大部分國人所認同和感到自豪的。問題是，政治上的單元格局難以避免導致理念和文化的趨同，而教育上的停滯則往往成為其自然後果。因此，如何在我們這個一統而又龐大無匹的國家中，為多元文化找到發展空間，從而建立能夠長期自新自強的教育體制，當是有待國人深思的迫切課題。

　　原刊王守常、余瑾編：《龐樸教授八十壽辰紀念文集》（北京：中華書局，2008），第 61－76 頁及《中國文化》（北京），第 28 期（2008 年秋季號），第 3－16 頁，嗣收入《迎接美妙新世紀：期待與疑惑》（北京：三聯書店，2011），第 237－262 頁。

彗星小史：它和科學、宗教與政治的糾纏

　　無論在東西方，彗星歷來令人驚惶恐懼，被認為是災異動亂的凶兆。這可能是因為常見天象固定不變（例如恒星），或者遵循一定規律運行（例如日月和五大行星），彗星則出沒無常，不能預測，一旦出現，又巨大光耀，形狀多變，持續相當時日，和流星之稍現即逝不一樣。因此，把它和現實中的突變掛鈎，認為是政變或者災難動亂的先兆，是很自然的。另一方面，雖然它很早就已經成為學者探索對象，但對它的了解卻很晚方才走上正途。千百年來，它和政治、宗教、科學糾纏在一起，顯示出千絲萬縷，剪不斷，理還亂的複雜關係，形成很有興味的一段歷史。

一、古代的兩種不同觀念

　　在中國，很早就有天象包括彗星的記載，但所謂《星經》並沒有傳世。幸運的是，安徽道士程明善在萬曆四十四年（1616）在一尊古佛像的肚子裏面發現了失傳已久的《開元占經》，那是唐代太史監瞿曇悉達的奉敕著作，共 110 卷，完成於開元六年（718），裏面保存了大量古代資料，包括戰國時代石申和甘德兩人所著的《星經》。從其中三卷《彗星占》，我們得知不少古代彗星觀念。首先，彗星有許多名稱，例如孛星（蓬勃之意）、拂星、掃星、天棓（棒）、天槍、天攙（鈎）等等，不一而足，都是形狀的描述。其次，對彗星出現的原因，有許多不同揣測，

例如：是由於某行星與日、月或者某星座相合若干日，或者行星逆行多少度所致；或者是「逆氣所生」、「海精死」、「君為禍」引致等等，正所謂議論紛紜，莫衷一是。最後，彗星所預報的，則不外「臣謀其主」、「天子死，五都亡」、「天下亂，兵大起」、「赤地千里」、「天下更改」等各種凶兆亂象。[1] 除了《占經》之外，我們還有其他古代的生動彗星記錄，那就是西漢長沙馬王堆出土帛書上手繪的二十九幅彗星圖像，其旁注明了諸如灌、蒲、房、竹、蒿、苫、蚩尤旗、翟等各式各樣的象形名稱，說明它們的觀察是非常豐富和仔細的。[2] 從這些傳世和出土文獻我們可以知道，古代中國人頗容易滿足於表象，而沒有興趣探究深層次原因，為此作進一步思索、爭辯或觀察。

在古代西方，彗星同樣被視為重大政治事件或者災難的警兆，其中最有名的無疑是，凱撒大帝被暗殺之前，和威廉公爵率領諾曼人渡海征服英格蘭之前，據說都曾經有彗星出現。托勒密（Claudius Ptolemy, 約110－175）是偉大天文學家，他的《大彙編》（*Almagest*）是集古代數理天文學之大成的經典。然而，因為受巴比倫觀念影響，他也相信占星學。他的《四部書》（*Tetrabiblos*）就有討論彗星，其中提到「橫樑」、「喇叭」、「罍罐」等象形名稱，並且說它們主凶兆，「視乎星首在黃道宮的位置和尾巴所指方向，顯明災難來臨的位置；視乎星首形態，指示事件的性質以及受影響的階層；其持續時間指明事件的長短」。[3] 這和《開元占經》所說，其實大同小異，只不過作了理性和抽象歸納，顯得更系統化

1　見瞿曇悉達編：《開元占經》，下冊（長沙：岳麓書社，1994），卷 88－90，頁927－983「彗星占」。

2　見王樹金：〈馬王堆漢墓帛書《天文氣象雜占研究》三十年〉，2008 年 2 月 3 日發表於武漢大學簡帛研究中心《簡帛網》www.bsm.org.cn。

3　Ptolemy, *Tetrabiblos*. F. E. Robins, ed. & transl. (London: Heinemann 1964)。彗星的討論在 Book 2。

而已。

　　但更早期的希臘哲人對彗星卻有完全不一樣的觀念，那雖然也不正確，卻合乎科學精神。這主要留存在亞里士多德《天象學》第一卷第六章之中。首先，他徵引了早期自然哲學家的三種不同說法：彗星是由行星互相接近以至像是彼此觸碰造成；或者它其實是周期極長，其運行面接近地平面的行星；還有大致相同的另一種說法，即彗尾其實並非彗星一部分，而是由其所吸引的水汽反射陽光形成。跟着，他反駁了所有這些觀點，主要理由是彗星和我們熟知的行星規律完全不同，例如彗星會在空中逐漸「隱沒」，而不是如行星「落到地平線下」，等等。最後，他提出自己的看法，即彗星並非處於遙遠星空（即月球「以外」）的事物，而是地球大氣上層的乾燥和炎熱物質受了（當時認為是攜帶月球和行星運轉的）急速旋轉天球摩擦，因此燃燒起來所產生的現象。[4] 很顯然，不論他們的實際理據如何，這些哲學家所真正關心的，是純粹以觀察和思辯來探討彗星本身性質，而並非它對人世的影響。

二、彗星研究的興起

　　此後千餘年間，北方蠻族入侵，羅馬帝國淪亡，希臘理性精神隨而逐漸熄滅。在此「黑暗時期」，雖然仍然有不少飽學之士，諸如西班牙的伊西多爾（Isidore of Seville, 570－626）、英國的拜德（Bede the Venerable, 672－735）和德國的拉班納斯（Rabanus Maurus, 780－856）等

4　*Meteorology* 342b25-345a10 (Book I.6-I.7).

等，但他們無一例外，都相信彗星是動亂、戰爭、瘟疫的預兆。[5] 到了十三世紀，由於阿拉伯科學典籍被翻譯成拉丁文和大學興起，歐洲學術氣候出現根本轉變，所謂「中古科學」於焉誕生。當時最早的傑出科學家就是英國的格羅斯泰德（Robert Grosseteste, 1168－1253）、羅哲培根（Roger Bacon, 約 1215－1292），和德國的大阿爾拔圖（Albertus Magnus, 約 1200－1280）等三位。他們在光學、氣象學和煉金術上各有重要貢獻。然而，他們對彗星的基本觀念並沒有改變，仍然以之為災異之兆。唯一不同的，是格羅斯泰德提出了一個何以彗星是災難預兆的理論。他認為彗星是上天星宿吸引地上人類清靈之氣所形成的火球，人與該地既然失去了靈氣，損毀災難也就隨之而來。這想法匪夷所思，但也可以視為以理性解釋這奇特自然現象的「曙光」。[6]

　　彗星是一直到文藝復興時代方才脫離「異象」範疇，開始被視為正常天文現象，那是十四至十五世紀間維也納大學多位天文學家重新發現和仔細研究古希臘天文學的結果。這學派的開創者是格蒙登（Johann of Gmunden, 1380－1442）；更重要的是波耶巴赫（Georg Peuerbach, 1423－1461）和拉哲蒙坦那（Johannes Regiomontanus, 1436－1476），他們師徒二人重新整理《大彙編》，為哥白尼的工作奠定基礎，也為哥倫布西航提供了賴以測定方位的《星曆》。他們還在 1456－1457 年間一同觀測彗星，留下報告。[7]

　　但這只是開端，真正的改變要等到整整一個世紀之後。當時丹麥的

5　見 Lynn Thorndike, *A History of Magic and Experimental Science during the first thirteen centuries of our era*, Vol. 1 (New York: Columbia University Press, 1923), pp. 633, 635, 673。

6　見上引 *History of Magic and Experimental Science*, Vol. 2, pp. 446-447, 583-584。

7　這三人的事蹟和工作，見 Ernst Zinner, *Regiomontanus: His Life and Work*. Ezra Brown, transl. (Amsterdam: North Holland, 1990)。

第谷（Tycho Brahe, 1546－1601）獲得國王賞賜，在赫文（Hven）小島上建立龐大天文台，以二十年光陰做了大量精密天文觀測，這就是後來開普勒（Johannes Kepler, 1571－1630）發現行星運動三定律的基礎。[8] 在彗星方面，第谷有開創性貢獻。他對 1577 年的明亮大彗星做了詳盡觀測和研究，為此先後發表通俗小冊子和拉丁文專著，並且提出革命性觀點。[9] 他指出，根據在多個不同時間、不同地點的仔細觀測，可知彗星的視差（parallax，即處於地上不同地點觀測同一彗星，所得方位之差別）極為細微，這就證明，它的距離遠遠超過月球，因此不可能如亞里士多德所猜測，是地球大氣上層的現象。那也就是說，即使在月球以外的「天界」，宇宙也並非恒久，也同樣會有像彗星（以及他同樣用心觀測的新星 nova）那樣的生滅變化。這是個大膽新觀念，是首次基於實測證據而對亞里士多德權威提出的挑戰。[10] 不過，他仍然很保守：他雖然不喜好占星學，卻仍然接受它的原理。

三、彗星和宗教的碰撞

彗星的性質開始被了解之後，它無可避免就要和宗教觀念發生碰撞、糾纏，因為當時的基督教是以宇宙萬象的終極闡釋者自居的。在十七世紀這樣的碰撞一共有三趟，但性質完全不一樣：第一趟它是意氣

8　第谷的權威傳記是 Victor E. Thoren, *The Lord of Uraniborg: A Biography of Tycho Brahe* (Cambridge University Press, 1990)。

9　這是他在赫文小島上開始天文觀測之後第一件重要工作，見上引 Thoren, pp. 123-132。

10　「天界」和數學定理一樣恒久不變的觀念根深蒂固，源遠流長，它可以一直追溯到亞里士多德的老師柏拉圖，甚至影響柏拉圖的畢達哥拉斯教派。

爭端的「觸媒」，第二趟它成為觀念衝突的焦點，第三趟最詭異，它居然被用作調和科學與宗教的「安全閥門」。極為奇怪的是，第一和第三趟碰撞分別牽涉了兩位偉大科學家，但他們居然都是站在錯誤一方！

　　第一趟碰撞的主角是伽利略（Galileo Galilei, 1564－1642）。如所周知，他因為堅持哥白尼的地動說而受到羅馬教廷嚴厲譴責。可是，他到底為什麼會和教廷發生嚴重衝突呢？遠因就是 1618 年出現的三顆彗星。當時梵蒂岡羅馬學院的天文學教授格拉西（Orazio Grassi）發表了一篇演講，引用上述的第谷新學說，指出彗星是處於月球與太陽之間，即屬「天界」的事物。此文立論客觀，語氣平和，並沒有任何挑釁意味，卻不幸被廣泛引用為反對哥白尼的藉口──因為第谷是仍然不相信地動說的，而他的理論被引用了！伽利略此時名聲已經如日中天，但由於身體抱恙，工作不順遂，脾氣變得很壞。因此，他接到朋友從羅馬來信，說格拉西的文章有如此這般影響，加上周圍好事朋友一力攛掇煽動，就按捺不住，決定派弟子圭都齊（Mario Guiducci）出馬攻擊格拉西。這樣，雙方就打起筆戰來了。開頭伽利略只在幕後督戰，但亦往往捉刀，至終則被迫披掛上陣，具名發表《測試師》（Assayer）小冊子，以求一錘定音。這場筆戰轟動一時，前後打了四年之久（1619－1623），詳情不必細表，但至終結果卻十分令人錯愕。首先，伽利略反對第谷的彗星理論，這出發點壓根就錯了，由是他被迫作出許多遁詞，無形中充當了亞里士多德陳舊理論的辯護士，學術生涯因而蒙上白圭之玷。更糟糕的是，他因此而與梵蒂岡的耶穌會士結怨，乃至變成死敵，為他十年後受審蒙羞埋下導火線。[11] 所以，說來吊詭，彗星的確是為伽利略帶來了莫名其妙的噩運！

　　第二趟碰撞的主角是法國一位新教徒培爾（Pierre Bayle, 1647－

11　見伽利略的傳記 J. L. Heilbron, *Galileo* (Oxford University Press, 2010), pp. 233-252, 303-317。

1706）。從大約十七世紀中葉開始，路易十四一反已經有半個世紀的宗教寬容政策，壓迫新教徒無所不用其極。培爾生於法國西南部一個貧困新教牧師家庭。他早年為了爭取求學機會，曾經一度改宗天主教，但畢業後卻又秘密重投新教，因此不容於政府，被迫流亡多年，最後移居新教國家荷蘭，在鹿特丹獲得哲學教席，這才安頓下來。[12] 1680 年彗星出現，他由此得到靈感，兩年後發表第一部著作《彗星隨想》。[13] 它宣稱，彗星其實是自然現象，民眾視為災難預兆，那是迷信，教士和君主為了迷惑、操控民眾，所以不惜助長此種愚昧觀念。他由此展開了對教會與王權的批判，指出只有上帝掌握宗教真理，道德、社會穩定等問題與宗教信仰不相干；因此宗教迫害毫無道理，人人都應當有信仰自由。此書立論大膽，辨析深入周全，出版後大受歡迎，迅即奠定了作者的地位。此後他著述不倦，寓思想於史實，出版三大冊《哲學與批判辭典》(1697)，[14]以銳利筆鋒和堅實考證，為西方文明中大量古今人物作傳並加評論。他的觀念和著作深深影響伏爾泰，《哲學與批判辭典》由是成為日後百科全書派的先驅，他也被尊為「啓蒙運動之父」。因此，追本溯源，1680 年的「掃把星」對於廓清歐洲陳腐觀念，為新思潮鋪平道路，是頗有功勞的！

　　為什麼像培爾那樣一個潦倒流亡學者，居然有膽色和底氣去發表那樣的石破天驚之論呢？最根本原因自然是荷蘭是新教國家，而且有多種宗教並存和言論自由的傳統，因此他無懼迫害。同樣重要的，當是兩位在荷蘭工作的前輩哲學家之深刻影響，那就是猶太人斯賓諾莎（Baruch

---

12　有關培爾，見 Elisabeth Labrousse, *Bayle* (Oxford University Press, 1983) 的簡明傳記。

13　Pierre Bayle, *Various Thoughts on the Occasion of a Comet*. Robert C. Bartlett, transl. (Albany: State University of New York Press, 2000).

14　Pierre Bayle, *The Dictionary Historical and Critical of Mr. Peter Bayle*. 5 vols. A reprint of the 1734 English edition (London: Routledge, 1997).

Spinoza, 1632－1677），激進的泛神論者亦即自然主義者，[15] 和名聲籠罩全歐洲的科學家、哲學家笛卡兒（Rene Descartes, 1596－1650）——他首先提出所謂「機械世界觀」（Mechanical World View），試圖以物理碰撞來解釋一切運動，又建構了一個宇宙動力系統，其中特別討論彗星與行星這兩種完全不同的運動。[16] 培爾能夠信心十足地宣稱，彗星是自然現象，視為凶兆實在是迷信，那是第谷、伽利略、笛卡兒等一脈相傳的科學思潮的薰陶；至於他膽敢借題發揮，攖羅馬教會之鋒鏑，宣揚宗教寬容與自由，那除了有斯賓諾莎的榜樣以外，恐怕就靠從自身痛苦經歷得來的勇氣了。

四、第三趟碰撞：科學與宗教的調和

1680 年的彗星激發培爾，也同樣引起牛頓的濃厚興趣，就此他曾經和天文學家法蘭姆斯蒂（John Flamsteed）多次通訊討論。五六年後，他日以繼夜地撰寫《自然哲學的數學原理》之際，彗星更成為這本劃時代鉅著的重要論題——甚至到此書出版（1687 年 7 月）之前半年，他還在

15　斯賓諾莎在 1670 年發表《神學政治論》（*Tractatus Theologico-Politicus*），鼓吹言論、思想和信仰自由，而且以純粹理性角度來審視基督教，此書出版後風行一時；至於他闡揚泛神論（其實等於是論證人格化 anthropomorphic 上帝之無意義）的《倫理學》（*Ethics*，此書與倫理毫無關係，翻譯為《道德論》也許更妥當），則是在 1675 年完成，但延遲至 1677 年他死後方才出版，也同樣引起軒然大波。這兩部著作對培爾都有巨大影響。

16　笛卡兒在 1630－1633 年間著有《宇宙》（*Le Monde*）一書的手稿，但不久就懾於伽利略的命運，沒有完成就擱置了，其後始終沒有發表。在此書中，他以充斥宇宙的大小不同物質漩渦來解釋行星的運行，但彗星的軌道與行星不同而且顯然彼此相交，對此他也有特別的解釋。有關此書及其對彗星的構想，見 Stephen Gaukroger, *Descartes: An Intellectual Biography* (Oxford: Clarendon Press, 1995), Ch. 7，特別是 pp. 249-253。培爾無疑知道機械世界觀，但大概未曾見過《宇宙》手稿。

研究從觀測數據確定彗星軌道的可靠方法。結果，在《原理》第三卷「宇宙系統」中，彗星佔了大量篇幅。它的運動被認定為基本上和行星一樣，同樣是由太陽的萬有引力決定，因此它的軌跡也同樣是以太陽為焦點的橢圓，只不過「偏心率」極高而周期達數十以至數百年之久，因此大部分時間離地球極為遙遠，難以觀察，所以顯得和行星截然不同而已。[17] 這樣，經過兩千年探索，人類終於發現，亞里士多德之前那些古希臘哲人對彗星性質的諸多猜測之一，竟然是正確的！

但牛頓與彗星的關係並不止此，它還有個令人十分驚訝的轉折。牛頓是位極其真誠虔敬的基督徒，他發現了宇宙（在當時，太陽系就是宇宙）運行規律，即運動三定律和萬有引力定律，認為這適足以彰顯上帝的智慧與大能。然而，這卻產生了一個難題：倘若世界嚴格依照自然規律運行，那麼上帝豈非多餘？他的意志從何得以彰顯呢？牛頓認為，彗星可能是解決這個難題的關鍵。《原理》第三卷末了指出：1680 年的彗星在近日點離日球極為接近，倘若它在其漫長軌道受到其他行星或者彗星即使微不足道的不規則攝動，那麼至終就有可能撞入日球，由此引起的巨大爆炸與所產生的火焰、蒸汽很可能波及鄰近行星，包括地球。研究牛頓的著名學者多布斯（B. J. T. Dobbs）指出，牛頓的大量繁複計算和隱晦言辭都有特殊含義：他認為，彗星撞日很可能就是上帝毀滅地球，令世界末日降臨，以施行最後審判的途徑，而那不必與自然規律有何抵觸，因為只需要通過遠方其他天體對彗星軌道作極其微妙，完全不可覺

17　見 Isaac Newton, *Sir Isaac Newton's Mathematical Principles of Natural Philosophy and his System of the World*. 2 vols. Florian Cajori, transl. (Berkeley: University of California Press, 1962), ii, pp. 491-542.

察的擾動就足夠了。[18] 這樣，彗星竟然成為了牛頓用以消解科學顛覆宗教的「安全閥門」！

五、從絢爛歸於平淡

牛頓跨入十八世紀，活到八十五高齡才去世，那時孟德斯鳩已經發表《波斯書簡》，伏爾泰已經被迫流亡英國，啟蒙運動已經靜悄悄地在醞釀了。然而，牛頓和彗星的故事還是餘音裊裊，未曾結束。原來《原理》這部鉅著出版之後，只有英國人心悅誠服，無條件接受它，歐陸學界雖然震撼於其數學推理之奧妙，卻對它的核心觀念萬有引力大不以為然，因為它的作用超越空間，不受阻擋，無遠弗屆，這在當時看來，是沒有根據，匪夷所思的。相比之下，笛卡兒的「漩渦說」更為具體，也更容易明白和入信。所以，在此後半個世紀之間，也就是一直到 1730 年代中期，牛頓學說的根本原理仍然飽受質疑和冷待。[19]

至終形勢逆轉，是靠兩個嶄新的實測證據。首先，是 1738－1749 年間地球形狀被法國科學家莫泊忒（Pierre de Maupertuis, 1698－1759）實地測定為略帶扁平的南瓜狀，這和「漩渦說」所意味的「檸檬狀」相反，而和《原理》從計算所得，地球在赤道方向要比在兩極方向的半徑長 17 英里（27 公里），則正好吻合。這一重大發現成為了歐陸學界對牛頓力

---

18 見前引 *Mathematical Principles*, ii, pp. 540-542; 並見 Betty Jo Teeter Dobbs, *The Janus faces of genius. The role of alchemy in Newton's thought* (Cambridge University Press, 1991), pp. 230-243。

19 有關牛頓學說在歐陸所引起的巨大爭論，以及其最後被接受的複雜過程，見 J. B. Shank, *The Newton Wars and the Beginning of the French Enlightenment* (The University of Chicago Press, 2008).

學態度的轉捩點。[20] 然而，問題並沒有就此完全解決，因為達朗貝（Jean
d'Alembert, 1717－1783）、克拉歐（Alexis Clairaut）和歐拉（Leonhard
Euler, 1707－1783）等三位數學物理學家從 1742 年開始應用所謂「微
擾算法」(perturbation method) 來精確計算月球在地球和日球兩者的萬有
引力作用下的運動。這是十分困難，而且（後來證明）沒有完全準確解
決方法（即所謂嚴正解 exact solution）的所謂「三體問題」(three-body
problem）。由於計算程序上的錯誤，他們不約而同在 1747 年先後宣佈，
月球的實測運動證明，牛頓的萬有引力定律並非完全正確！但在短短兩
年後，他們發現了計算上的問題，又轉而承認，牛頓畢竟還是正確的。[21]
由於三位頂尖專家都出現了這種態度上的反覆，一般學者心中的疑慮自
然還是難以完全消除。

　　牛頓學說被完全肯定的最後一幕頗富戲劇性，那仍然和彗星有關。
哈雷（Edmond Halley, 1656－1742）是才華橫溢的後輩天文學家，牛頓
的崇拜者。牛頓之所以會下決心撰寫畢生鉅著，正就是由於他的刺激、
勸說、鼓勵；此書的編輯、校對，乃至印刷費用，也都由他個人承擔。
在 1705 年，哈雷應用《原理》所發明的方法，詳細研究了歷史上出現過
的許多彗星，發現在 1531 年、1607 年和 1682 年出現的三顆彗星，其軌
道形狀和位置都極其相近，因此判斷，這三者其實是同一顆彗星，迴轉
周期為 75－76 年。他並且預測，它將在 1758－1759 年間重新出現。到
十八世紀中葉，由於上述月球軌道計算的刺激，所以三體問題的解決已

20　有關莫泊忒在法國科學院資助下到芬蘭作地球形狀實測的過程，以及由此引起的
　　大爭論，見 Mary Terrell, *The Man Who Flattened the Earth: Maupertuis and the Sciences
　　in the Enlightenment*. (The University of Chicago Press, 2002).

21　但歐拉是一直到 1751 年方才公開證實自己的錯誤。這段公案見 Thomas L. Hankins,
　　Jean d'Alembert: Science and the Enlightenment (New York: Gordon and Breach, 1990
　　[1970]), pp. 32-35。

經大有進步，克拉歐因此能夠把微擾算法應用到土星和木星對哈雷彗星軌道之攝動的計算上去。他在 1758 年 11 月向法國科學院宣佈，根據他的測算，哈雷彗星將於翌年 4 月中重現，誤差不會超過三十天。果不其然，經過漫長的七十七年之後，這顆最著名的彗星在萬眾期待中終於依時出現，比預測日期恰恰只提早一個月！[22] 這樣，牛頓學說在十八世紀五十年代末，也就是發表之後七十多年，終於否極泰來，成為無可爭辯的科學正統。而且，差不多同時，由此學說所激發的啟蒙運動也進入高潮：盧梭的《論人類不平等之根源》出版於 1755 年，《民約論》則出版於 1762 年。

自此以後，在人類腦海中彗星就從絢爛歸於平淡，變成可以理解、測度、計算，甚至預告的自然現象，它的神秘、傳奇色彩也一去不返了。

原刊《南風窗》，2012 年 6 月 6 日，第 90－92 頁；部分經刪節改寫發表於網刊《賽先生》，2017 年 3 月 27 日；此處經修訂和補充。

22　見上引 Hankins, pp. 37-39。

法律的革命與革命的法律

—— 兼論西方法學傳統

　　在二十世紀七八十年代之交，有兩本重要法律史著作相繼出版：泰格（Michael E. Tigar）和利維（Madeleine R. Levy）的《法律與資本主義的興起》[1]，以及伯爾曼（Harold J. Berman）的《法律與革命》[2]。這兩本著作都是以西歐法律系統之形成為主題，都是大量文獻實證研究的結果；甚至，它們所追溯的西歐法系淵源以及所列舉的一些關鍵事件也大致相同。然而，令人十分驚訝的是，這兩本著作所反映的觀念和所得到的結論，卻如此之不同，乃至於截然相反。

　　《法律與革命》是一本六百多頁的鉅著，書題中所謂「革命」，是指十一世紀末期由教皇格列高里七世（Gregory VII）對神聖羅馬皇帝亨利四世（Henry IV）所發動的授職權之爭（Investiture Contest），以及由此引發的全面政教衝突。此書的中心論旨（其實更是伯爾曼的劃時代創見）是：整個西方文化的形成，就是由這一爭端所觸發。在法律上，這爭端導致對立雙方對法理學的熱切研究，以及對古代法典的大事搜索。其最直接的後果便是，1080 年左右古羅馬《查士丁尼法典》全書的重現，以

1　Michael E. Tigar & Madeleine R. Levy: *Law and the Rise of Capitalism* (New York: Monthly Review Press, 1977)；中譯本為泰格、利維著，紀琨譯：《法律與資本主義的興起》（上海：學林出版社，1996）。

2　Harold J. Berman: *Law and Revolution* (Cambridge, Mass.: Harvard University Press, 1983)；中譯本為伯爾曼著，賀衛方、高鴻鈞、張志銘、夏勇譯：《法律與革命》（北京：中國大百科全書出版社，1993）。

及 1087 年伊內留斯（Irnerius）在意大利波隆那創辦歐洲第一所法學院，從而推動整個西歐的法律教育和法學研究，產生伯爾曼所謂第一種「現代科學的雛形」即法理學，特別是教會法理學。在政治上，這爭端將教皇權威推到一個足以與神聖羅馬皇帝以及各國君主相抗衡，甚至凌駕後者之上的地位。這神權與俗世權力的分立與不斷鬥爭，導致激烈的政治辯論與動員，從而又推動政治蛻變，產生伯爾曼視為第一個「現代國家的雛形」即教廷。此外，根本改變歐洲面貌與意識的許多重大事件，包括十字軍東征、諾曼人征服英國和西西里島、歐洲的急速都市化、遠程貿易的開展，乃至古代希臘科學之重現於歐洲，中古大學之興起等等，也都正是在十一至十二世紀間發生，而且可以直接或間接追溯到從教皇里奧九世（Leo IX, 1049－1053）開始的教廷振興運動，而格列高里所發動的革命正是這運動的高潮。

因此，伯爾曼認為，宗教理想是了解西方法學傳統的關鍵；希爾布蘭德（Hildebrand，格列高里的原名）革命是十二世紀以後教會法、王室法、商人法、城市法乃至現代較文明的刑法次第發展的原動力。很自然地，他的鉅著就分為「教皇革命與教會法」及「世俗法律體系的形成」這兩大部分。在書的序言中他頗為沉痛地說：「我們無可避免地會感到歐洲、北美和其他西方文明地區在二十世紀的社會分裂與社群解體。……這是與西方文明整體的一統性以及共同目的性之衰退密切相關的。……西方社會共同體的象徵，即傳統形象和隱喻，從來都是宗教性和法律性的。然而，在二十世紀，宗教初次變成大部分是私人事情，法律則多少成為只是權宜之計。宗教和法律之間的隱喻關係已經割斷了。……這標誌着一個時代的終結。」[3] 那正好點出他心目中西方法律體系與宗教理想之間密切不可分割的關係，以及他對這一體系前途的深刻危機感。

───────

3　上引 Berman, p. vi; 譯本第 II－III 頁。

　　泰格（利維基本上是他的助手）的著作卻有一個完全不同的主旨。它其實同樣可以名為「法律與革命」，但他的「革命」則是指十一至十九世紀八百年間資產階級興起 ── 用他的術語來說這乃是一連串的造反（insurgency）── 所倚賴而同時又促成了的法理學（jurisprudence）革命。從思想脈絡和目標來說，這一本帶有強烈新馬克思主義色彩但仍完全符合學院標準的學術著作，其實可以更貼切地名為「資產階級造反法理學：它的歷史與教訓」。

　　因此，這兩本著作的分野是非常之清楚的：前者的重心是宗教理念對西方法系的影響，歷史焦點集中於十一至十二世紀之間的政教衝突與思想蛻變這一大結（crux）；至於其後的發展，包括現代社會的出現，則是作為新法制觀念所自然產生的事物來討論。後者恰恰相反。雖然它同樣是以十一世紀為起點，並且明確指出當時羅馬法之所以有系統地被發掘、收集、研究、發揚，大部分是教會學者的功勞，可是，書的重心卻是商人，包括零販、遠航貿易商、銀行家、工業家等各種不同身份的商人，對法律體系的影響乃至改造，即他們怎樣在不同階段，利用蛻變中的法律體制來與當時的宰制性或強有力集團 ── 先是封建領主，後是城市行會，最後是中央集權的君主 ── 作頑強抗爭，以達到建立本身宰制性地位的至終目標。

　　律師在這一過程中的身份既微妙而又尷尬。他們由於專業訓練而養成的保守與中立態度，以及由於實際利益而與君主或商人發展出來的主從關係，無疑會產生內在衝突，這在書中有相當仔細的討論。其中最突出也最令人感興趣的，是兩位截然相反的人物。第一位是十三世紀法國包菲地區的郡守博瑪諾瓦（Phillipe de Beaumanoir），他是名著《包菲地區習俗志》（*Books of the Customs and Usages of Beauvaisians*）的作者，以及王權擴張（相對來說也就是封建權利的壓縮）的忠誠擁護者和鼓吹者。第二位則是英國十六世紀的偉大人文與法律學者，名著《理想國》

（*Utopia*）的作者，亨利八世的大法官湯瑪斯摩爾（Thomas More）。他不但為貪婪無厭的商人之興起以及中世紀秩序的崩潰而感到痛心疾首，更且為了沉默抗議王權的無限擴張而在斷頭台上獻出生命。這兩位同樣篤誠而又自信的君子迥然不同的心態，正好反映那三百年間經濟結構變化對社會所產生的巨大衝擊。

提到摩爾，我們不能不想起英國歷史上另一位著名的湯瑪斯：十二世紀的坎特伯利大主教貝克（Thomas Becket），他也同樣是為了抗拒王權擴張而被另一位亨利，即亨利二世，手下的武士在大教堂中謀殺。奇妙的是，泰格居然完全沒有提到貝克和他所牽涉的《克拉倫登憲章》（*Clarendon Constitution*）法制爭議。另一方面，伯爾曼的大著之中，貝克大主教佔了整整一章，但摩爾的名字卻又沒有出現——最少沒有在索引中出現。單單從這兩位湯瑪斯在這兩本書中迥然不同的命運，我們就可以再一次看出兩位作者立場之南轅北轍了。

當然，立場分歧的表現遠不止此。由於商人階層和法律體系的互動是個既反覆又漫長的過程，所以泰格的着力點相當平均地分配在 1000－1804 那八百年之間：從威尼斯東方貿易的興起，以至英國清教徒革命、光榮革命、啟蒙運動、法國大革命和拿破崙法典等重大歷史環節，書中都有詳細討論。而始終貫串這八個世紀法律蛻變的主線索，則是契約和產權觀念的變化——也就是訂立可強制履行的契約的自由之逐步確立，以及產權之走向絕對化，即它之脫離所有其他社會因素，成為純粹屬於「個人」與「物」之間的關係。這兩個發展，就是現代資本主義法理學的基石，也是稍為關心現代政治經濟學的讀者都非常之熟悉的了。至於伯爾曼則對貝克以後的歷史發展不感興趣：不但人人必然會想到的《大憲章》只是零零碎碎地提及，甚至英國十七世紀初期那麼關鍵的國王與議會鬥爭以及在法制史上那麼重要的人物柯克（Edward Coke）爵士也同一命運，至於其他近代變革（例如法國大革命）就更不用說了。他這書的

副題「西方法律傳統的形成」無疑是經過周詳考慮才採用的，但說「形成」而不說「根源」，等於間接否定了自從十三世紀以來那麼多重大事件的獨立性與根本重要性，那自然不能不算是十分獨特而令人震驚的觀點。

另一方面，泰格的純經濟法制史觀雖然有很強的一致性和自洽性，但同樣也留下不少令人感到疑惑的地方。其中最明顯的，也許是一個較公平、客觀、尊重被告基本權利的刑事檢控和審判制度的出現。正如他所指出，這基本上是十七世紀英國清教徒革命的產物，而在法制史上是有重大意義的。但我們也許可以追問：這一發展和經濟結構變化或資產階級法權有什麼內在關係？倘若的確有些關係，那就是作者略過了而沒有討論，這是很奇怪的。我們倘若把視野再擴大一點，進而追問書中所謂十七世紀英國資產階級革命到底是怎麼一回事，它的起源如何，那就不免十分尷尬了。因為作者不可能不知道，也不可能否認，這一革命通稱為清教徒革命（這一名詞上文為了方便而採用，其實是作者始終避免提及的），它雖有極其重要的經濟和社會結構背景，但最直接、最主要的原因則是信奉新教的鄉紳、市民、大眾與具有強烈天主教傾向的幾位國王，包括上了斷頭台的查理士一世和被逐出奔的詹姆斯二世的長期鬥爭。事實上，撇開了宗教，十六至十七世紀的歐洲歷史，包括法制史在內，是否有可能全面了解？這一問題恐怕是泰格不願意也難以回答的吧。

也許，至終應該承認，宗教與經濟，教皇與商人，理想與資產階級革命，對近代西方法律體制的形成來說，是同樣重要的塑造因素，我們不可能從任何單一角度來真正理解這一漫長、曲折而又複雜的革命過程。

可是，對於中國讀者來說，在消解這兩個觀點的張力之後，還有另一個必然會浮現，而且也許更迫切的問題。那就是，為什麼同樣的法律革命和演化沒有在中國發生？更確切的問題應該是：法律在中國為什麼沒有像在西方那樣，形成一個高度精密與思辯性的系統，並且以此形式流傳、發展，和影響政治、文化、社會？中國為什麼沒有任何政治或思

想演變是以法律為機制來開展的？明顯的答案是中國的大傳統重禮而不重法，講求個人道德修養的儒家是主流，講究刑律的法家自秦以後便失去勢力——最少在外儒內法這一格局下失去了思想上的主導性和發展潛力。這與西方文明源頭重思辯的希臘精神以及重法律的羅馬精神迥然不同，遂導致後來的發展相異。

這誠然不錯，但為什麼秦漢帝國與羅馬帝國又有那麼大的差異呢？我們不可忘記，成書於公元 534 年左右的《查士丁尼法典》（Justinian Code）其實已經是一套法律文庫，它不但包括歷代敕令、律例，而且還有教材和大量案例、判詞。它的英譯本統共有 4,500 頁，約二百萬字。相比之下，秦漢時代遺留下來的法律文獻，委實少得可憐。此外，雙方在法律觀念上的差異，也是同樣巨大的。漢高祖入關時的約法三章，所謂「殺人者死，傷人及盜抵罪」，不但表現了對嚴密和繁複法律條文的惡感與不耐煩，更且反映了民法和商法上的巨大空白：契約、財產、買賣、借貸、婚姻……這些羅馬法中有詳盡論述的題材，在秦漢都根本不見之於律法，最少不被視為其重要部分。例如，《睡虎地秦墓竹簡》有關法律的部分共六百餘支，估計不過二、三萬字，其內容大抵上可以用刑法與行政規則來概括，亦即是說，只涉及國家與個人之間的關係，而沒有涉及純粹屬於個人之間的關係。最少，我們不能不承認，刑法（Criminal Law）幾乎是正史中惟一詳細討論的法律，而且其關注點亦只限於刑罰之輕重、法網之疏密，至於刑法本身的理論基礎、結構、自洽性等等則罕有涉及。

更何況，東西方在法律觀念與制度上的分歧起源遠遠早於秦漢和羅馬時代，甚至也遠早於羅馬的《十二銅表法》（公元前 449）。我們只要翻開地中海和中東文明（這我們現在知道是希羅文明的源頭之一，另一源頭是埃及）的介紹，就可以知道查士丁尼實在是源遠流長的一個法制傳統的集大成者。在他之前一千年，希臘的梭倫（Solon）就已經以頒佈

成文的木板法（約公元前 592）於公眾大堂並且組織「全民法庭」知名，那比子產鑄刑而受到批判（公元前 536）要早大約六十年。但梭倫也並非始創者：在他之前千餘年，巴比倫第一皇朝的漢謨拉比（Hammurabi）就已經公佈了詳盡的，包括合約、財產、婚姻、離婚、遺產、專業（例如外科手術和建築）瀆職、法庭程序等各種事項的法典，它的時代（公元前 1700）要比中國史書僅有極簡略記載的《甫刑》（周穆王時代，公元前十世紀左右）早七百多年 —— 那相當於先商而早於甲骨文時代，當時中國是否有文字，目前尚不能確定。這部刻在 2.3 米高黑色玄武岩上的重要法典，原件在巴黎羅浮宮展覽，是所有訪客都可以見到的。而且，漢謨拉比也還非源頭：他的法典其實是蘇末（Sumerian）與閃米特（Semites）傳統融合的結果。在他之前再一千年（公元前 2700），兩河流域的蘇末文明已經遺留下大量正式田地和奴隸售賣契約；在公元前 2350 至 1850 年間，蘇末人已經編纂了兩部流傳至今的法典，即所謂 Ur-Nammu 和 Lipit Ishtar 法典，而且還留下了數百宗記錄在陶泥版上的法庭案例以及詳細法庭組織和規程的記載。

　　換言之，一個有大量文書記錄並且高度發展的農業與商業混合文明，早在中國三皇五帝的傳說時代就已經在西亞出現，波隆那的伊內留斯和他的門徒在十一世紀所秉承的，是一個已經累積了將近四千年之久（雖然是時斷時續）的成文法傳統。所以，它比中國最早不超過韓非子時代（公元前 280－233）才逐漸出現（而其後又一直缺乏發展空間）的法學要豐富、精密、深刻得多，是不足怪的。從這一個歷史發展的角度看，我們對於東西方之間法學的差異，以及中國今後法律現代化所必須經歷的艱辛途徑，當會有一個更為平衡和全面的看法吧。

　　原為《法律與資本主義的興起》一書序言，刊《二十一世紀》（香港）1996 年 8 月號，第 101－105 頁，嗣收入《站在美妙新世紀的門檻上》（瀋陽：遼寧教育出版社，2002），第 217－226 頁。